青年学生素质教育系列教材

礼仪与文化

·第三版·

◎ 崔平 杨中碧 编著

清华大学出版社
北京

内 容 简 介

自古以来我国就以"礼仪之邦"著称于世,并形成了完整的伦理道德、生活行为规范,构成了一种文化,即礼仪文化。

本书分为九章,系统介绍了人们在社会活动中所涉及的交谈、服饰、仪表、举止、社交、公共生活、餐饮、求职以及涉外活动中的行为规范和要求,并通过一些实例体现礼仪的文化内涵。

本书基于第二版进行修订,增减了部分内容和实例,每章后面的思考题也做了调整,并配有完整的教学课件,能帮助教师更好地完成教学工作。

本书不仅适用于各级各类学校的学生使用,也可作为各类从业人员素质培养和礼仪培训的教材,还可作为广大读者学习礼仪文化和礼仪规范的参考用书。

图书在版编目(CIP)数据

礼仪与文化/崔平,杨中碧编著.—3版.—北京:清华大学出版社,2022.12
青年学生素质教育系列教材
ISBN 978-7-302-62032-7

Ⅰ.①礼… Ⅱ.①崔… ②杨… Ⅲ.①礼仪—高等学校—教材 Ⅳ.①K891.26

中国版本图书馆 CIP 数据核字(2022)第 185479 号

责任编辑:张 弛
封面设计:刘 键
责任校对:刘 静
责任印制:刘海龙

出版发行:清华大学出版社
    网　　　址:http://www.tup.com.cn,http://www.wqbook.com
    地　　　址:北京清华大学学研大厦 A 座　　　邮　编:100084
    社 总 机:010-83470000　　　邮　购:010-62786544
    投稿与读者服务:010-62776969,c-service@tup.tsinghua.edu.cn
    质量反馈:010-62772015,zhiliang@tup.tsinghua.edu.cn
    课件下载:http://www.tup.com.cn,010-83470410
印 装 者:涿州市京南印刷厂
经　　销:全国新华书店
开　　本:170mm×230mm　　　印 张:17.75　　　字 数:324 千字
版　　次:2007 年 12 月第 1 版　　2022 年 12 月第 3 版　　印 次:2022 年 12 月第1次印刷
定　　价:59.00 元

产品编号:096435-01

编写委员会

主任委员

  喻 辉（教育部全国高校美育教学指导委员会委员）

委 员

  蔡正非 杨 军 梁景祥

  师向宁 莫国芳 崔 平

  李 浩 王 鹏 王丹丹

序　言

　　礼仪是用来确定人与人或者人与事物之间关系的一种约定俗成的行为方式,也是人际交往中的重要行为规范。它在人们长期的共同生活和相互交往中逐渐形成,并且以风俗、习惯和传统等方式固定下来。对个人来说,礼仪是一个人的思想道德水平、文化修养、交际能力的外在表现,对社会来说,礼仪是一个国家社会文明程度、道德风尚和生活习惯的反映。从人类文明发展史来看,礼仪是人类文明发展到一定高度的一种直观形式,也是人们在特定的文化里经过长期熏陶后形成的进行相互交往的行为举止规范。礼仪一方面体现了一个族群的文明程度和文化积淀,另一方面也反映了这个族群中个体的世界观、族群观和价值观,以及他们同其他个体在交往互动过程中的基本行为方式。礼仪的出现和成熟也是一种文明逐渐定型和确立的标志,它反映了族群中个体对自我和他者之间关系的具体定位与行为互动模式。

　　中国自古以来就是礼仪之邦。礼仪在中国也是儒家思想体系核心价值观的具体体现。作为中国传统文化核心内容的"礼"在中国传统思想体系里,就包含了日常生活中待人接物的礼节和规矩,以及社会生活中的各种制度和行为规范。从儒家的观念来看,"礼"有着与之相适应的思想观念和道德理性,它既是一种社会政治理想,也是一种伦理道德和行为规范。"礼"通过对人们思想行为的引导和制约,维护社会的安定和发展。孔子在《论语·尧曰》中说道:"不知礼,无以立也"。他认为不学礼、不知礼,就难以在世上安身立命。因此,有文化学者认为中国古代政治实际上就是"礼"的政治,中国古代社会发展史就是一部"礼"的历史。"礼"的发展、成熟和确立,在整个中华民族精神和社会政治生活中一直具有重要的文化和政治意义。

　　从多样化的人类文化角度来看,礼仪体现着世界上不同文化中人们特有的待人接物方式、宗教信仰和生活习惯。一种文化中待人接物的方式被族群共同体中所有的个体同时接受并遵守时,就自然而然地成为这个文化中所有成员约定俗成并且共同遵守的礼仪习惯,以至于是否熟悉和遵守这些礼仪形式便成为衡量是否被这个文化所接受的一个象征。1954 年,加拿大人类学家卡莱沃·欧伯格(Kalervo Oberg)第一次使用英语"cultural shock"(文化休克)这个词来描述一个人迁移到新的文化环境时,因为失去自己熟悉的社会交流符号、礼仪与手段而产生的一种迷失、疑惑、排斥甚至恐惧的心理状态。这是因为每个人在自己所熟悉的文化环境下成长起来时,会自动形成一套习以为常的礼仪环境。这种礼仪环境一旦突变就会造成人们心理和生理上的不适应。因此,在很多情况下,礼仪就成为一套大家所习惯并且共同遵守的行为规范。但在现实生活中,并不是每个人都会自动了解并谙熟自己文化中所有场合都需要遵循的礼仪细节和行为规范。而对其他文化中基本礼仪的了解,对于大多数人来说更是一个新的知识领域。正因如此,一本全面介绍各种礼仪形式和规范的普及性读物就显得非常必要。

《礼仪与文化》正是这样一本较为全面地介绍各种礼仪知识的普及性读物。本书涵盖了各种礼仪形式,内容丰富、图文并茂、雅俗共赏,既适合用作各类学校开设与美育和礼仪有关课程的教科书,也适合用作各类科研人员在人类学、社会学和文化学等领域进行专业研究时的参考书。

本书的内容涉及"礼仪与文化概述""交谈礼仪""服饰礼仪""仪表举止礼仪""社交礼仪""公共礼仪""餐饮文化与礼仪""求职礼仪""涉外礼仪"等多个方面的内容,并涵盖了各种礼仪形式的由来、基本礼仪要求以及礼仪形式规范等。书中使用了大量的插画,对许多礼仪形式进行了栩栩如生的展示,使得书中所介绍的内容更加生动活泼、清晰简洁。

遵守正确和高雅的礼仪形式反映了一个公民高尚的文明素质和较高的文化涵养。但在大多数情况下,人们对很多基本礼仪的了解是从生活中通过模仿和观察来进行学习的,很少有机会进行系统的学习和掌握。而《礼仪与文化》一书的再版,可以帮助我们在普通大众中普及基本的礼仪知识,使人们全面、系统地了解日常生活中一些礼仪规范,特别是在与其他文化中的人们进行日常交往中应该注意的一些基本礼节。相信本书的再版将会对普及高尚的文明举止,推动社会主义精神文明以及和谐文化的建设做出独特的贡献。

喻辉

2022 年 6 月

第三版前言

我国是历史悠久的文明古国,讲"礼"重"仪"是中华民族的传统美德。礼仪不仅是协调人际关系约定俗成的行为规范,同时更是一个人、一个组织、一个地区乃至一个国家和民族内在精神文化素养的体现。因此,学习礼仪文化,讲究礼仪规范是个人、组织或地区塑造良好形象、赢得他人和社会尊重的基础和前提,是事业获得成功的重要条件。

礼仪作为人们的行为准则,在现代文明社会中占有极其重要的地位,如何发扬光大中华民族的礼仪传统,吸收世界各国的礼仪美德,特别是在对青年学生的培养和教育过程中,如何培养和提高他们的道德与修养、礼仪与文化,是教育工作者必须面对和思考的问题。

为了建设"道德与修养""礼仪与文化"等美育教育相关课程及相关课程的教材,我们于2007年12月编写了《礼仪与文化》等教材,旨在为培养和提高青年学生的综合素质修养方面做一些贡献。教材出版后,得到了广大读者和师生的支持,并取得了良好的效果,深受师生和广大读者的欢迎。2018年修订出版了《礼仪与文化(第2版)》,在此,向爱戴和支持本书的广大读者表示衷心的感谢。

现在社会上礼仪修养类的书籍不少,但真正从文化角度来讨论和供读者学习的教材并不多。本书突破了传统的写作方法,通过文化介绍礼仪,实现了礼仪与文化、道德与修养的相互贯通,每章后面还列出了给学习者深入思考和实践的思考题,从而达到对道德与修养的探讨。本次再版主要是在第二版的基础上修订了部分内容,并配有完整的教学课件,给教师完成教学工作提供了参考。

本书不仅适用于各级各类学校相关专业的学生学习,还是大、中、小学生、各类从业人员素质培养和礼仪培训的理想教材,也是广大读者学习礼仪文化和礼仪规范的参考用书。

本书由云南艺术学院崔平、云南大学杨中碧编写,并由崔平统编完成。教育部"长江学者特聘教授"、教育部全国高校美育教学指导委员会委员喻辉为此次再版特别撰写了序言并担任主审。书中插画由云南财经大学武斌和刘婧娟完成。教学课件由马来西亚博特拉大学博士刘子嘉协助完成,在此一一表示感谢!

由于编著者水平有限,书中难免存在疏漏,希望广大读者见谅并提出宝贵意见。

编著者

2022 年 4 月

教学课件

礼仪与文化（第三版）

目　　录

礼仪与文化（第三版）

礼
仪
与
文
化
(第
三
版)

第1章　礼仪与文化概述

　　自古以来,中国就以"礼仪之邦"著称于世,并以其宏大的理论体系,形成了完整的伦理道德、生活行为规范。这个完整的伦理道德、生活行为规范体系就构成了一种文化,即礼仪文化。

1.1　礼仪概述

　　广义的礼是指一个时代的典章制度。狭义的礼则专指人们的行为规范、规矩、礼节等。《礼记·曲礼上第一》中有这样一段话:"夫礼者,所以定亲疏,决嫌疑,别同异,明是非也。"这句话的含义是:只有"礼"才能决定亲近和疏远,判别确定和疑问,识别相同和不同,辩明对与错。《礼记·曲礼上第一》中还有"人有礼则安,无礼则危。故曰:礼者,不可不学也。夫礼者,自卑而尊人,虽负贩者,必有尊也,而况富贵乎!富贵而知好礼,则不骄不淫;贫贱而知好礼,则志不慑。"这段话的含义是:人有了礼就能平安,没有礼就可能危险,所以说:礼是必须要学习的。礼是放低自己而尊敬别人,即使是低层贫穷的人也肯定是有尊严的,更不要说是富有和尊贵的人了,如果富有尊贵而又不断地学习礼,就能做到不骄傲,不堕落。身处贫贱,只要懂得追求道德礼仪的教化,那么人的志向气节就不会被环境所威慑击垮。荀子说:"人无礼则不生,事无礼则不成,国无礼则不宁。"可见礼仪是做人的根本,是事业成功的基础,是治国安邦的良药。"治国平天下,先从修身起。"也就是说,人们无论是从政、经商,还是其他,都得先从学会做人开始。这些思想至今仍深深地影响现代社会的人际交往。

　　礼仪是以礼为基础,并通过某种仪式表示礼的过程。礼仪要求人们在社会活动中的行为按规定的或约定俗成的程序、方式进行。它既表现为外在的行为方式又表现为更深层次的精神内涵——道德修养。例如,本书后面几章将要介绍的交谈礼仪、服饰礼仪、仪表举止礼仪、社交礼仪、公共礼仪、餐饮礼仪、求职礼仪以及涉外礼仪就是人们在社会活动中的行为规范和要求。

总之,礼仪涉及人们的衣、食、住、行,涉及人们的交往、沟通等各个方面,是人类社会为了维系正常的生活秩序,而需要共同遵循的一种行为规范。

1.1.1 礼仪的起源、形式及发展

1. 礼仪的起源

礼仪起源于祭祀和习俗。从理论上讲,礼仪是人类生存和发展过程中,为协调人与自然、人与人之间的主观和客观矛盾,为寻求欲望与条件之间的平衡,逐步积累形成的。《周易》中说:"有天地然后有万物,有万物然后有男女,有男女然后有夫妇,有夫妇然后有父子,有父子然后有君臣,有君臣然后有上下,有上下然后礼义有所错。"

历史学家、文学家郭沫若所描述的礼仪起源和发展过程是:"大概礼之起起于祀神,故其字后来从示,其后扩展而为对人,更其后扩展而为吉、凶、军、宾、嘉的各种仪制"。从上述一段文字中可以看出:人类礼仪起源之初,礼、礼节、礼仪都是与祭祀鬼神、祀祖先相联系的。随着人类对自然界认识的逐渐深入,人与人之间的关系越来越复杂,礼、礼节、礼仪的范围、内容也随之扩展和扩充,逐步涉及人们生活及工作的方方面面。

2. 礼仪的形成及发展

统观世界各地文化,不论是东方还是西方,可以说从人类诞生之日起就有俗,而有俗就有礼。例如,在古人眼里,男女之别必须用礼区分。传说中的华夏第一对夫妻伏羲与女娲在结婚时,伏羲"制嫁娶,以俪皮为礼"。由此可知,礼是伴随人类的产生而产生的。因此,礼仪的形成和发展与人类的演进及人类社会的发展是密不可分的,而且,其形式、内容、社会功能等在不同的历史阶段也是有区别的。

(1) 原始社会阶段

在远古时期,人类的祖先为了适应环境,抗拒自然界的危险,过的是群居生活。由于群居,人和人之间就必然产生某种关系,并形成一定的模式,包括人与人之间往来的模式、对发生各种事情和出现的各种现象处理的模式等,这便是所谓的"习俗"。经过长期的不断统一和规范,习俗就演变成了礼和礼仪。

最初的"礼"产生于原始人对自然界所产生的风雨雷电、日月星辰、洪水猛兽以及人类的生生死死等各种事物和现象迷惑不解,心存畏惧。原始人认定上述所有现象都是冥冥之中由鬼神操纵的。为了祈求鬼神去祸降福,原始人就用食物等作为祭品虔诚地供奉鬼神,并逐步形成了庄严而隆重的祭祀仪式。

在原始社会,人与人之间交往的主要形式是物品交往,即馈赠礼物。这也可以被理解为是最原始的"礼"。

（2）奴隶社会阶段

原始社会解体,人类进入奴隶社会,人与人之间的关系从只有自然的男、女、老、幼关系过渡到存在阶级、存在奴隶和奴隶主之间的关系阶段。人类的交往活动除以馈赠礼物的形式来进行以外,奴隶主贵族开始用"礼"来树立君主的尊严和绝对权威,以维护其统治。"礼"的作用和范围发生了根本的变化。荀子曾说过:"礼起于何也? 曰:人生而有欲,欲而不得,则不能无求;求而无度量分界,则不能不争;争则乱,乱则穷。先王恶其乱也,故制礼义以分之,以养人之欲,给人之求,使欲必不穷乎物,物必不屈于欲,两者相持而长,是礼之所起也。"从荀子这段话中可以看出,随着社会经济、政治和文化的发展,"礼"不仅是人与人之间交往的礼节,而且成了国家统治的一种手段。

在奴隶社会阶段,统治阶级为了巩固自己的统治地位,建立并稳定统治阶级的统治秩序,规定了许多礼仪条文,如奴隶制度阶段著名的"夏礼""商礼"及"周礼"等。在中国历史上,周朝提出了一整套礼制,即所谓的"礼仪三百;威仪三千",是礼仪齐备的一个朝代。又如,在殷周之际,武王伐纣,把商朝推翻了。武王身体不好,几年后就谢世了。武王的儿子成王因年幼不能亲政,由成王的叔叔周公摄政。周公认为,商朝的灭亡不是由于天命,而是由于失德。于是,周公提出了"明德"的口号,并在夏礼和商礼的基础上,以"亲亲"和"尊尊"（"亲亲",即要求"父慈、子孝、兄友、弟恭",互相关爱;"尊尊",要求在家庭内部、贵族之间、贵族与平民之间、君臣之间都要讲尊卑关系,讲秩序和等级）为人与人之间交往的基本准则。周公以"亲亲"和"尊尊"为基本指导思想,综合本族的风俗习惯,制定出了一整套礼制。这就是后人传诉的"周公制礼"。"亲亲""尊尊"落实到最后,其目的就是要求任何人都遵守以这种原则所确定的礼制,各守本分。

（3）封建社会阶段

进入封建社会后,周礼受到了极大的冲击,以孔子为代表的儒家竭力追求宗周典章并维护礼仪制度,提出了"克己复礼"的口号,并提出"非礼勿视、非礼勿听、非礼勿言、非礼勿动"等礼仪思想。孟子继承了孔子的思想,进一步提出了封建社会人际关系的"五伦"准则,即"父子有亲、君臣有义、夫妇有别、长幼有序、朋友有信"等理论。

盛唐时期,随着文化的兴盛繁荣,礼仪也发达起来,当时的文学艺术作品都有非常多的礼仪的内容。唐玄宗主持制定的《大唐开元礼》就较前代礼仪更具系统性和完整性,成为封建礼制的最高典范。

宋代,礼仪又有了长足发展。随着宋代理学的兴起,理学家认为,礼仪只是一种外在形式,其实质是"理"。于是提出了"存天理,灭人欲"的口号,以维护"三纲五常",维护人伦关系的秩序。

明王朝建立后,朱元璋发布圣谕《立极开辟垂训》,大力推崇礼教,并制定了祭祖、祭天、祈年等仪式议程,明确了君臣之礼、尊卑之礼、交友之礼等社会活动规范,形成了一套较完整的社会礼仪。与此同时,"家礼"也向深层发展。"家礼"详细规定了家庭成员及亲属关系间的各种礼节,出现了包括"忠、贞、节、烈、孝"等名目繁多的礼。此间,礼仪开始与朝廷典章分割开来,走向民间,礼仪的内涵和外延也发生了变化。

清朝,满族入主中原,再度强化了礼教的地位,并将满族礼俗与传统礼俗相结合,将礼仪推向了极端。

总之,历代王朝除崇尚儒家主张的"礼治"外,还根据自己本朝统治的需要,不断对"周礼"加以修改、补充和完善。例如,《论语》中所说的"道之以德,齐之以礼",就是要人们以"礼"为准绳,各守本分,不得逾越。"礼"从敬"神"发展到了敬"人"。礼也被作为治国的一种手段,"以礼治国",对于稳定当时的社会秩序起到了重要的作用。

(4)近现代发展时期

随着西方文化的进入,中西文化不断碰撞,中国礼仪文化进入了一个新的发展时期。1912年,南京临时政府颁布了新法令,"革除前清官厅称呼""晓示人民一律剪辫"等,剪辫子、易服装、鞠躬、握手、鼓掌、洋式名片,见人称"先生""君",女子放足、男女可以公开接触、自由恋爱、婚事新办等,掀起了一股崇尚礼仪新风的高潮。特别是1919年五四运动后,中国礼仪文化进入了一个自由发展和新旧交替的时代。

20世纪50年代后期,礼仪文化开始受到"左倾"思潮的干扰和影响。特别是"文化大革命"期间,对传统文化,特别是对传统道德和传统礼仪采取的是只批判不继承的错误态度,使传统思想文化和道德遭受浩劫。期间,全盘否定中国传统的儒家思想,全盘否定传统的道德观念,把民族的、传统的习俗及礼仪贬得一无是处,使几千年来形成的传统道德及礼仪遭受到毁灭性打击。

20世纪70年代末,国家经济建设出现了欣欣向荣的景象,精神文明建设以及"礼"和"礼仪"的问题重新得到了国家重视。《公民道德建设实施纲要》制定并实施,提出了"五讲四美""明礼诚信"的公民基本行为准则,并已成为精神文明建设的主要内容。

进入 21 世纪,人际交往已呈现出多形式、多层面立体交叉的国际化态势,现代礼仪从外在形式到内涵都随着人们的生活态度、价值观念的改变而不断发展和完善,各种礼仪都体现出形式更加具体、目标指向明确、内容简便、可操作性强的特点。

1.1.2 礼仪的分类

从礼仪的起源、形成及发展的整个过程看,无论是中国的还是国际的,礼仪所包含的内容都十分丰富。礼仪包容了人类所有的行为活动,因此,可从不同的角度对礼仪进行分类,并有多种分类方法。本书主要介绍按组织团体分类及按礼仪内容分类两种分类方式。

1. 按组织团体分类

不同国家、不同地区、不同民族、不同社会团体在交往礼节和礼仪方面都有自己特别的要求和规范。

(1) 军队礼仪

军队是国家力量的象征,是保卫国家和保护本国人民不受外来者侵略和欺负的保障。军队礼仪代表国家军人的文化素养及素质,代表国家的军队作风、战斗力及文明程度等,是军队及军人专用的礼仪。

军队礼仪包含军礼、军人仪容、军队内部上下级的称呼、军人与军队外部人员之间的礼仪、执勤中的礼仪、军人入伍宣誓和受枪礼仪、授衔和授勋礼仪、授军旗礼仪、宣战、出征、庆功、阅兵、军人婚丧礼仪等内容。

古今中外的军事家,十分重视军队礼仪的训练。例如,在被后世传为美谈的"孙武练女兵"的故事中,古代的著名军事家孙武,因女兵在列队中窃窃私语而将担任女兵队长的皇帝两位宠妃处以军法。在现代军队中,每当新兵入伍,也总是把"敬礼""列队"等作为基本军事训练的重要内容。由此可见,军队礼仪在军人和军队素质的塑造中具有至关重要的作用。

(2) 企业礼仪

企业礼仪体现企业员工的素质,折射企业文化的境界和经营管理水平,企业礼仪是企业文化中不可或缺的重要组成部分,在企业的发展中起至关重要的作用。不同的企业,例如餐饮企业、旅游企业、酒店旅馆企业、影视企业、高科技企业等,都各自有体现自身文化和管理水平的礼仪要求,包含企业的形象标识、企业座右铭,员工的态度、衣着、行为举止以及工作氛围等内容。

（3）学校礼仪

学校担当着教育和培养人的神圣使命。学校不但要向学生传授知识,更重要的是要培养学生学会做人。因此,学校是一个既严肃又亲切、既庄严又活泼、既紧张又文明的场所。教师承担着教书育人、为人师表的职责,学生在学校的任务是接受教育、学习知识文化。与此相应,学校礼仪主要包括在学校的特定区域内(小学、中学及大学),师生进校仪容、学校内部称谓礼仪、课堂礼仪、校园内行为礼仪、学校集会礼仪、学生宿舍礼仪、学校之间交往礼仪等多方面的内容。

（4）家庭礼仪及个人礼仪

家庭礼仪主要指家庭成员及亲友交往范围内所涉及的礼仪,内容包括家庭称谓礼仪、问候礼仪、庆贺礼仪、赠礼礼仪、家宴及家庭应酬礼仪等。

个人礼仪主要包括个人的言谈、举止、仪表、服饰、为人处世等。

（5）民族礼仪

每个民族在生活习俗、待人礼节、节日庆典、生老病死、结婚嫁娶等方面的礼节都有自己本民族特有的要求。民族礼仪涵盖了世界各国、各地区、各民族的礼仪内容,例如傣族的泼水节。

傣族泼水节

2. 按礼仪内容分类

人类上下几千年的文明历史,积淀了丰富的礼仪文化。从礼仪的起源和发展过程来看,礼仪的内容可谓琳琅满目,一般来说可分为服饰礼仪、交谈礼仪、社交礼仪、宗教礼仪、习俗礼仪、公务礼仪、商业礼仪、体育礼仪、旅游礼仪、涉外礼仪、求职礼仪等。

（1）服饰礼仪

服饰礼仪主要是指人们在生活和工作的交往中，以不同的角色出现在不同场合时，根据环境、时间等情况对着装的要求和规范。服饰礼仪主要包含男士着装礼仪、女士着装礼仪、佩戴饰品礼仪以及化妆礼仪等内容。

（2）交谈礼仪

交谈是交际的基础。交谈礼仪主要包含正式交谈与非正式交谈礼仪。交谈礼仪规范了人们的交谈方式，用以指导人们如何进行交往，达到有效交流的目的。

（3）社交礼仪

社交礼仪规范了人们在社交场合的行为。社交礼仪主要包含社交中的基本礼仪、社交馈赠礼仪、人际交往礼仪、社交宴请礼仪、恋爱礼仪、探望病人的礼仪以及社交禁忌等多方面的内容。

（4）宗教礼仪

宗教与礼仪都起源于祭祀。不同宗教的祭祀活动有不同的规范要求。各种教规即各教派的礼仪。

（5）习俗礼仪

习俗礼仪专指各个国家、各个民族，甚至各个地区的民间节俗、节庆、诞辰、祝寿、结婚、殡葬、祭扫等礼节，例如景颇族的"目脑纵歌"和彝族的火把节。

景颇族"目脑纵歌"

彝族火把节

（6）公务礼仪

公务礼仪主要包含公文礼仪、工作汇报礼仪、会议礼仪、信访礼仪、工作交接礼仪、命名与颁奖礼仪、公务迎送礼仪以及特殊公务礼仪等内容。

（7）商业礼仪

商业礼仪涉及商业行为的方方面面，是衡量商业活动价值的试金石。它包含店门及柜台待客礼仪、业务洽谈礼仪、产品介绍和推销礼仪、商业仪式礼仪、商务纠纷礼仪，特殊行业，如酒店业、理发沐浴业、饮食业等的待客礼仪等多方面的内容。

（8）体育礼仪

体育活动是国际性的活动，所有的活动都要求遵循大家公认的准则进行，因此，体育礼仪尤为重要。体育礼仪主要包含运动会仪式礼仪、比赛仪式礼节、运动员相互致意礼仪、体育场观众礼节、颁奖仪式礼节、单项比赛的特殊仪式、运动员参加比赛的礼节、体育比赛中的服饰礼仪等。

（9）旅游礼仪

旅游礼仪主要包括旅游活动礼貌、旅游语言礼仪、旅游仪表、旅游公关、旅游组织、旅游服务礼仪等。

（10）涉外礼仪

现代社会是一个立体交叉的社会，国际活动频繁。国家之间、民族之间的各种往来需要互相尊重，按一定的规范进行。涉外礼仪主要包括涉外迎送、涉外会见或会谈、涉外宴请、涉外宾馆服务、涉外参观访问、观看演出、涉外舞会、出国访问、涉外会议、签字仪式、馈赠等礼仪。

（11）求职礼仪

在当今竞争日趋激烈的就业环境中，能否找到满意的工作，求职礼仪起着极其重要的作用。求职礼仪包含求职服饰礼仪、求职姿态礼仪、求职书写礼仪、求职应聘交谈礼仪、求职、电话、电邮及网络沟通礼仪等内容。

1.1.3 礼仪的社会功能

人类社会发展的历史和人们的社会交往实践已经证明，人与人之间的礼仪观念、礼仪行为，不是可有可无、可轻可重的事，而是不可缺少、不可放松的大事。在人们的社会生活和交往中，礼仪无处不在。无论是传统礼仪还是现代礼仪都有着规范人们行为的功能和作用。

1. 规范行为，安家治国

当社会生产力得到发展，私有财产成为可能时，群体内部的纷争也就自然而起。从古到今，"礼"一直具有安家治国的功能。特别是现代社会，"礼"不仅起着安家治国、引导和约束人们的行为、协调各方面关系的作用，还充分发挥塑造和谐社会的功能。在很多方面，礼仪起到了法律无法起到的作用。

2. 协调关系，定位角色

进入社会的每一个个体，都是以不同的身份或角色与其他个体和组织进行交往。"礼"及"礼仪"以"礼"的规范，明确交往者各自的社会义务与责任，在其中起协调各类关系的作用。在社会交往活动中，"礼"及"礼仪"能增进人与人之间的沟通，促进人与人之间友好和睦相处，在实现道德关系中起积极和重要的作用。例如，孔子向齐景公提出的"君君，臣臣，父父，子子"八字治理国家的方针，就是要求君臣父子按照各自应有之道去做，各自的行为要符合自身的角色要求和规范去做。孔子的思想至今影响着人们在社会交往中的观念。

3. 讲礼施礼，修养道德

就个人而言，是否懂礼、懂礼节、讲礼貌，是衡量其道德水准及教养程度的标准。有道德、有修养、有文化、有学识的人才能"知书达礼"，才能"严于律己、宽以待人"，才能懂得尊重别人就是尊重自己，才能懂得遵守并维护社会公德，才能懂得什么是文明知礼的生活环境，才能成为一个明辨礼与非礼界限的知礼的人。

现代社会，人际交往方式多种多样，礼作为人际交往中相互尊重、联络感情、增进友谊的道德和标准，是公共道德修养的外在表现。虽然各个国家和民族的社会形态不尽相同，文化背景多种多样，生活习俗各有千秋，但共同的一点就是"讲礼"。例如，在各国使节相互访问时，接待国都要按照本国的习俗为来访者举行不同级别的接待仪式,级别不同,接待的内容、仪式也不同。

4. 提高素质,塑造形象

礼仪是人类文明的标尺,也是人社会化的重要内容。礼仪促进着人类文化的延续和文明水准的提高。从古至今,不论是国家,还是企业、组织,谁拥有高素质的人才,谁就能够掌握未来,而所谓"高素质"的定义也随着时代的发展在不断变化。"礼仪的体现,才是人才的体现",这一点已成为社会的共识。这是因为,人的内在品格是由其行为显现出来的,道德、礼仪不仅可以帮助人们认识礼仪的意义、内容及作用,同时能将礼仪美德的内涵转变为人们的人格素质,又通过礼仪的外在行为表现出来。因此,礼仪不仅可以培养人们良好的道德精神及素质,同时还能帮助个人及组织塑造良好的外部形象。

5. 明礼诚信,加强往来

"礼"是以"诚"为基础的。礼仪能体现一个人、一个组织、一个国家的文明程度和相互交往诚意,真诚的交往才能博得长期的信赖。有这样一句谚语:"有枝有节的树容易攀登,知书达礼的人容易接近。"只有做到"明礼诚信"才能促进人与人之间、组织与组织之间、国家与国家之间的交往。中华道德有句名言:"以信待人,不信思信;不信待人,信思不信。"说的是,待人诚恳守信用,即使别人原先不信任的,也会转为信任;对人虚伪不讲信用,即使原先别人信任的,也会转为不信任。

6. 充满自信,事业有成

整洁的仪容、优雅的举止、得体的服饰、礼貌的谈吐,会使人在社会上的各种场合充满自信。美国著名形象设计师莫利先生曾对美国《财富》杂志排名前300的企业的执行总裁进行过调查,其结果是97%的人认为,能展现外表魅力的人,有更多的升迁机会;93%的人认为,第一次面试着装不当会被拒绝;100%的人认为,应对职员进行礼仪培训。而在中国,对人才的评价也早已从只考虑品行好、能吃苦、业务强等内涵的评价,向形象、气质等外延扩展。良好的礼仪、形象,能使人感到完善和自信,使人产生兴奋的情绪,从而产生积极的态度和奋斗的动力;良好的礼仪形象能使人感受到从内而外的美,从而促使交往对象产生认同感,获得交往和事业的成功。

1.2　礼仪文化

礼仪是一种文化。从我国礼仪的起源和发展历程看,无处不渗透中国传统文化的精髓。礼仪不仅是影响和制约人类社会活动的行为规范,更是一种文化。这种文化是在人类发展的进程中逐渐形成和积淀下来的,是一种精神的约束力,调节着社会上每一个人的行为,促使人类不断进步和发展。

1.2.1 人、社会与礼仪

社会是由无数个人和人的群体组成的。人的生存离不开社会,人的发展更需要社会提供种种条件。任何一个社会的存在和发展,都源于个人活动。在社会生活中,每个人总要同他人或组织发生这样或那样的关系。因此,人既有其自然性也有社会性。要维护社会关系的正常、和谐,维护社会的祥和、稳定,人与社会之间就必须用一种约定俗成的礼仪来相互依存并相互制约。

1. 文化是礼仪的基础

礼仪是一种文化,而文化又是礼仪的基础,这是一种辩证的关系。当礼仪还只是一种用来祭祀鬼神的仪式时,礼仪就与人类渴望满足欲望和调节主客观矛盾联系在一起了,这种祭祀鬼神的仪式就是人类文明史的开始。

早在我国西汉时期就将《礼》《诗》《书》以及人们的礼仪风俗称为"文化"。"文化"在任何一个国家、任何一个朝代都概括了人们的意识形态(即人们的世界观、思维方式、宗教信仰、心理特征、价值观念、道德标准、认识能力等)、生活方式(即人们对其衣食住行、婚丧嫁娶、生老病死、家庭生活、社会生活等的态度及所采取的方式)以及精神的物化产品等多方面内容。文化为礼仪的发展与完善奠定了基础。

2. 礼仪文化是人类文明的产物

中国古代有《周礼》《仪礼》及《礼记》三部礼典名著。这三部礼典都是礼制的百科全书,其中,《周礼》偏重政治制度,《仪礼》偏重行为规范,《礼记》偏重对各种礼的说明。这"三礼"所涉及的各种礼制,充分体现了"礼"在古代中国的文化内涵,体现了中国历史中各时代的礼制风格和道德标准,反映了各阶段人们的文化层次与文明程度。

在过去漫长的历史长河中,"礼仪"作为一种制度规范和思想规范,全面制约世人的思想言论和行为,特别在具有几千年文明史的中国,礼仪已将中国社会的政体与文化融为一体,将"礼仪文化"积淀成为中国传统文化的重要组成部分。礼仪文化充分体现了人类文明的特色。

3. 礼仪文化对社会的影响

人们在社会交往中发生着各种关系,其中最基本的关系是经济关系、政治关系和道德关系。上述三种关系中,不论是哪种关系,都与"礼"有联系,离不开"礼",离不开"礼仪"。

(1) 对人性修养的影响

自私是人类与生俱来根深蒂固的习性,它是人们平凡一生中的最根本、最原始、最低限的人生宗旨。从产生"礼"到形成"礼仪",这个过程是一个不断地规范和要求人们遵守一定的行为准则的过程,这种行为准则就是礼仪道德。礼仪道德的核心是要求人们不能根据自私本性随心所欲,而是要求人们在社会交往中克制,放弃自己的一些私欲,满足他人和社会的需求,以使人际关系和谐融洽。因此,人的本性并不是一成不变的,而是在礼仪道德的影响下,随着年龄、学识、家教、恋爱婚生、职业等环境的变化不断变化的。战国时期著名的哲学家韩非子说:"舆人成舆,则欲人之富贵;匠人成棺,则欲人之夭死也。非舆人仁而匠人贼也,人不贵,则舆不售;人不死,则棺不买。情非憎人也,利在人之死也。"可见人都有自私自利的一面。因此,必须靠礼仪及法律约束人的自私本性,进而保护私利。由此可见,无论是传统礼仪还是现代礼仪,都是在特定的时期和范围内规范和制约了人们的言语行为。礼仪对人性修养产生着非常大的影响。

（2）对社会人际关系的影响

人际关系除简单的男、女、老、幼、父子、母女关系外,还有家庭亲属关系、同事关系、同学关系、上下级关系、组织与组织的关系、个人与组织的关系等多层次、多重性、立体、交叉的关系,这些关系是通过经济行为、政治行为、法律行为、道德行为以及日常生活行为等表现。礼仪能使人们在礼仪意识的支配下调控每一种行为,从而起到使其调节社会人际关系的作用。

（3）对社会生产力的影响

"朋友也是生产力。"无论是人、组织,还是国家,不可缺少的就是"朋友"。"礼仪"是人类的朋友、是组织的朋友、是国家的朋友,是生产力发展最大的帮手。礼仪涉及人和、家和,涉及国家繁荣、民族兴旺。

1.2.2 礼仪与修养

1. 礼仪修养的含义

修养是指一个人的品质,道德、气质,以及对生命的领悟等各方面,经过锻炼和培养后所达到的一种品质和能力。礼仪修养特指人们按照一定的礼仪规范要求,结合自己的实际情况,在道德品质、行为意识等方面所进行的自我锻炼、自我改造的过程和结果。修养包括修人和养气两方面内容。"修人",是指人们在视、听、言、动各方面要全面符合"恭、宽、信、敏、惠"五项个人生活准则,也是个人世界观的全面修养成果;"养气",是指通过内练的方法培养"至大至刚"的"浩然正气"。

现代礼仪修养指的是,一个有修养的人,不仅有志气而且能拼搏,不仅热爱生活而且热爱事业,不仅有高尚的道德和情趣,而且有百折不挠的意志和开拓奋斗的精神。有修养的人一定是对万事万物具有爱心的人。

2. 礼仪修养的特征

（1）全面性

人的礼仪品质主要是由人们对礼仪的认识、行为习惯以及对他人、对生活、对事业的情感等要素构成的。这些要素并不是独立的，而是相互联系的。如果一个人只是对礼仪有了认识，而没有一种对他人的情感、对生活的热爱、对事业的追求，也就不可能培养出良好的礼仪行为习惯。因此，礼仪修养具有全面性。

（2）侧重性

从整个社会来看，人与人之间、人与组织之间、组织与组织之间等各种关系是错综复杂的。交往中，个人或组织所遇到的礼仪问题各不相同，特别是对个人来说，由于每个人所处的环境不同、接受的教育不同、知识水平不同、经历不同、所受的影响不同，在对礼仪的认识和掌握上也就不同。因此，在礼仪修养方面，侧重点也就不一样。例如，初学者可将重点放在日常礼仪规范方面；从业者可将重点放在公务礼仪方面；从商者可将重点放在商务礼仪方面。

（3）实践性

礼仪修养具有很强的实践性。礼仪修养不但要求修养者对礼仪的认识自觉化并形成一定的礼仪品质，同时还要求修养者在实现礼仪行为上形成一种自觉的意识。要做到这一点，修养者就必须要在言谈举止方面进行反复的学习和实践。

（4）渐进性

每个人对礼仪的认识都是可以提高的。礼仪的养成，必须从点滴小事做起，循序渐进，寓礼仪于细微之中，然后再逐步扩展，最后使自己成为一个能够恪守礼仪的人。

（5）知行统一性

礼仪修养中重要的内容之一是道德修养。每个人的道德人格不是与生俱来的，也不可能自发形成，而是在后天的成长过程中，通过努力学习，认识社会发展的规律和特点，了解道德的内容和意义，并通过自身的修养，将认知内化为自己的道德情感、意志和信念，进而外化为自己的道德行为和习惯，以达到知行统一，展现自身的人格魅力。

3. 礼仪修养的目的

礼仪修养的目的主要是通过修养，使个人具备良好的道德人格，使其在社会交往活动中的言行与自己的身份、地位、角色相匹配。

在不同的场合、不同的时间段和不同的环境中，人所扮演的角色是不同的。有些角色是与生俱来的，例如，一个人的民族、性别、家庭背景等，这类角色伴随人终身；有些角色是人在社会生活中获得的，例如，丈夫、妻子以及职业等角色。

那些在社会生活中获得的角色,有的所持续的时间很短,例如,谈判者、拜访者、宴会主持人、庆典嘉宾等。因此,要通过礼仪修养,在扮演不同的角色时,能恰如其分地运用礼仪规范和要求使自己的言行与自己的身份、地位、角色相匹配,同时体现出自己的道德人格魅力。

4. 礼仪修养的作用

礼仪是人类社会实践的产物,是人们为了保持日常生活和交往过程中的正常秩序而形成的一种规范。礼仪除具有鲜明的形象性外,还具有很强的社会功利性;礼仪凝聚着人类的理想、智慧和创造力;礼仪有利于人类的生存和社会的发展。良好的礼仪能使人感到完善,使人产生兴奋的情绪、产生积极的态度和行为;良好的礼仪还能使人感受到美,容易使交往对象产生认同感,从而获得交往的成功。因此,礼仪修养最重要的作用就是使修养者具有仪表美、精神美、言行美的境界。

礼仪与文化(第三版)

5. 礼仪修养的方法

礼仪修养的关键是加强实践,一是要主动参加交往实践,二是要身体力行。在礼仪修养中,首先要掌握哪些行为是符合礼仪规范的,哪些行为是不符合礼仪规范的,要将规范的礼仪行为运用到自身的实际生活和交往活动中,并以礼仪规范的准则时刻对照和检查自己,不断地提高自己的礼仪品质;其次是要不断地反复实践。礼仪修养是一个从认识到实践的不断反复的过程,要使自己成为一个懂礼、行礼、守礼的人,就必须反复地将对礼仪的认识运用到实践中,从而达到不断提高道德水准和礼仪品质的目的。

总之,实践在礼仪修养中起着关键作用,实践的方法是礼仪修养的根本方法,只有在交往实践中,礼仪品质和道德水准才可能形成和提高。

 礼仪修养小故事

千里送鹅毛(交友礼仪)

千里送鹅毛的故事发生在唐朝。当时,云南一少数民族的首领为表示对唐王朝的拥戴,派特使缅伯高向太宗贡献天鹅。路过沔阳河时,好心的缅伯高把天鹅从笼子里放出来,想给它洗个澡。不料,天鹅展翅飞向高空。缅伯高忙伸手去捉,只扯得几根鹅毛。缅伯高急得捶胸顿足,号啕大哭。随从们劝他说:"已经飞走了,哭也没有用,还是想想补救的方法吧。"缅伯高一想,也只能如此了。到了长安,缅伯高拜见唐太宗,并献上礼物。唐太宗见是一个精致的绸缎小包,便令人打开,一看是几根鹅毛和一首小诗。诗曰:"天鹅贡唐朝,山高路途遥。沔阳河失宝,倒地哭号啕。上复圣天子,可饶缅伯高。礼轻情意重,千里送鹅毛。"唐太宗莫名其妙,缅伯高随即讲出事情原委。唐太宗连声说:"难能可贵!难能可贵!

礼轻情意重,千里送鹅毛。"这个故事体现着送礼之人诚信的可贵美德。今天,人们用"千里送鹅毛"比喻送出的礼物单薄,但情意却异常浓厚。

1.3 现代礼仪

礼仪体现的是一种人与人之间的相互关系。礼仪不仅代表人类发展的历史,体现各地区、各民族的传统和文化,还反映了特定历史条件下的意识形态、道德规范、行为准则以及文化内涵。经过几千年的沧桑轮回,人类已进入一个高度文明的时期,现代礼仪更进一步地体现人类社会的意识形态、人文精神和素质,进一步规范了人的社会行为。

1.3.1 现代礼仪的特点和性质

1. 现代礼仪的特点

(1) 符合现代观念

现代社会的道德观、价值观,所遵循的是相互平等、相互尊重的原则。无论是个人与个人之间,集体与集体之间还是国家与国家之间,无论大小强弱,都一律平等。违背了平等与尊重的原则,也就违背了现代礼仪的原则。

(2) 符合现代生活的特点

现代生活讲求快捷、实效、舒适和文化品位。与现代生活相适应的现代礼仪活动,也以快捷、简明、实效、轻松为其特征。现代礼仪形式多样,灵活方便、简明、实效性强。

(3) 符合现代审美的标准

真、善、美的统一,内容与形式的统一,文化与科技的结合,真实情感与行为形式的一致,是现代礼仪的基本要求。现代礼仪力求表达人们的真实感情,其形式及传递的信息、传递的方式都应该被对方准确无误地接受、认识和理解。

(4) 符合现代国际惯例

现代礼仪已成为人类的一种世界性交流语言,越来越被广泛地重视和应用。在国际性交流活动中,各个国家、地区和社会集团所惯用的一些礼仪形式已规范化,并被世界范围内的人们所共同接受和使用。现代礼仪兼容并蓄了世界各国礼仪的优点,使各国现代礼仪更加趋向同化。

(5) 符合公民道德教育规范

道德是心灵的礼仪;道德是自我约束的礼仪;道德是内心生活的礼节;道德是人们责任的法规;道德是生活和交往中最重要的仪式;道德是修养品质的体

现;道德是美的表象;道德能使美德放出光彩,变得可爱。如果没有这种表象和可爱,人也不会成为有道德修养的人。

2. 现代礼仪的性质

中国是一个具有优秀传统文化的泱泱大国,国民气质和风度,曾对世界产生过很深的影响。随着社会的进步,传统礼仪与世界各国礼仪交融发展而形成了现代礼仪。现代礼仪继承了传统礼仪的精髓,也显出了现代社会独特的性质。

(1) 继承性

任何一个朝代的礼仪都是对沿袭下来的文化、经济、政治、习俗的继承。但继承绝不是消极的沿袭,而是积极的扬弃。近半个世纪以来,人类生活方式变化速度非常快,幅度也非常大,现代礼仪在沿袭传统礼仪的基础上不断地被改造、融合、发展,形成了新的准则和规范体系。

(2) 实用性

现代礼仪是实用的。在人与人的交往中,用不用它不一样,会不会用它也不一样。礼仪现象存在于组织与组织、组织与公众、个人与个人之间所有的活动时空中。恰如其分地运用礼仪,可以促成组织之间、公众之间、个人之间关系的平等、和谐及友爱。

(3) 广泛性

现代礼仪被广泛地运用于国家与国家之间、组织与组织之间、组织与公众之间、个人与个人之间、家庭成员之间等社会交往的所有时空。

(4) 制约性

现代礼仪是被社会所公认的一种"法规",它能反映出我们所接触的各类人员内心世界的修养程度,是人们言谈举止的指导准则,是检验人们社会行为的道德标准,是人们实现工作目标的一种手段。现代礼仪对人的思想、言行及社会活动方式有着某种约束和规范的作用。

(5) 可变性

礼仪是生活实践的产物,也是时代的产物。随着时代的变迁和人们生活观念和文化修养的变化与提高,礼仪规范也在不断变化。不同时代、不同国家、不同民族、不同环境下的礼仪也有所不同。

(6) 创新性

当今世界,随着经济发展,人们的生活观念也在不断改变。人们的生活观念逐渐由物质生活享受向精神文明生活享受转移,人们越来越重视礼仪文化中的文化品位。电话交流、互联网交流等交流形式已经成为人际交往的新途径,无线通信、电子技术、网络技术能使天涯变成咫尺,人们可以在短短几秒钟内,与上万

礼仪与文化(第三版)

公里外的友人互相问候、互通消息。现代礼仪已被不断引入的高新科技成果不断革新。

（7）可操作性

现代生活的快捷、简明、多变对现代礼仪提出了挑战,因此,现代礼仪必须切实有效、便于操作,并为广大公众所认可。

1.3.2 现代礼仪的基本内容与原则

1. 现代礼仪的基本内容

现代礼仪的内容是全方位、多层次的,渗透于人们对生命的理解、对生活的态度中,渗透于人们的日常生活习俗、日常生活行为中,渗透于人与人之间、人与组织之间、组织与组织之间的交流形式和方法中。现代礼仪主要由仪表与形象礼仪、礼貌与礼节礼仪、社交与公关礼仪、活动与仪式礼仪等普遍性规范和特殊性要求构成。

2. 现代礼仪的原则

（1）自律的原则

现代礼仪主要由对待自身的要求和对待他人的做法两方面构成。其中,对待自身的要求是现代礼仪的基础和出发点。如何掌握和运用好礼仪,主要是要做到自我要求、自我对照、自我约束和自我控制。

（2）敬人的原则

敬人是现代礼仪的核心。无论是国家与国家、组织与组织、组织与公众、组织与个人还是个人与个人之间都不可失敬于人、不可加害于人、更不可侮辱人,而必须以敬人为原则。

（3）平等的原则

现代礼仪与传统礼仪最大的区别就是以平等的原则来指导人类交流的所有场合。现代礼仪要求在对待交往对象时,无论交往对象是男是女,是老是幼,无论职位高低,无论何种种族,都必须要平等对待。交往时应根据交往对象的不同,而采取不同的交往方法。

（4）遵守的原则

现代礼仪是人类在时代变迁的过程中,随着文化的进步而不断发展和约定俗成的。每个公民都是现代礼仪的建设者、维护者及参与者。无论年龄大小、职位高低、财富多寡,都应自觉地运用礼仪去规范自己的言行。

（5）真诚的原则

运用现代礼仪必须做到言行一致、表里如一,这样才能有效地表现出对交往对象的尊敬并使其能被对方理解和接受。

（6）宽容的原则

无论在何种交际活动中运用礼仪，都应首先做到严于律己，宽以待人。要能容忍、体谅、理解对方，绝不可求全责备、斤斤计较、咄咄逼人。

（7）从俗的原则

由于国情、民情、区域的不同，各国、各民族、各地区都会有不同的风俗，在交往中，必须遵守入乡随俗的原则，绝不可目中无人、自以为是。

3. 现代礼仪与传统礼仪的差异

现代礼仪是经过人类几千年的生活实践，由传统礼仪逐步改进和发展起来的，因此现代礼仪与传统礼仪既有其共同之处，也有着时代的差异。

（1）人格的差异

我国传统礼仪强调并坚持人的等级差异。对于这一点，荀子早就讲得很明白："礼者，贵贱有等，长幼有差，贫富轻重皆有称者也。"而现代礼仪提倡以人为本，相互尊重，允许个性自由，尊重个人隐私，维护人格尊严，强调人格平等及社会平等。

（2）简捷与烦琐的差异

现代礼仪符合简明快捷的现代生活要求，易于操作实施，而传统礼仪则包罗万象、烦琐、实施困难。

（3）讲求实际效果与讲求表征形式的差异

现代礼仪强调和注重人际交往的效果，追求人际交往的和谐与顺利，而传统礼仪注重表征形式。

（4）尊重妇女与"男尊女卑"的差异

现代礼仪强调女士优先。在一切交际场合，不仅讲究男女平等，反对性别歧视，更讲究尊重妇女、关心妇女、体谅妇女、帮助妇女、保护妇女。不尊重妇女，就等于没有教养，不守礼仪。而传统礼仪强调的却是男尊女卑，妇女在家族中及社会上相对男子地位较低。

思考题

1. 简述礼仪文化对社会的影响。
2. 现代礼仪有哪些性质？
3. 现代礼仪的原则和社会功能是什么？
4. 简述自我修养的目的与作用。
5. 举例说明传统礼仪与现代礼仪的区别。

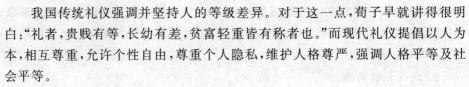

礼仪与文化（第三版）

第 2 章 交 谈 礼 仪

　　交谈是人际交往中最重要和最常用的交流手段。对交谈者来说,根据交谈的形式、环境、对象和目的不同来采用不同的交谈礼仪是十分重要的。本章将系统地介绍有关交谈礼仪方面的知识,目的是使学习者能够了解和掌握交谈的概念、交谈的礼节及交谈的技巧等,并在实际交谈中能够正确地应用。

2.1　语言

　　语言与交谈是密切相关的,要了解和掌握交谈的礼仪和技巧,首先要了解和掌握语言与交谈的概念,了解和掌握语言和交谈之间的关系。

2.1.1　语言的概念

　　自然界中存在着各种各样的语言,其中人类的语言是最复杂、最丰富的。存在于整个人类社会中的语言,是人类最重要的交际手段和思维表现工具。在人们的日常生活和交往中,语言是用来进行交谈、表达思想、交流感情、沟通信息的。语言在建立、协调和发展人际关系中起着重要的作用。

　　人类社会没有语言就不可能发展,人就无法生存,但什么是语言呢? 简言之,语言是交互双方用以进行交流和传达信息的工具。语言的种类繁多,复杂多样。

2.1.2　有声语言与无声语言

　　有声语言和无声语言是重要的两大类语言,绝大多数语言都属于这两类语言。

1. 有声语言

　　有声语言是指发出声音的语言,它是以语音为物质外壳,以词汇为建筑材料,以语法为结构规律所构成的人与人之间的交流体系。人们利用有声语言,通过语义、声调、语速、语气等方面的变化来表达人的情感和愿望。语言中,一个音节声调改变了,语意也随之发生变化。同样的语义,其声调的高低、轻重、缓急程度的不同能表达出不同甚至是截然相反的含义。例如,"你现在在哪?!"表示了一种质问、责怪和不满。"你现在在哪呀?"只是一种亲切的关心和询问。

2. 无声语言

与有声语言相对应的就是无声语言。人们利用无声语言,通过肢体、表情、目光等方面的变化来表达人的情感和愿望。在交谈中,人们利用无声语言弥补有声语言沟通的不足,以期进一步揭示有声语言深层次的含义。无声语言在交谈和传递信息时起着不可忽略的作用。另外,在无法通过有声语言进行交流的情况下,无声语言具有不可替代的重要作用。

2.1.3 体态语言

体态语言是以人的肢体动作、目光、表情等来传递信息的一种无声语言。体态语言在人际交往中运用十分广泛,体态语言种类很多,本节仅介绍肢体语言、表情语言、目光语言和界域语言(略)。

1. 肢体语言

肢体语言是人们在交谈的过程中,根据谈话的内容,利用身体各部位的动作来传达信息的无声语言。对于人们来说,身体各部位不同的动作所代表的含义是不同的,例如,以拇指与食指或其他指尖摩擦,通常暗示着对金钱的期望,你的朋友来找你借钱可能会有这种肢体语言。

在某些情况下,肢体语言起到了进一步刻画、强调、描绘有声语言的作用,例如,侧着头,翘起下巴,斜眼看着对方、评价对方所做的事或所说的话等,就进一步刻画和强调了对对方的不屑,同时进一步显出自身的高傲。

2. 表情语言

表情语言属于无声语言,它是指交谈者通过表情传递信息的一种语言。在交谈的过程中,随着交谈者内心感情的波动,表情随之会发生变化,这种变化反映了交谈者的内心情感。交谈双方通过观察对方表情的变化能够体会和分析出对方目前的感受和想法等。例如,人们通过面部眼角、嘴角上下挑的程度、眉头及面部肌肉的紧张程度以及瞳孔所发出的光彩程度等信息来初步判断人们内心的喜、怒、哀、乐等各种心情。

喜、怒、哀、乐

3. 目光语言

目光语言也称为眼神，是指人们在交往的过程中，双方通过目光的对接实现传递信息的无声语言，目光与表情是密切相关的。

2.2 交谈

交谈礼仪离不开语言和交谈，因此在介绍交谈礼仪之前有必要对交谈的概念、基本形式和有关交谈的基本知识进行简单和系统的介绍。

2.2.1 交谈的概念

交谈是人们最常用、最主要的交际手段，是交流双方或多方表达思想、交流感情和为达到某种目的而进行的一项活动。交谈是在一定的语境中运用有声或无声语言等方式进行的。交谈的功能主要体现在以下两方面。

1. 表达感情，传递信息

在社会生活中，交谈是帮助人们传递信息和交流沟通的基本手段，通过交谈首先能使交谈各方了解来自不同地区、不同民族，甚至不同国家的信息；其次是能使交谈各方加深认识，增进了解。一个人的品德修养、文化素养、个人志趣以及内心世界等均可在交谈的过程中表现出来。

2. 协调各方关系，促进协作，加快发展

在飞速发展的信息化时代，协作各方之间的交谈是否顺畅，对事业的成败起着重要的作用。不论是人与人之间、人与组织之间、组织与组织之间还是国家与国家之间的合作，首先是通过交谈开始的，最初的交谈对合作能否可能、能否继续、能否成功起着关键作用。

2.2.2　交谈的基本形式

虽然交谈的形式是多种多样的，但不论是何种形式的交谈，交谈都是由谈话者、谈话内容及听话者三个基本要素构成的。下面仅从交谈的基本形式角度介绍交谈的形式。

1. 直接交谈

直接交谈是指交谈者面对面的交谈，一般以口头语言表达的形式进行。直接交谈的特点是在交谈过程中对话双方的角色会随谈话内容不断转换。通常，直接交谈还分正式交谈和非正式交谈两种形式。

（1）正式交谈

正式交谈是指交谈双方事先协商约定了谈话时间、地点，甚至还确定了谈话内容和主题的交谈，例如谈判、约见谈话等。

（2）非正式交谈

非正式交谈是指交谈双方没有任何准备而进行的自由而随意的随机性谈话，例如寒暄、聊天等。

正式交谈

非正式交谈

2. 间接交谈

间接交谈是指交谈者不谋面的交谈，主要方式有电话交谈、书面交谈和网络交谈等。间接交谈的特点是交谈者不谋面，交谈可以不考虑对方的感受，对于那些不便于直接交谈的内容，采用间接交谈是非常有效的方法和手段。

间接交谈

2.2.3 表达、表情与交谈眼神

1. 表达

表达是交谈的一种能力。表达包括表达能力和表达方式两方面的含义。

表达能力是一种综合能力,是现代生活和工作中必须具备的重要能力。表达能力能充分反映交谈者的学识、素质、修养、阅历和工作能力。表达能力可以体现在口头表达方面,也可以体现在书面表达方面。每个人在这两方面的能力不一定是平衡的,这种差异,有些人表现得明显,有些人表现得不明显。在日常生活和工作中常常碰到这样的现象,有些人有很强的口头表达能力,却不能以书面的形式将自己的意图表达清楚;有些人书面表达能力很强,但口头表达能力却很差。

2. 表情

(1) 表情的概念

这里所说的表情特指在交谈过程中,交谈者所表现的面部及身体姿态上的表现特征。表情反映出交谈者内心情感的波动,表情是将交谈者内心情感的波动情况,通过大脑及神经支配后表现出来的。随着交谈的进行,人的内心情感会随着交谈的内容而出现波动,这种情感的波动就必然会通过人的面部及姿态表现出来。

(2) 表情在交谈中的作用

表情在交谈中主要有三个方面的作用:一是通过表情了解交谈双方的心理变化。在交谈中,表情传达感情的信息比语言等都来得更巧妙,表情的变化意味着感情的变化。甚至是在初次见面时和在谈话过程中,双方都能够通过对方表情的变化,了解到对方态度、情绪的反应等。表情起到加快了解对方态度、内心情感变化的作用。二是通过表情来掩饰交谈者的内心活动。在不适宜的场合突然得到令人不愉快的消息，见到不愿意见到的人，不得不说自己不愿意说的话的情况是经常发生的。遇到这种情况，出于礼节就只能通过相应的表情来尽量掩饰自己的感情。三是通过表情取悦对方。有时为了说服和取悦对方，在有声语言的言辞不能达到预期效果的情况下，往往需要通过相应的表情达到目的。

（3）表情的特征

人们的面部表情特征就是表情特征。要了解表情在交谈中所起的作用，就必须要了解表情特征，并了解和掌握怎样观察表情特征。人的面部表情有真实的一面，也有非真实的一面。在交谈时，能够观察交谈者的非真实一面十分重要。

通过被观察者的眼角和嘴角的上下挑动，眼神、面部肌肉等细微变化，就可以观察人的"痛苦与悲伤""惊讶与恐惧""愤怒与憎恶""喜悦与欢笑""真诚与谄媚""真实与做作""温和与含蓄""冲动与制怒"等。所以，在交谈时，要注意观察对方表情的细微变化。

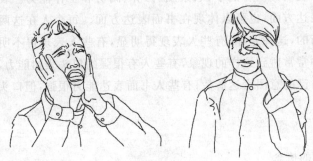

痛苦与悲伤

惊讶与恐惧

愤怒与憎恶

喜悦与欢笑

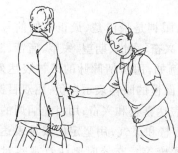

真诚与谄媚

真实与做作

温和与含蓄

冲动与制怒

3. 交谈眼神

"眼睛是心灵的窗户"，人与人的沟通，眼神是最清楚、最正确的信号。人们可以用不同的眼神表达不同的思想感情。兴奋、喜悦、期望、失望、痛苦、悲伤、猜疑、烦闷等情感都能从眼神里一览无余。例如，用含情脉脉的眼神表达爱恋；用温和、友善的眼神表达友谊和关爱；用轻蔑傲慢的眼神表示自负；用双目圆瞪、烈火般的眼神表达愤怒；用楚楚动人的眼神表达喜爱和兴奋；用目光炯炯的眼神表达自信；用闪光、明亮的眼神表现具有的智慧和灵气；用坚定的眼神表达一种无畏和坦诚；目光呆滞表达缺乏自信，精神颓废等。交谈时要注意观察对方的眼神，并要把握好自己传递给对方的眼神。

2.3　交谈礼仪

通过言谈和举止可以看出一个人的素质和修养。若要使交谈在交往中发挥更大的作用，除了要做到言辞达意外，还必须力求以交谈的礼节和技巧来吸引对方，以自身语言美来感化和说服对方。本节主要介绍口头语言表达形式的交谈礼仪。

2.3.1　见面与告辞礼节

从古至今，人们十分重视见面与告辞的礼节。各个国家及地区的各民族都有自己不同的见面与告辞礼节习俗。中国历史上有许多不同的见面与告辞礼节。例如鞠躬礼节，鞠躬时要求男子要脱帽；作揖礼节（拱手礼节），一般适用于男士之间的见面与告辞；单腿下跪礼节，是我国清朝政府官员之间的见面告辞礼节，特别是告辞时，单腿下跪起来后，还必须后退着出门；双手合十礼节，主要适用于泰国、印度、缅甸以及佛教信徒之间；拥抱礼节，主要流行于欧美；亲吻礼节，流传于许多国家及地区的上流社会，行此礼时，往往与拥抱礼相结合，不同身份的人，相互亲吻的部位也有所不同。

女子鞠躬礼节

男子鞠躬礼节

古代作揖礼节（拱手礼节）

近代作揖礼节（拱手礼节）

单腿下跪礼节

双手合十礼节

拥抱礼节

贴面礼

吻手礼

另外，还有举手礼节、脱帽礼节等，名目繁多。其中，鞠躬礼节、双手合十礼节、拥抱礼节、亲吻礼节、脱帽礼节等至今还流行于各民族日常生活中。总之，见面与告辞礼仪对现代人来说是非常重要的。

1. 见面与告辞时握手礼的礼节

见面和告辞时的握手礼是国际通用的一种交际礼节，是相互认识、沟通思想、增进友谊的重要方式之一。握手多用于见面致意和问候，是对初次相识、久别重逢或多日未见的朋友相见或辞别时的礼节;握手是和平和友好的象征;握手有祝贺、感谢及相互鼓励的内涵。通过握手,往往可以窥测出一个人的情绪和意向,可以推断一个人的性格和感情。深情、文雅而得体的握手,往往蕴含令人愉悦、信任和接受的内涵。例如,谈判双方在达成一致意见后,一旦签订了某项协议,互相交换文本时,双方代表握手,表示一种友好与合作的愿望。又如,当对方取得某些方面的成绩与进步时,在颁发奖品或赠送礼品后,一般都以握手表示祝贺、感谢和鼓励。见面与告辞时握手礼的礼节主要包括如下几个方面的内容。

握手礼

（1）握手时的眼神与表情

握手时要双目注视对方,面带微笑。同时附上"您好""欢迎您""认识您很高兴""好久不见,还好吗?""下次再见!"等问候和致意语。

（2）握手的时间及力度

握手时间不能太长也不能太短,一般不要超过 30 秒。握手力度要适中,不能让人感到不舒适。时间太短,力度太轻给人一种不尊重和看不起的感觉;时间过长,力度过大会使人感到不适,特别是与女士或上级领导握手时间太长会使对方对你产生戒备心理和不好的印象。

（3）握手的顺序

同时与若干人见面,握手致意的顺序是:先贵宾、老人,后同事、晚辈,先女后男。握手时不能几个人竞相交叉握手,也不能隔着门槛或边跨门槛边握手。

（4）与贵宾、老人和领导握手

与贵宾、老人或领导握手时,应等贵宾、老人或领导先伸手,再去接握。接握时,应身体向前微倾,快步向前接握,也可以双手接握表示尊敬,但切忌长时间握着不放。上级与下级握手同样要热情诚恳,面带笑容,注视对方眼睛,切忌心不在焉、东张西望、漫不经心、厚此薄彼,或是用指尖轻轻一碰,敷衍了事。

（5）与女士握手

与女士握手时,首先要女士表示愿意握手,等女士先伸出手来,男士轻轻握一下即可。男士在握手前必须先脱下手套,女士握手则可以不脱手套,也不必起立。

上下级握手   与女士握手

除了以上列举的以外,还要特别提醒:握手时要注意仪容的整洁大方和双手的卫生。

2.见面时相互介绍的礼节

介绍是指从中沟通,使双方建立起关系的一项活动。介绍和被介绍是交谈开始的前奏,是正式进入交往的开始。

(1)介绍在交谈中的作用

介绍最突出的作用就是能尽快缩短人与人之间的距离,加速认识、了解和交往进程;其次是能帮助人扩大社交范围。另外,介绍还有消除误会的作用。

(2)介绍方式

环境场合不同,介绍方式也不同。按社交场合划分,介绍可分为正式介绍和非正式介绍;按被介绍的人数划分,介绍可分为集体介绍和个别介绍;按介绍者划分,介绍可分为他人介绍和自我介绍;按被介绍者的地位和层次划分,介绍可分为重点介绍和分重点介绍;按照介绍对象的性质和介绍采取的形式划分,介绍可分为商业性介绍、社交性介绍及家庭成员介绍等。

(3)介绍规则

在不同的场合,各种介绍方式是不同的,可兼用。

正式介绍是指在较为正式、郑重的场合进行的介绍,通常按两条规则进行:其一是把职位低的人(或年轻人)介绍给职位高的人(或年长的人);其二是把男士介绍给女士。在介绍过程中,先提某人的名字是对他(她)的一种敬意;例如,把一位张先生介绍给一位王小姐,可以这样介绍:"王小姐,请允许我把张先生介绍给你好吗?"然后就给双方做介绍:"这位是张先生,这位是王小姐。"再如,把一位年轻女士介绍给一位大企业的负责人,则不论性别,均应先提这位企业家,可以这样介绍:"王总,我很荣幸能介绍张小姐来见您。"然后给双方作介绍。介绍时,可附简短的说明,例如,"王总,这位是我的同学张××,她从……来,是位……;张××,这位是王总经理,是我们公司的总负责人,王总非常喜欢……"非正式场合的介绍就不必过于拘泥礼节,应以自然、轻松和愉快为宗旨。

集体介绍可遵循的规则是:向大家介绍贵宾或领导,这时大家应起立鼓掌以示欢迎和致意;按主持人身边客人层次的高低逐一介绍。例如,将一位专家介绍给学术报告会议的全体代表,可以这样介绍:"各位专家、各位领导,我很荣幸地告诉大家,×××今天专程来参加我们的会议,下午还将为我们作精彩的学术报告,让我们以热烈的掌声对×××的到来表示欢迎(鼓掌)。"

自我介绍最好能使用名片,递交名片时要双手送出,同时报出自己的姓名和单位。如没有准备名片可作自我介绍,例如,"我叫×××,是……,认识您(大家)很高兴!"

3. 见面与告辞时的寒暄礼节和技巧

寒暄是交谈的开场白,也是告辞的结束语。适度的寒暄不仅是引入坦诚深谈的序幕,也是加强往来的纽带。寒暄实际是社会交往中双方见面时以天气冷暖、民风民俗、相互问候或交换名片等为主要内容的应酬及客套话。寒暄属于非正式交谈,内容本身没有多少实际意义,但适度和巧妙的寒暄能快速打破陌生人之间的僵局、增进熟人之间的情感、创造和谐的谈话气氛、加强双方的进一步来往。巧妙地寒暄过后,双方均能顺势进入谈话主题。

寒暄要讲究技巧,不适宜的寒暄反而会使见面很尴尬,甚至破坏了交谈的基础。

(1) 就地取材

就地取材要符合实际情况,并根据现场的环境、气氛等灵活处理。例如,见面时,你刚从外地出差回来,就可以以你所见到的外地的气候、文化、民俗、市容市貌等作为寒暄的内容;如果你到一个单位找人,见面时,可以以你对这个单位的工作环境、接待人员的气质等印象为寒暄内容;如果是到私人家里做客,可以以主人家中的装饰、墙上的字画、书架上的书籍、客厅的摆设等为寒暄内容。如果是第一次交换名片,在接到对方名片后,可以对对方的单位、职务等进行赞扬为寒暄内容。

(2) 循趣入题

在一般性的寒暄后,可以巧妙或机灵地问问对方的兴趣爱好,了解近期参加的活动,循趣而发,进入话题。例如,体育赛事、流行时装、饮食文化、中外新闻或"热门话题"等,但绝不能无话找话,漫无边际地乱侃,应有目的地接近对方、了解对方,同时也让对方了解你。话题的内容以及说话的语气要与你的身份相吻合,要体现出文雅的气质和高品位的修养。

2.3.2 表达礼仪

表达指的是表情达意，是交谈双方在交谈过程中的一种情感交流的实际过程。要想将交流目的表达明白，表达时就要充分运用表达语言、表达礼仪和表达技巧，使对方理解并接受，促使交往能够继续。

1. 直接交谈的礼节

谚语说："交一个朋友，千言万语；绝一个朋友，三言两句。"要使交谈能充分表情达意，每一位交谈者在交谈中都应懂得和运用礼貌的语言及正确的礼节形式。

(1) 交谈距离

交谈时的距离与交谈者双方的关系、交谈内容及交谈环境有关。一般来说，在公众区谈话，一人可同时与几个人交谈，谈话距离较远，可达到 4～10 米；在交际区谈话，同时可有几人在场，但谈话对象是专一的，谈话距离一般在 2～6 米；若是在亲密区的谈话，由于谈话者之间的关系比较亲密，谈话距离一般在 0.5～1 米。

(2) 交谈的仪态举止礼节

交谈中交谈者的仪态举止在不同的社交区域和环境中，表现的形式是不尽相同的。一般来说，交谈的姿势有站、坐、行三种。对任何人来说，不同的环境、不同的谈话对象、不同的态度，在交谈姿势相同的情况下表现的仪态举止是不同的。另外，人与人之间修养上的差别，在交谈中所表现的仪态举止也有很大差别。所以，谈话者无论是以什么姿势交谈，其仪态举止都能表现谈话者的素质、修养以及对谈话内容的态度。下面就以"坐着交谈"为例介绍交谈的仪态举止。

坐着交谈，多在室内，可以是正式交谈，也可以是非正式交谈。通常情况下，坐着交谈比站着交谈的时间要长一些。从礼节上讲，当辈分及职位较低的人或求助者，与辈分及职位较高的人或被求助者坐着交谈时，前者应正襟危坐或浅坐，上身微向前倾，目光注视对方，并对对方的谈话适时以恰当的神态做出反应。交谈时必须保持精神状态饱满，表情自然大方、和颜悦色，使谈话保持轻松和自然的气氛。即便是平辈之间也应注意相应的坐姿和态度。

(3) 话题的选择

话题是交谈的中心。在交谈之前，最好能初步了解交谈对象的基本情况。对不同的交流对象，应选择恰当的话题和交谈内容，所选择的话题和内容还要能够反映出交谈者的层次、文化素质、生活品位及礼节。《仪礼·士相见礼》中对人的交谈内容就有明确规定："与君言，言使臣（即与君王应该谈论任用群臣的问题）。与大人言，言事君（与卿大夫应该谈论侍奉君王的内容）。与老者言，言使

礼仪与文化（第三版）

32

弟子(与老人谈论使唤弟子的内容)。与幼者言,言孝弟于父兄。与众言,言忠信慈祥。与居官者言,言忠信。"

特别是在第一次与对方交谈时,交谈内容选择是否得当,是能否深入交流的基础。例如,与一位正在伤心或失意的人大谈自己的成功和辉煌成绩,显然是不合适的。另外,在交谈中应尽量回避自己不熟悉的内容和话题,如果确实回避不了,一定要虚心地向别人请教,以赢得对方的好感,千万不能不懂装懂、牵强附会,这样反而会让人看不起。

交谈过程中还要注意回避一般人都忌讳的话题,例如个人隐私、非议他人以及其他格调低的、令人不快的话题等。

(4) 言者的礼节

第一,与人交谈时最重要的是态度坦诚。"人之相知,贵在知心。"这句话的意思就是要认识和懂得一个人,关键是要懂得他的心。在与人交谈时,要做到相互知心,说话者如果虚情假意、言不由衷,就会出现"话不投机半句多"的尴尬局面。第二,与人交谈要与人为善。谈话时要特别注意不要夸夸其谈,装腔作势,拐弯抹角地吹嘘自己,也不要胡乱恭维和不切实际地赞美别人。第三,与人谈话要亲切有礼。交谈中处处尊重对方,态度随和,尽量少谈"我"的事,不能强求别人当场表态。第四,语言表达要准确明了,语意完整,语速适中。第五,要平等交谈。交谈的双方可能在身份上有所不同,但在人格上都是平等的,在交谈中一定要创造一种平和的谈话气氛,保持自然平等的谈话态度,缩短双方的距离,增强对方的参与意识。第六,要照顾他人。既然是交谈,一定要顾及听者的情绪与表情变化,要给别人留有一定的谈话空间,千万不可滔滔不绝地讲个没完,交谈过程中要听对方的见解。第七,多人在一起交谈的情况下,不能只顾与自己熟悉的朋友交流,而忽视了在座的其他人。第八,要杜绝使用不雅的口头禅以及"粗""脏"的垃圾语言。

(5) 听者的礼节

与言者相比,作为听者,在交谈中常处于相对被动的位置。因此,作为听者,一是要做到认真聆听。俗话说:"会说话的人想着说,不会说话的人抢着说。"交谈中不要轻易打断对方的谈话或插话。二是要积极反应。表示你的诚意,同时应恰如其分地给予对方一定的赞美,使交谈气氛更加轻松和友好。三是要谦虚礼让。"勤于听,慎于说。"多思少说、先听后说,这不仅仅是对对方的尊重,同时也是给自己学习的机会,使自己显得更加成熟和稳重。四是要宽容克制。在交谈中可能会发生对方无礼或双方争执的情况。如果遇到这种情况一定要宽容和克制,千万不能针锋相对、恶语相加,或斥责和讥讽对方。有人说:"在议论和反驳中,也许你赢了对方,但那样的胜利是空虚的,因为你绝对无法赢得对方的好感。"遇到这种情况时,应以情感人、以理服人,或暂时终止谈话,待对方冷静后再找新话题交流。

(6)参与者的礼节

在参与别人的交谈之前,一是要了解别人谈话的主题,并在确认对别人的交谈没有妨碍时,方可加入交谈。加入交谈时应先与在场者打招呼,如点头示意或轻声说:"我可以听听吗?"在未征得同意之前,最好不要贸然加入。二是要尊重原交谈者,不可喧宾夺主,没有原交谈者的示意,不能随便插话,更不能打断别人的谈话。三是如遇急事需要离开,应向在场的人打招呼表示歉意。四是男士不要参与女士之间的交谈,特别注意不要与女士无休止地攀谈,以免引起旁人侧目。五是参与多人交谈时,不能只与其中的一两个人交谈而冷落他人,特别是不能只同其中地位较高的人交谈,给人以"谄上欺下"的印象。另外,男女交谈要注意分寸,不要随意开玩笑,不可论及美丑胖瘦,即使是争论问题也要有节制。

2. 间接交谈的礼节

间接交谈有多种形式,电话(包含网络通话)交谈是其中最常使用、最重要的间接交谈形式,因此,在间接交谈礼节部分中主要介绍电话交谈礼节。电话交谈虽然简单快捷,交谈时双方不直接谋面,但正因如此,电话交谈艺术就更为讲究。

(1)选择电话交流内容的礼节

在拨电话前,先考虑好要说的内容,考虑好如何说,特别是对当面不好说的话题更应如此。通话时,对所述内容的表达应简单明了。特别要注意,在某些情况下,不是万不得已,最好选择直接见面方式交谈。例如,下属向上级请示和汇报重要工作,最好与领导预约时间当面请示和汇报。

(2)选择通话时间的礼节

选择恰当的时间通话是非常重要的,除非有特殊情况。当遇到特殊情况,在即使对对方有影响的情况下也必须拨打电话时,拨通电话后首先要向对方表示歉意,并且要使交谈内容尽可能的简短。

(3)拨接电话的礼节

对拨话方来说,拨通电话后,不论接话者是不是自己要找的人,首先都应该说"您好",然后,介绍自己的姓名或单位等有关信息,使对方对拨话者有一个基本的了解。如果接话者不是你要找的人,应该先说"谢谢您,请帮忙找一下……部门……(姓名、职务等)",使对方明白你要找的到底是谁。拨话后,如果接话者告知你所找的人不在,在这种情况下,不论你有无事情需要对方转达,都应该先客气地说一声"谢谢,打扰了"等礼貌语,再挂电话。如果在拨通电话后,张口就叫某某接电话,也不通报自己的姓名,会使接话者感到突然和莫名其妙,还会使接话者不愉快。

对接话方来说,如果接话时对方没有报出姓名或单位,应马上礼貌地报出自己单位的名称、部门或自己的姓名,例如"您好,这里是某某公司,请问有什么需要帮助吗?"然后再进入通话主题。

（4）通话时的礼节

通电话时,说话方要口齿清楚、语气温和、音量适度,做到对方愿意听、听得明白、听得清楚。接电话一方要积极呼应,不时以"是""好""对""嗯"等简单词语作为呼应,表示你在认真倾听。

（5）代接电话的礼节

若接听者不是对方要找的受话人,在对方报出受话人姓名后,应说"请您稍候",然后立即帮助寻找受话人。如果受话人不在,应客气地询问:"您有事需要转告吗?"切忌立即挂断电话,或对来电者无端盘问。若对方的确有事需要转告,应及时、准确转告,必要时应做笔录转达。

（6）打电话的表情

打电话的表情是一种看不见的表情,这种表情可以通过电话中的语调、语气和用词表达。所以,在电话中说话,要掌握好说话节奏、速度、音量和语调,注意把握好语气,要让受话方能感受到说话方的真实感情,使受话方有一种看到对方的感受。电话通话与平时的谈话在节奏、速度、音量、语调和语气等方面是有所区别的。

（7）通话结束时的礼节

通话结束前,为了表示友好和谢意,通常双方应以"再见""谢谢""打扰了""麻烦您了"等礼貌用语结束通话。受话方一定要等对方放下电话后再放下话筒,除了受话方是领导、老人以外,这一顺序是不能颠倒的。

（8）拨错电话时的礼节

拨错电话号码时,应主动致歉,请求原谅。若接到错拨的电话,也应以礼相待,向对方说明后轻放电话,不可冷言恶语地对待对方。

3. 交谈技巧

人们在交谈过程中,不仅仅是利用声音语言进行交流,交谈中还有表情、姿态等参与交谈。所以,对交谈者来说,如果能够掌握好交谈的技巧,会使交流的效果更佳。掌握好交谈的技巧,还能够充分体现出交谈者的气质和风度。对交谈者来说,交谈应遵循的基本原则和应达到的效果是:

叙事说理,条理清楚,具有逻辑性;

描述细致,有声有色,具有形象性;

情真意切,平易近人,具有感染性;

穿插事例,比喻新颖,具有趣味性;

吐字清晰,措辞精当,具有精确性;

弦外有音,循循诱导,具有启发性。

(1) 巧用谈话语言

交谈离不开语言。语言使用是否得当,能否把握好语言技巧,对交谈双方来说都是十分重要的。同一件事,同一句话,用不同的方式表达效果是不一样的。

有这样一个故事,在舞会上,一个女孩遇到一个陌生的男子,男子问女孩的姓名、家庭地址等情况,女孩是怎样巧妙地回答对方的呢? 男子:"我一见你就觉得面熟,你姓什么?"女孩:"我姓我父亲的姓。"男子:"那你父亲姓什么啊?"女孩:"当然姓我祖父的姓了。"男子:"你是做什么的?"女孩:"做工作的。"男子:"你住哪儿呢?"女孩:"陆地上。"男子:"你真可爱,如果你肯做我的女朋友,我愿意为你做任何事情。"女孩:"真的吗? 那就拜托你离我远一点啦。"上述故事中,女孩用巧妙的语言回答了男子的所有问题,该男子不仅一无所获,还讨了个没趣。这个故事中,女孩回答的言外之意就是:"我对你没好感,不想与你交往。"女孩这样回答还保护了自己。如果女孩采用另一种方式回答,对话就不会向前述的过程那样发展下去了,并且还会使自己受到伤害。例如,男子问女孩姓名时,女孩回答说:"我不认识你,为什么要告诉你?"此后男子就不会继续问女孩的工作等情况,男子有可能就知趣地离开了,也可能继续说一些其他的内容。例如,男子有可能说:"可我们现在不就认识了,交个朋友吗?"女孩如果继续说:"你这人真讨厌,快走开! 我喊人了!"这时整个舞厅的人都会将目光集中到女孩和男子身上,此时,双方都受伤害,同时还不利于保护自己(女孩)。由此可见,同样的事,用不同的语言表达,其效果是不同的。

另外,交谈时不能为了赢得听者的好感而滥用措辞,用语要符合实际。交谈应避免出现以下内容:

拖泥带水,与题无关的废话;

颠三倒四,文理不通的胡话;

满口术语,故作高深的瞎话;

不懂装懂,模棱两可的混话;

干巴枯燥,催人欲睡的套话;

虚伪文饰,掩东盖西的假话。

(2) 巧用表情语言

表情是心灵的反映,面部和体态的表情包含着谈话者除言语以外的深刻内涵。在交谈中应巧妙地运用好表情语言。

黑格尔说:"同样一句话,从不同人嘴里说出来,具有不同的含义。"事实上,同样的一句话,即使是从同一个人嘴里说出来,也会因为语调、语气、声音的强弱及面部表情的不同而传递不同的含义。例如,拿"请"字来说,如果说请字时,语调先低后高,带有起伏不稳的拖腔,眼睑下垂,脸往上支,就给人以酸溜溜的感觉。这样的"请"多半是在无可奈何的情况下,或者是讥讽对方的情况下说的。如果语调短促有力,表情紧张,两眼直视,则给人以命令的印象。这样的"请",大多是上级对下级或者是要显示居高临下的地位时说出来的。如果是表情轻松自然、音质柔和饱满、面带微笑,这样的"请"就能给人以礼貌和客气的感觉。

(3) 善用目光语言

世界上各民族的交谈注视习俗是有差距的,如日本人认为注视对方的脸是失礼的,日本人在交谈时的礼仪习俗是看着对方的脖子;英国人与人交谈的礼节是尽量避免双目对视;在希腊,凝视别人被认为是极端无理的;在地中海沿岸国家,人们深信呆滞的目光会给人带来灾难,因此在交往时,眼神都表现得比较活跃。

我国和其他一些国家和民族,交谈过程中用目光注视对方是一种基本的礼仪要求。凡是那些能用眼神与对方保持呼应的交谈者,都会受到重视和欢迎,而在交谈时东张西望,心不在焉,"眼观六路,耳听八方"是不会得到尊重的。因此,在交谈时,应了解交谈对方的民族习俗,适时地调整注视目光,用自然、稳重、柔和的目光注视对方。交谈中,要特别注意,不要用眼睛死死盯住对方的某一部位,或不停地在对方身上"扫射"。

在交谈过程中,正确掌握注视位置、时间、方式和姿势也是非常重要的。

注视对方身体位置的不同,所传递的信息也不同,其所造成的谈话气氛也不同。不同的场合和对象,目光应及之处是有区别的。

① 正式场合的注视位置:在正规交谈、开会、谈判等场合,无论谈话时注视的对方是谁,都应注视对方眼部以上位置,以示严肃和尊重。

② 社交中的注视位置:在交际应酬时,要制造一种轻松和谐的气氛,注视的目光应降到眼部以下,以表示希望接近。

③ 亲密注视的位置:亲朋好友之间、父子之间、母女之间、恋人之间交谈时,交谈者要根据交谈内容的深入与和谐程度,根据相互间关爱的程度,确定注视目光停留的位置。根据实际情况,目光应停留在眼部以下,胸部以上范围内,使人感到一种亲密接触的气氛。

注视的方式和姿势不同,所表现出的情感是不同的,交谈中应正确掌握注视的方式和姿势。用目光对对方轻轻一瞥,配合轻轻扬起的眉毛和迷人的微笑表示对对方有兴趣,愿意接近;如果用目光对对方轻轻瞥一下,再加上皱眉及撇嘴则表示对对方的轻蔑、敌意。交谈时,特别是在听别人说话时闭眼是最令人讨厌的，但这种姿态常常会不自觉地产生。这种姿态会使别人感到听话者对谈话的内容厌烦、无兴趣或不以为然。如果闭眼，再配以斜扬着的头，所传递出的信息是优于旁人。在社交场合交谈时，如果遇到对方闭眼，则说明对方态度消极，要想继续交流，必须改变谈话的内容或方式。

在交谈时，要注意掌握好注视对方的时间，这是交谈中不能忽略的问题。交谈中对对方注视时间保持过长，会让人感到不自在，特别是对异性注视时间过长，还会怀疑你有什么不良企图；交谈中对对方注视时间保持太短，甚至表现出不屑一顾，会使人感到你很高傲、难以接近或难以信任；如果在整个交谈过程中，对方对你的注视时间超过交谈时间的三分之一，一般意味着两层意思：对你感兴趣或是对你有一定的敌意。当然，具体要与表情相配合感觉；交谈时，如果对方眼光经常看其他地方，注视你的时间不到整个谈话时间的三分之一，基本上说明他对你的谈话内容不感兴趣，也可能是你没有给他信任感。

总之，在交谈中善用目光语言，是一门需要刻苦学习的艺术。泰戈尔曾在他的名著《素芭》中，以哑女素芭为模特描述眼睛的传神作用时写道："当我们用语言表达思想的时候，言辞并不容易找到，必经过一个翻译过程，这往往是不准确的，于是我们就会发生错误。但是眼睛却不需要翻译，思想本身就融入人的双眼里。在眼睛里，思想敞开或关闭，发出光芒或是没入黑暗，悬静着如同落月或是像急闪的电光照亮了广阔的天空。那些自有生以来除了嘴唇的颤动之外没有别的语言的人，如果学会了眼睛的语言，则表情的变化将是无穷尽的……"

（4）穿插情感呼应

交谈，既要自然、措辞文雅，又要能够用一定的语言和表情表达对对方的理解和同情。如果交谈双方都能做到情感的相互呼应，交流起来就会非常默契。在交谈中，如果只顾自己滔滔不绝或为了慎言而长时间沉默都是不妥的。

美国一位心理学家做过如下试验：在一次选举前，他为同一个党的候选人准备了内容相同的两份宣言，其中一份是用理性的、公文形式写的；另一份则是用充满浓厚感情的语言写的。两份宣言同时向不同地区发出去后，结果显示：收到后一份宣言的地区比收到前一份宣言的地区，选民投赞成票的比例高得多。由此可见感情因素的重要性。

在实际交谈中应该做到：当对方的意见与你的意见基本一致时，你应呼应道："我也有同感！""太好了！真是英雄所见啊！"当对方谈到兴奋、喜悦或幽默之处时，应面带笑容道："太有意思了""太逗了！"当对方讲到有关紧张、恐怖的事情时，应面带焦急和紧张地说："天啊！真吓人！"当对方叙述忧愁或回忆伤感的往事时，应面带同情与思虑地呼应："真是太难为你了！""换了我，我真不知该咋办。"等。

（5）巧妙的恭维

在与人交往的过程中适当地恭维和赞美对方是必要的。说恭维话，关键的是要真诚。真诚和恰到好处的恭维是交谈的润滑剂，而毫无诚意地胡乱恭维反而会引起对方的尴尬和反感。

在现实中，对一位大家都公认的美女，除了赞美她的容貌外，应更着重赞美她的其他优点，比如聪明、温柔、能干等；对一位相貌平平的人，若赞扬她"你真漂亮"，则很可能引起对方的不快，因为对方对自己的长相如何是心中有数的，这样的赞美不仅起不到"润滑剂"的作用，有时还会产生误解。把一位花甲老人恭维成"矫健青年"，将工作平平的对方夸奖为"业绩杰出"。朋友帮你做了件小事，你就夸张地说："你对我的恩同再造，我铭感五内，永世不忘。"上述的恭维都会给对方虚伪的感觉。

总之，在切合实际的情况下稍有夸张的恭维是可以的，但要把握好恭维的"尺度"，天花乱坠、夸大其词地恭维，产生的只能是反效果。

（6）善用幽默

幽默是说话的艺术，体现了说话者的智慧、风度和修养。有位心理学家曾将幽默比喻为"语言的酵母"。因此，在交谈中巧妙地运用幽默，可使人在忍俊不禁之中，借助幽默创造轻松活泼的气氛，赢得对方好感。另外，巧妙地运用幽默，还能使交谈锦上添花。

幽默有愉悦式、哲理式、讥讽式、解嘲式等很多种形式。在运用幽默时，要根据具体的环境和场合、交谈对方的性格和心情、说话者要达到的目的和效果灵活运用。通常情况下，对朋友要采用愉悦和哲理式的幽默；对自我可采用解嘲式的幽默；对某些人，则可采用讥讽性的幽默。例如，一位百万富翁在一位很擅长幽默的美国作家面前炫耀自己刚装的一只假眼，说："你猜得着吗？我哪只眼睛是假的？"这位作家指着他的左眼说："这只是假的。"百万富翁非常惊讶，说："你怎么知道？根据什么？"作家说："因为我看到，只有这只眼睛才有一点点仁慈。"又如一位女客人带着像她爸爸那么大年龄的新婚丈夫到服装店买衣服，女店员介绍了一套西装衣服给男客人，说这套衣服很适合她爸爸穿，女客人听了这句话很尴尬，没有说话，脸红红地盯着这位女店员。另一位女店员看见此情景，知道自己的伙伴说错了，连忙拉开伙伴，搭话说："小姐，你看这位先生穿上这套衣服，很精神、很有品位，也很般配，与你就像总统配上总统夫人一样！"这个女客人听女店员这么一说，不但转怒为喜，还跟女店员说："你真幽默，我不买都不行了。"

总之，在运用幽默时，表情一定要自然轻松，要将幽默的轻松气息感染到身边的每一个人；要使幽默于情理之中，引人发笑、给人启迪，使社交生活更为丰富和快乐。在工作中适当地运用幽默语言还可以消除误会，增加一份轻松，使工作更好开展。无论在何种场合使用幽默语言都要注意：切忌在满面愁容或神情忧郁的人面前发挥幽默的才能。

2.3.3 请求与拒绝的礼仪

在人际交往中，每个人都会碰到被人请求和被人拒绝的情况。处理好请求与拒绝的问题，对提高人际交往的质量具有重要意义。

1. 请求的礼仪

请求，是人们在碰到困难以及希望别人接受自己的思想观点时的一种需要。请求必须通过交谈的过程完成，用交谈表达请求愿望。请求的种类很多，为自己提出的请求、为单位或部门提出的请求、为亲朋好友提出的请求等，无论是什么类型的请求都必须要注意相关的礼节。

（1）提出请求的礼节

敬语是构成文雅谈吐的重要组成部分，是展示谈话人风度与魅力必不可少的要素之一。应使用敬语向别人提出请求。提出请求要"请"字当头。例如，"请您多关照""请您多指点""请您费心了""请多多帮忙，就指望您了"等。另外，还要附加上"您好""麻烦您了""有劳您了""打扰您了"等礼貌用语。

（2）委婉地提出请求

生活的经验告诉我们，使用委婉的方法向别人表达请求意向时，常常要比采用直率的表达方式好。例如，你很想借一个人的一本书，可以采用如下方法提出请求。"我非常喜欢这本书，跑了很多书店都没买到，你(您)是在哪儿买到的呀？什么时间买的？"

（3）借机提出请求

由于时间、地点、环境等因素，有些请求必须要寻找到机会时才能提出。例如，一名公司的公关人员到某领导办公室邀请领导出席公司庆典。此时，领导正忙，根本没有顾及她的存在，这时，电话铃响了，领导接电话。公关人员可借领导接电话后，开始继续工作之前这个时机说："您那么忙，我还来打扰，真不好意思。"并将邀请领导参加庆典的事情告诉领导。

（4）以商量的口吻向人提出请求

求别人帮忙，应替别人着想，要考虑别人也会有困难，无论请求是否能达到目的，都应以商量的口吻来提出请求，以求得到别人的理解和支持。例如，一个部门的负责人，在安排工作时碰到时间紧、任务重，人员又少的矛盾。此时，再给任何人增加工作量都很难开口。部门负责人可以采用如下方法与某某商量。"××，你好啊！近来工作较多，还行吗？身体好吗？家里还好吗？""有这么一件事，考虑来考虑去，还是你比较合适。我知道你已经很忙了，但这项工作比较

礼仪与文化（第三版）

重要。你一贯工作认真负责,能不能再加点活,我实在是没辙了,再说,交给你我放心,也算是帮我个忙吧,你看呢?"

(5)以赞扬别人或自谦的口吻提出请求

采用自谦的口吻,并以对别人加以适当赞扬的方法提出请求,更容易赢得别人的帮助。例如,某部门秘书,因需要处理的文件太多,想请同事帮忙,可以这样开口:"××,在打字呀,你打字的速度真快,不仅快,出错还少。我就不行,速度慢,文件一多就跟不上趟了,老板让打的合同还没动呢?你能帮帮忙吗?谢谢了!"

(6)请求别人接受自己的思想观点时的礼仪

请求别人接受自己的思想观点是一种比较复杂的请求,当交谈双方意见不统一,或对方对你的建议等表示不予考虑时,往往需要这种"请求"。采用"迂回"或"感情感化"等方式可以达到请求别人接受自己的思想观点的目的。不论采取什么方式实现请求,都应让对方感到你的诚意,让对方能充分了解你的思想观点的新意和可行性,另外还要使对方感到你对他(他们)的尊重,包括尊重对方的思想观点。注意:根据实际情况,在提出请求后,可以不急于要求对方表态,可以定出时间另议。

总之,礼貌请求的方式很多,关键是要根据各种不同的情况灵活掌握和运用。

2. 拒绝的礼仪

在被人请求时,由于受主客观条件的限制,不可能做到"有求必应"。在实际生活中,通常拒绝(拒绝别人的利益要求、拒绝别人的思想观点、拒绝别人的行为表现等)是多于接受和承诺的。拒绝,需要技巧。在实际生活中,纵使有千万条理由来拒绝别人的请求,但由于拒绝而让对方产生"抗拒心理"及"消极情绪"的后果都是不可避免的。为了使这种"抗拒心理"及"消极情绪"降低到最低限度,人们必须要懂得和掌握一定的拒绝礼仪。礼貌拒绝的方法很多。

(1)该说"不"时就说"不"

社会交往中,无论是因公还是因私,经常都会遇到组织、群体或个人有求于你的情况,你无法满足各方对你的请求。特别是当遇到确实不能接受的请求时,必须明确说"不"。例如,朋友邀请你参加聚会,你却不得不加班;公司要求你加班,你却不得不回家照看生病的孩子;某公司求你做一项与国家政策相抵触的事,你不能去做。遇到上述情况,如果你表现得支支吾吾、不置可否,对方就会认为你没有能力或不负责任;如果你一概承诺,却又办不到,最后只能是落个"言而无信"的坏名声。

(2)婉言拒绝

在实际生活中,虽然多数情况下被请求方都不能完全接受别人的请求,但也要根据不同情况,运用不同的拒绝方法来拒绝别人的请求,这样,才能在交往中收到好的效果。心理学家认为,一个人的心理期望值越高,其实现值往往就越低,期望值与实现值常常是呈反比的。因此,当一个人的请求遭到拒绝时,期望值就降到了最低点,这时候人的自尊心最容易受到伤害。为了使人际关系能长远、有效地得到发展,当不能满足别人的请求时,可以采取先对别人的请求进行肯定,然后再婉言拒绝。例如,某部门的技术人员向部门负责人要求公费出国进修,负责人认为无法满足这名技术人员的要求,就可以采用婉言拒绝的方式。负责人可以这样答复申请者:"你的要求在情理之中,这对于你个人来说,也确实是一次很好的学习机会,但目前很多方面的条件还不成熟,特别是单位资金短缺,目前最主要的是将眼前的工作做好,以后有机会一定会考虑的。"

（3）诱导对方自我否定

当对方提出的要求根本没有可能接受时,除了采取直接表达"不"的方式拒绝外,更好的方式就是诱导对方自我否定。例如,罗斯福在就任美国总统前,曾在海军任要职。一天,一位朋友问起海军的情况,事涉保密内容。罗斯福灵机一动,装模作样地四下看了看,压低声音说:"你能保密吗?"朋友说:"当然能!"罗斯福接着说:"你能,我也能。"罗斯福既没有伤害朋友的面子,同时又巧妙地让朋友自己来取消请求。

（4）巧妙地间接拒绝

当对方提出的请求或问题难于答复时,可巧妙地采用具有弹性的语言来答复,既无懈可击,同时又能避重就轻地拒绝对要害问题的回答。例如,在第二十四届奥运会期间,中国奥运代表团到达比赛地汉城(首尔)时,外国记者纷纷问中国代表团团长:"中国能拿几块金牌?""中国能超过韩国吗?"等问题,中国代表团团长答道:"10月2日以后,你们肯定能知道。"外国记者问:"中国新华社曾预测能拿11块金牌,你认为有把握吗?"团长又巧妙答道:"中国有充分的言论自由,记者怎样想,就可以怎样写。"

（5）推托和拖延拒绝

推托和拖延拒绝方式是指当有人向你提出请求时,用"自己无权决定"推托,或用时间拖延的拒绝方式。一般来说,这是在遇到对提出请求的人,或请求的内容既不能直接拒绝,又不好采取其他方式拒绝的情况下所采取的拒绝方式。例如,自称是某部门的领导,打电话请公司马上送三台计算机到指定地点,并说改日付款。如果接电话员工无法确认其真伪,就可采用推托方式拒绝。可以说:"实在是对不起,我公司仓库保管员不在,一时提不出计算机,请您留下电话,过后与您联系,再给您送去。"又如,主管音乐会票务的人,对索票者可以说:"对不起,这次演唱会的入场券都由赞助方掌握。"

2.3.4 致谢与道歉的礼仪

在日常生活和工作中,不可避免地会出现请求别人帮助或打扰别人的现象。一旦出现上述现象就要致谢或道歉。

1. 致谢的礼仪

无论何时何地,只要对方为你提供了帮助和支持,为你付出了时间、精力或是劳动,即使这种帮助是极其微小的,你都应该表示感谢。表示感谢的方式很多,最基本的就是谢语,例如,"谢谢""非常感谢""有劳您了""麻烦您了"等。

(1)哪些情况下应向对方致谢

当对方请你一起进餐时,当对方为你端上一杯茶时,当对方在街上给你指了路时,当对方为你捡起你掉下的东西时,当对方为你解答了学习中的难题时,当对方在工作中给予你指点时,当对方送给你礼物时,当对方赞扬你的美貌时,当你的家人和朋友因你的关系得到对方的帮助、支持时,当你因病而得到对方的关心、探望及帮助时,当对方为你"雪中送炭"时……都应该向人致谢。

(2)向对方表示致谢的方式和技巧

向别人表示致谢的方式很多,无论采取什么方式,关键要注意两点:其一,事情不论大小,得到的帮助不论多少,不管为你提供帮助的对方是你的上级还是下属,是你的朋友还是亲人,致谢都要真诚,不能流于形式,更不能虚伪;其二,当对方帮助了你之后,应及时向对方表示谢意。致谢的方式可采用口头致谢、书面致谢、电话致谢、请他人转告致谢、馈赠礼品致谢、宴请致谢等方式,具体应采取何种方式要因人、因事、因环境而定。

例如,当你得到对方的赞扬、对方为你端上一杯茶、在街上对方为你指了路时,可以用口头致谢的方式表达谢意;当你得知远在国外的亲人得到朋友的帮忙时,可以采用电话、电邮或书信的形式表示谢意;当对方为你解决了工作中的困难时,应以宴请或馈赠礼品的方式表示谢意。当帮助过你的对方也碰到困难时,应竭尽全力给予帮助和支持。

2. 道歉的礼仪

在日常工作和生活中,人们常常会因某种原因打扰了对方、影响了对方,或是给对方带来了某种不便,甚至给对方造成了某种损害或伤害。这就需要道歉。道歉并非耻辱;而是一个人襟怀坦白、深明事理、真挚诚恳和具有勇气的表现。因此,道歉的礼仪是不可缺少的。

(1)哪些情况应向人道歉

如果你无意中碰撞了对方,因事需要打断对方的谈话,由于你的粗心突然闯进了对方的私人空间,没有办好对方托付你办的事,由于你的过失,使对方受到损失或伤害,由于无法避免的原因给邻居带来噪声和干扰……针对这些情况应向对方表示道歉。如果由于自己的过失给别人增添了麻烦、造成不便,甚至是损失或伤害,还强词夺理,强调客观原因,甚至埋怨对方,这种形象是很丑陋的。因此,绝不要为自己的过失找什么借口,要勇敢地承认自己的过失,向对方道歉。

(2)向人道歉的方式和技巧

道歉,关键要注意两点:其一,不论你给对方造成的影响是大还是小,不论对方是什么层次,以什么方式道歉,都一定要诚恳,不能流于形式。其二,当你给对方造成了不便,应勇于承认错误,及时向对方道歉。道歉的词语通常有:"对不起""请原谅""很抱歉""打扰了""给您添麻烦了"等。在道歉时,要多使用敬语和谦语。

道歉的方式有口头道歉、书面道歉、电话电邮道歉、当面道歉、托人转告道歉、馈赠礼品道歉,以及宴请道歉等多种方式。例如,在公交车上不小心踩了对方的脚、在集体宿舍不注意将对方的水杯打翻了、在路上不小心撞了对方……可采用口头道歉的方式向对方道歉;你在远方的朋友托你买一件商品,由于工作繁忙,耽误了时间,这种情况可采用书面或电话道歉的方式;由于你的过失,骑车撞坏了对方手中的贵重物品,在口头道歉和赔偿损失之后,根据情况可安排宴请以表歉意。

交谈礼仪小故事

"钢盔团"的故事(回绝的技巧)

1942年,中央警卫团划归军委,由叶剑英分管。警卫团成员大多是从部队抽调来的经历过长征的同志。他们普遍不安心在警卫团工作,纷纷提出调离警卫团的请求,希望到前线去。叶剑英知道后,便到警卫团团部组织召开了一次会议。会议开始时,叶剑英说:"同志们,我认为警卫团应该改名,不叫警卫团,叫'钢盔团'。"大家被说蒙了。叶剑英解释说:"钢盔是干什么的? 钢盔是保护脑袋的! 党中央就是全党的脑袋,中央警卫团的任务就是保护全党的脑袋——党中央,所以应该改名叫'钢盔团'。你们都是英雄好汉,到前方去可以杀千百个鬼子,但是没有党中央的领导,怎能把鬼子打出去?"经过这一次会议,再没有人要求离开警卫团了。

三顾茅庐(历史故事——向别人提出请求的礼仪)

大家都知道诸葛亮是难得的将才、谋士,人称"卧龙"先生。善于网罗人才的刘备知道后便说:"我需要这样的人才!"表示哪怕山高路远,行走不便,也要亲自请他。深冬的一天,刘备带着关羽、张飞,到隆中邀请诸葛亮。谁知诸葛亮恰好不在家,刘备只好扫兴而归。刘备回到驻地后,仍不断派人到隆中打听诸葛亮何时在家的消息。当得知诸葛亮已经回到家中时,刘备当即决定二请诸葛亮。这时,张飞不以为然地说:"一个平民百姓,派个武士把他叫来就得了,犯不着让你一再去请。"刘备说:"诸葛亮是当代大贤,怎么能随便派个人去叫他呢?"刘备说服了张飞,叫上关羽,三人骑马直奔隆中而去。这一天,北风呼啸,大雪纷飞。张飞对着刘备大嚷:"我等何苦找此罪受!不如等天晴再说。"刘备却说:"贤弟,咱们冒此大风雪,不怕山高路远,去请诸葛亮,不正表明了我们的一片诚意嘛!"三人继续往前赶路。不料,这一次刘备又未见到诸葛亮,只好写了一封信说明来意,并表示择日再访,托诸葛亮的弟弟转交。第二年春天,刘备更衣备马,决定第三次拜访诸葛亮。张飞、关羽竭力劝阻。关羽说:"我们两次相请,都未见到他,想必他徒有虚名,不敢前来相见。"张飞更是带着轻蔑的口吻说:"我们已仁至义尽,这次只需我一人前往,他如若不来,我就将他绑来见你。"刘备连忙说道:"不得无礼,没有诚意哪能请到贤人呢?"刘备三人飞马直奔隆中,来到诸葛亮的草庐前。此时诸葛亮正在午睡。刘备唯恐打扰诸葛亮,不顾路途疲劳,屏声敛气地站在门外静候,直到诸葛亮醒来才敢求见。刘备见了诸葛亮,说道:"久慕先生大名,三次拜访,今日如愿,实是平生之大幸!"诸葛亮说:"蒙将军不弃,三顾茅庐,真叫我过意不去。亮年幼不才,恐怕让将军失望。"刘备却诚恳地说:"我不度德量力,想为天下伸张正义,振兴汉室。由于智术短浅,时至今日,尚未达到目的,望先生多多指教。"刘备谦虚的态度,诚恳的情意,使诸葛亮很受感动。于是诸葛亮终于答应了刘备的请求,离开隆中茅庐,出任刘备的军师。他忠心耿耿地辅佐刘备,为三国鼎立局面的确立,做出了巨大贡献。

思考题

1. 与人交谈时主要应注意哪几方面的问题?
2. 当陌生人向你提出请求时你将怎样处理?
3. 交谈时应掌握哪些用语特点?
4. 以自己身边的实例说明交谈礼仪的重要性。
5. 如何将致谢与道歉的礼仪运用在实际生活和工作中?
6. 在 QQ 和微信等网络媒介交谈时应注意哪些问题?

第3章 服饰礼仪

　　服饰可以被理解为是服装、饰品和美容化妆三者的集合体，也可以理解为是人们的衣着穿戴。但不论如何理解服饰，服饰都是一个民族最为显著和直接的外在标志，是一种社会文化的表征。服饰文化是人类文化中的重要组成部分，能够反映社会的风貌，体现人们的文化修养和审美情趣。

3.1 服装文化基础

　　在地球上繁衍生息的人类经历了漫长的历史发展过程。在这漫长的发展过程中，服装是伴随着社会的发展，伴随着人类物质和精神生活的丰富与提高而发展、完善和丰富的。

3.1.1 服装的产生与发展

1. 服装的产生

　　《礼记·王制》中记载："中国戎夷，五方之民，皆有性也，不可推移。东方曰夷，被发文身，有不火食者矣。南方曰蛮，雕题交趾，有不火食者矣。西方曰戎，被发衣皮，有不粒食者矣。北方曰狄，衣羽毛穴居，有不粒食者矣。"从这段文字记载中可知：随着人类的不断进化，用于保护人体的体毛逐渐退化脱落，为了御寒保暖、防止外来野兽的侵害，也为了遮蔽身体的隐私部位，树叶和兽皮等就成了体毛的替代物，于是产生了所谓的"服装"。

　　总之，服装的产生与人的进化是分不开的。服装是随着人类的进化而逐渐产生的。

树叶和兽皮的衣服

（1）母系氏族阶段

在母系氏族阶段,人类的生活趋于稳定,出现了原始的农业和畜牧业,人们开始种植植物和驯养动物,并发明了纺线技术,能够织出粗糙的麻布。在这个阶段,人们以骨针为工具,以麻布和兽皮为主要原料,编织衣服,简单的服装便出现了。

（2）父系氏族阶段

在父系氏族阶段,人类的纺织水平有了很大的提高。《商君书·画策》中说:"男耕而食,妇织而衣。"由此可知,人的衣着已由"衣皮韦"进化到穿着有色彩的锦帛做成的衣服。

（3）奴隶社会阶段

在奴隶社会阶段,特别是殷商时期,人类已能比较熟练地掌握丝织技术,并进一步改进了纺织机,发明了提花图案,能织出较精美的丝绸等纺织品,从而使服装得到了进一步发展。

2. 中国服装的演变概况

春秋战国之前,中国的服装是上衣下裳。所谓的裳就是裙,到了春秋战国时期就演变成了"深衣"。深衣是天子、诸侯、大夫、士庶平时穿的衣服。深衣的款式特点是:上衣下裳连在一起(在这之前衣裳不相连),衣襟接长向右掩,用绦系结,然后再腰间束带,下摆不开叉。

深衣

直至公元前 221 年秦始皇统一中国后,先秦服装基本定型。有学者认为,中国服装经历了先秦服装、秦汉服装、魏晋南北朝服装、隋唐五代服装、宋辽金元服装、明代服装、清代服装、近代和现代服装这样一个演变过程。服装的这个演变过程,是一个汉服与各少数民族服装从逐步区分,到趋于同化的过程。

3. 外国服装的演变概况

服装的演变与各地区、各民族的生活态度、文化发展等密切相关。因此,世界各国、各民族的服装演变过程是有区别的。有学者认为,外国服装(主要指西方国家)经历了古代、中世纪时期、文艺复兴时期、17—19 世纪时期四个阶段,最后进入近现代时期。在这个发展过程中,特别是 20 世纪 50 年代以后,女子服饰的发展和变化速度惊人,并形成了以法国服装为代表的世界近现代服装的潮流。

3.1.2　中国汉族服装

1.秦汉时期的汉服

秦汉时期,秦始皇凭借着统一中国后"六王毕,四海一"的宏大气势,推行"书同文,车同轨,兼收六国车旗服御"等一系列措施,建立了包括衣冠服制在内的制度。当时的汉服,男子以袍为贵,以袍为礼服并规定官职三品以上者着绿袍、深衣。庶人为白袍,皆以绢为之。当时的妇女服装,除以深衣为尚外,还有襦裙、袿衣、禅衣等。襦裙由襦和裙搭配组成,其中襦是一种短衣,长至腰间,穿时下身配裙,可以把襦裙看作深衣的另一种款式,即上衣下裳;袿衣为常服,款式似深衣,但底部由衣襟曲转盘绕而形成两个尖角;禅衣一般为内穿的衬衣。

汉代妇女对饰品的佩戴非常讲究,男士对冠帽装饰非常重视。

袍　　　　　　　　　　　　　襦裙

袿衣　　　　　　　　　　　　禅衣

2. 魏晋南北朝的汉服

魏晋南北朝时期,民族的交流与融合得到加强,服饰得到了进一步发展。这个时期的汉服,男子以长衫为尚。衫有单、夹两种形式。衫与袍的区别在于:袍有祛,而衫无祛,衫为宽大敞袖。《宋书·五行志》中记载:"凡一袖之大,足断为两,一裾之长,可分为二。"当时,上至王公名士,下及黎民百姓,均以宽衣大袖为尚,只有耕田或从事体力劳动者才穿短衣长裤,下缠裹腿。除大袖衫以外,男子也有袍、襦、裤、裙、巾、冠、帽等服饰。魏晋南北朝时期妇女的服装主要为衫、袄、裤、裙、深衣等,除大襟款式外,还有对襟款式。妇女服装款式风格有瘦窄、宽博之别。《南苑逢美女》中用"风卷葡萄带,日照石榴裙"这样的诗句形容当时妇女着衫、袄、裤、裙、深衣时的动人姿态。

衫　　　　　　　　　　裤　　　　　　　　　　　　对襟款

3. 隋唐五代的汉服

隋唐时期,我国南北统一,经济与文化发达,通过"丝绸之路",各国使臣和异族同胞互通往来,促进了服饰的更新与发展。

隋唐五代期间,士庶、官宦男子普遍穿圆领袍衫。圆领袍衫的特点是:整体各部位的变化不大,一般为圆领,右衽,领、袖及襟处有缘边。其中,文官衣略长,一般至踝或及地;武官衣略短至膝下,袖有宽窄之分。除此以外,还有一种便于行动的缺胯袍,一般为军人穿着。

贫民所穿的服装一般为麻织的短衣长裤,便于劳作。这一时期的妇女服装约有三种不同的风格:隋至初唐,窄袖衫襦、长裙;初唐至盛唐,胡服,女着戎装与男装;盛唐至五代,宽袖衫襦、长裙的襦裙服。这一时期的妇女服装具有鲜明的时代特色,产生许多新的服装和服饰习俗。其中,襦裙服是指上装着短襦或衫,下身着长裙,配披帛,加半臂,衫比襦长,也是

圆领袍衫

唐代妇女常穿的服饰；裙是当时女子非常重视的下裳，一般以丝绸为料，裙腰高度可提至掩胸，诗中描绘为"惯束罗裙半露胸"。戎装与男装是唐代妇女尤其是宫廷妇女喜欢的一种社会流行的时尚。唐代最杰出的舞蹈家之一公孙大娘舞剑时，穿的就是经艺术加工的美丽戎装。这种戎装受到社会上许多女子的喜爱，被纷纷仿效。

文官袍衫　　　　　　　　　　缺胯袍

襦裙服　　　　　妇女常穿的衫　　　　裙

总之，唐代女装是很"开放"的，这一点从著名的《簪花仕女图》中可以看到。《簪花仕女图》中所描绘的贵族妇女不着内衣，仅以轻纱蔽体。真所谓"绮罗纤缕见肌肤"。

4. 宋辽金元时期的汉服

宋辽金元时期服装越来越倾向于舒适和便利。当时的汉族男子以襕衫为尚，襕衫是领口为圆领或交领，下摆有一横襕，无袖头的长衫。汉族女子服装，一般为襦、袄、衫、背子、半臂、背心、抹胸、裹肚、裙、裤等。其中"背子"服是盛行于女服之中的一款特色服装，上至皇后贵妃，下至奴婢侍从都能穿着，既舒适合体

礼仪与文化（第三版）

又典雅大方。"背子"服的样式为直领对襟,前襟不加襻纽,左右开衩,袖或宽或窄,衣长不一,分齐膝、膝上、过膝、齐裙至足踝几种。

襕衫 背子

5. 明代的汉服

在服装方面,明代最突出的就是建立政权后立即恢复汉族礼仪,调整冠服制度,并规定不准一般的官员和老百姓穿有蟒龙、飞鱼及斗牛等图案的服装,不许用黄色和紫色的面料制作服饰等。明代服装中官服与民服有严格的区分。官服以袍为尚,头戴梁冠,从一品到九品等级分明,不得逾越。

6. 清代服装

清代,是我国少数民族建立的几个朝代之一。满族入关后,服饰制度基本坚守了满族的旧制。清太宗皇太极曾说:"若废骑射,宽衣大袖,待他人割肉而后食,与尚左手之人何以异耻!朕发此言,实为子孙万世之计也,在朕身岂有变更之理。"到乾隆帝时,有人提出改为汉服,可乾隆下谕:"衣冠必不可

明代男、女装束

以轻易改易。"致使在近 300 年的清代,男子服装基本以满族服装为模式,以袍、褂、袄、衫、裤为主,并一律改宽衣大袖为窄袖筒身,衣领以纽扣系之。

清朝服装等级严格。官员:头戴暖帽或凉帽,有花翎、朝珠,身穿褂、补服及长裤;士庶:头戴瓜皮帽,身着长袍马褂,腰束带,挂钱袋等;体力劳动者:头戴毡帽或斗笠,身穿短衣,长裤,扎裤脚,罩马甲等。在清代初期,汉族女子服饰与明代末年服饰基本相同,后经不断演变形成了清代女子的服饰特色。其中,妇女朝服与男子朝服基本相同;汉女平时穿袄裙、披风等。

清朝的官服   袄裙和披风

7. 近现代服装

    民国期间，男子服装以长袍马褂、中山装及西服为主。女子的服装以袄裙、旗袍为主。特别是经过改良后的旗袍衣领紧扣，曲线鲜明，再加以斜襟的韵律，使其衬托出东方女性的端庄、典雅、沉静和含蓄。

    20世纪中叶，新中国成立初期，男子以戴鸭舌帽为时尚，女子以着"列宁装"为时尚。20世纪60年代，军便服成为全民时尚服装，这种现象一直延续到20世纪80年代。进入21世纪，服饰文化展现了蓬勃的生命力，人们对服饰文化也表现出极大的热情，无论是服饰品，还是服饰风格，都更加趋向于全球文化融合，同时也说明服饰文化具有无比诱人的魅力。

列宁装   军便服

3.1.3 中国少数民族服装

我国有 56 个民族,在生活习俗、生产方式、生活环境、民族性格和审美意识等方面都有各自的特点,并创造出了绚丽多姿、特点各异的民族服饰,体现出了民族服饰多元性、变异性以及色彩、图案和款式重点突出、对比鲜明、繁简互补的审美特点,成为一部"穿在身上的百科全书"。下面介绍部分民族的服装。

满族男装   满族女装

1. 满族

满族自古以来以行围打猎为生。旗装是满族男女老少一年四季都穿着的服饰,它裁剪简单,圆领,前后襟宽大,为便于上马下马和射箭,男装的袖子较窄,衣衩较长,因袖子口附有马蹄状的护袖,又称马蹄袖。马蹄袖逐渐演变为一种装饰,但放下马蹄袖仍然是满族人对长者、尊者致敬的礼仪。

女子的旗装长及脚面,外套坎肩,衣襟、袖口、领口、下摆处镶滚宽大多层精细的花边,脚穿白袜,马蹄底或花盆底绣花鞋,裤腿扎青、红、粉红等各色腿带,梳两把头或旗髻;喜欢戴耳环、手镯、戒指、头簪、大绒花和

鬓花等各种装饰品。

2. 蒙古族

蒙古族是我国北方人口较多的一个少数民族。公元5 世纪前,出现匈奴和东胡两个部落联盟,接着又出现鲜卑、突厥等人,随后出现了蒙古人,13 世纪初叶,成吉思汗创建了蒙古汗国。蒙古族服饰以袍服为主,包括长袍、腰带、靴子、帽子及首饰等。蒙古族服装的特点是:男装浑然大气,女装五彩缤纷,总体表现出自由大方而不缺细琢精雕的沉稳风格。其中,男袍比较宽大,尽显奔放豪迈;女袍稍紧,显出女性的苗条健美。男女腰间皆喜扎红、黄或绿色的宽腰带,脚着半高筒靴。男子腰间还佩挂刀鞘。

蒙古族男、女装

3. 维吾尔族

"维吾尔"意为团结、联合。维吾尔族人主要聚居在我国的西部边疆。典型的维吾尔族男子装束为:身着条纹、不系扣的长衫,腰间以方形围巾双叠系扎,呈

维吾尔族装

下垂三角形装饰，内衣侧开领。典型的维吾尔族女子装束为：身穿打开领、圆领或翻领，领口无扣的分段丝绸长衫或连衣裙，连衣裙以扣系上；在长衫或连衣裙外套深红、深蓝或黑绒坎肩；头上梳多条或两条辫子。不论男女老少均脚蹬皮靴，头戴一种四棱、六角或圆形的小帽。

4. 藏族

藏族是一个历史悠久的民族。历史上，松赞干布赞普曾与唐朝文成公主联姻、金城公主与吐蕃赞普尺带珠丹联婚，都说明藏族是一个较有影响的民族，并与汉族之间保持着密切的联系。藏族人大多信奉佛教，文化生活独特。藏族男女均穿兽皮里，呢布面，边缘部分翻出很宽的毛边，或以氆氇镶边的长袍；脚下都穿用皮革及毛呢制成的长筒皮靴。其中，藏族男子穿的皮袍较肥大，袖子也很长。皮袍的一般穿法是褪下右袖露出右肩，或两袖都褪下把袖子扎掖在腰间。在袍内穿内衣，或不穿内衣。男子腰间一般都佩戴短刀，耳朵上带大耳环，脖子上带数串佛珠。藏族女子头上裹头巾，或将夹彩带的辫子盘在头上，平时穿斜领衫，外罩无袖长袍，腰间围彩色条纹长围腰，身上各处多有各种装饰品。

哈达是藏族服饰中最重要的一种饰品，也是最常见的一种礼仪用品，其主要功能为表达祈福、尊敬、友谊和真诚。哈达的质地、规格、颜色、长短有所不同，一般用生丝或麻制成，近年来逐渐改用人造纤维织就。哈达的折叠方式，因档次和适用场合的不同而不同，蕴含不同意义。藏族尚白，所以常见的哈达多为白色。此外，也有蓝、黄、绿、红的彩色哈达，一般认为分别表示白云、蓝天、江河、神灵和大地。

藏族男装

藏族女装

5. 彝族

我国西南地区的少数民族中,彝族是人口最多的一个民族。在贵州省、云南省、四川省及广西壮族自治区均生活着大量彝族居民。不同地区的彝族服饰是有区别的。典型的彝族装束为:男子头扎"英雄结"(英雄结是一种以长条布缠头,在侧方缠成一锥形长结,高高翘起,长10～30厘米的一种青年男子的头饰);上身穿大襟式彩色宽缘长袖衣,下身穿肥大裤子或宽幅多褶长裙,在长袖衣外披"擦尔瓦"(擦尔瓦即披风,一般以羊毛织成,染成黑、蓝、黄及白色等颜色。白天用于遮风避雨挡寒,睡觉时可当被子)。女子头饰多样,如小方巾、银饰等,上身多穿彩条纹的窄袖长衫,外套宽缘边的深色紧身小坎肩;下身一般穿百褶裙,裙子的上部合体而下部多褶。

彝族男、女装

披毡   百褶裙

6. 景颇族

景颇族是一个非常活跃的民族,源于羌族,后分为两个分支。其中一支进入缅甸北部,另一支主要在云南德宏地区。典型的景颇族装束为:男子头上裹白色或黑色包头巾,包头巾一头垂下,并缀有各色绒球做装饰;上身多着白色上衣,下身穿深色长裤;穿着时将上衣束在裤腰中,腰间系花腰带,配长刀,并斜背挎包。女子头上露发,发上缠珠或裹筒状包头;上身多着黑色圆领窄袖上衣,下身多着景颇锦裙或花色毛织筒裙;腰间有宽腰带及套由藤圈;腿部裹毛织护腿。景颇族男女均穿草鞋、布鞋或赤脚。

景颇族男、女装

7. 傣族

傣族主要居住在云南一带，是远古时期的一个民族，汉代称"滇越"，唐代称"金齿、银齿及黑齿"，以后又有"白衣、摆夷"等称呼。傣族多信奉佛教，文化颇受佛教艺术的影响。典型的傣族男子装束为：无领窄袖、大襟或对襟小衫，下着蓝黑色长管裤，头缠白色或蓝色包头巾，赤脚或穿拖鞋。出游时喜欢斜挎一锦绣背包，配刀鞘，冷天披毛毯。典型的傣族女子装束为：上衣为长袖或短袖薄衣，无领，衣长及腰间，薄衣有对襟和侧襟两种样式，多为白、浅粉红等浅色，胸前以扣相系；下身为一种简洁洒脱的筒裙，长及踝，无腰带；赤脚或穿拖鞋。出游时喜欢斜挎一锦绣背包，打小花伞；逢喜庆节日时盘头，并插鲜花、梳子

傣族男、女装

等做装饰；腰间系银质腰带做装饰。傣族女子服装穿着起来，显得身材修长，婀娜多姿，十分秀美。傣族服饰中另一个特征是妇女的"饰齿"，包括凿齿、折齿、染齿、镶齿等形式，其中目前最常见的是"染齿（墨齿、漆齿）"，通过长期嚼食槟榔（搀入烟草、石灰等物），使牙齿由红而黑，经久不褪。她们认为，牙齿越黑越美，越讨人喜欢。

8. 纳西族

纳西族男女装

纳西族，汉代称"牦牛种"，晋代称"摩沙夷"，唐代称"磨些蛮"，居住在云南西北部的丽江。纳西族主要以"东巴经"来祭天、消灾和求寿。纳西族男子包头巾，身穿圆边大襟上衣、长裤、布鞋。纳西族女子装束为：头上一般梳辫或戴帽；上身内着浅色衬衣，外套大襟坎肩，坎肩有较宽的边缘，前襟短后襟长；下身穿长裤，裤外再套褶裙，裙外围一长围裙；脚穿布鞋。丽江纳西族妇女的衣着特点是：宽腰大袖，衣服的前幅短，后幅长及胫部，外加紫色或藏青色的右衽圆领坎肩，袖口挼至肘部，下着长裤，腰系用黑、白、蓝等色棉布缝制的围腰，上打百褶，下镶天蓝色宽边，肩披七星羊皮披肩，羊皮披肩上端缝有两根白色长带，披时从肩搭过，在胸前交错又系在腰后。羊皮披肩典雅大方，

既可起到装饰作用,又可暖身护体,以防风雨及劳作时对肩背的损伤。羊皮披肩是丽江纳西族妇女服饰的重要标志。这种被称为"披星戴月"的披肩,象征纳西族妇女早出晚归,披星戴月,以示勤劳之意。

9. 白族

主要生活在云南大理洱海区域的白族是一个古老的民族。白族崇尚白色,是白族人民的一种文化心理。白色被看作美丽、纯洁、坚贞的象征,而且还被认为含有吉祥、孝顺、善良、道德高尚的意蕴。在白族的词汇中,"白"不仅是一种色彩,而且是美和善的象征。因此,在白族的服饰中,白色是主流色彩。白族女人的衬衣、外衣和头饰上的缨穗,基本上都是白色的。其中姑娘的头上最漂亮的头饰象征着大理"上关

白族男、女装

花、下关风、苍山雪、洱海月"的优美景致。发辫下盘着的绣花头巾,犹如盛开在上关山顶的山茶和杜鹃;头巾一侧垂下雪白的缨穗飘飘洒洒,象征着终年吹拂的下关风;而绣花头帕上精心梳理出的雪白绒毛,形象地表现了苍山顶上冰清玉洁、经夏不消的皑皑白雪;美丽的发辫似一轮弯弯的月儿挂在花海之中,象征洱海上空升起的一轮明月。白族男子多穿白色对襟上衣,外套黑领褂,下身穿宽筒裤,喜欢佩带绣有美丽图案的挂包,头缠白色或蓝色包头,显得敦厚英俊,洒脱大方。

10. 壮族

壮族是我国岭南的一个土著民族,目前主要居住在广西壮族自治区,云南、广东及贵州等地区也有分散的壮族。壮族男女上身都喜欢穿白色或其他浅色的上衣,下身喜欢穿黑色肥裤管长裤,并习惯赤脚或穿草鞋。其中,男子多带斗笠,腰系宽腰带;女子胸前打两对扣襻以做装饰,裤角边缝有花边。壮族男女都习惯背以"壮锦"做的挎包和背篓,这种挎包和背篓除实用外也可作为装饰。

11. 黎族

黎族主要繁衍生息在我国海南岛,历史

壮族男、女装

悠久。历史上,黎族以娴熟的棉纺织技术对汉族产生过积极的影响。典型的黎族女子装束为:上身着紧身窄袖短衣,两片前襟自领口直线而下,分开并排垂于胸前,内着横领内衣与外衣长度相同;下身着齐膝短筒裙,面料为十分精美的黎锦;头裹织花布头巾,并佩戴2～6圈银项圈等饰物。黎族男子一般头裹包头,上身穿对襟衣、掩襟短衣,下身着类似三角形的短裤,光腿赤足。

黎族男、女装

3.1.4 西服

1. 西服的产生与发展

西装又称"西服""洋装"。广义指西式服装,是相对于"中式服装"而言的欧系服装。狭义指西式上装或西式套装。其结构源于北欧南下的日耳曼民族服装。据说当时是西欧渔民穿的,他们终年与海洋为伴,在海里谋生、着装散领、少扣,捕起鱼来才会方便。它以人体活动和体形等特点的结构分离组合为原则,形成了打褶、分片、分体的服装缝制方法,并以此确立了流行当今的服装结构模式。也有资料认为,西装源自英国王室的传统服装。它是男士穿的同一面料成套搭配的三件套装,由上衣、背心和裤子组成,在造型上延续了男士礼服的基本形式,属于日常服中的正统装束,使用场合甚为广泛。

无尾西服

自20世纪开始,专职家庭主妇们纷纷离开家庭走向社会,加上女权运动蓬勃开展,特别是第二次世界大战以后,妇女参加工作越来越多,有的还身居要职。为此,妇女们需要尊严、尊重,力求像男性一样给人们留下一个扎实能干、沉稳老练的好形象。男性西装,正好给她们娇弱的躯体匹配一层坚硬的"铠甲",于是女式西装应运而生,为众多的"女强人"所穿用。女性西服一般为上衣下裤或上衣下裙。女式西装受流行因素影响较大,但根本的一条是要合体,能够突出女性体形的曲线美,应根据穿着者的年龄、体型、皮肤、气质、职业等特点来选择款式。

另外,欧洲的马车夫为了驾驭方便,又在上装后襟上开了衩,这就形成了燕尾服的前身。18世纪末,西服首先以燕尾服的形式出现在欧洲国家的宫廷,从那时起,男士始终将燕尾服作为隆重场合所穿的礼服。19世纪中期,燕尾服逐渐演变为无尾西服。

西服于晚清时期传入我国,被当时的激进青年作为接受新思想的一个象征。

至今,西服已成为世界公认的男士礼服,也是男女皆宜的国际性服装。而早先的燕尾服就如同中国的旗袍,多出现在舞台和一些特别场合,目前,仍有部分欧洲国家保留着在隆重晚会上着燕尾服的传统。

2. 西服的种类

西服可分为男西服、女西服和童西服三类。男式西服一般分为三件套西服(包括上装、马甲及西服裤)、二件套西服(上装及西服裤)和单件西服(西服上装)三种。西服又可分为欧式、英式和美式三种基本式样。

(1)欧式风格西服

欧式西服面料多为厚实的纯毛面料,其特点是:垫肩较厚,显得肩部宽大;翻领狭长,袖筒开得较高;胸部饱满,腰身适中;衣身稍长,包住臀部;大多采用双排扣。欧式西服具有强烈的男性造型特征,呈三角形,适合五官大气,身材高大、魁梧的男士穿着。

(2)英式风格西服

英式西服的特点是垫肩较薄,贴腰,多采用闪亮的金属扣,后身通常开两个衩。这类西服肩型丰满,时尚而浪漫,身后的两个开衩,用来配合男士潇洒的插兜动作,很适合前卫、时尚或优雅、浪漫的男士穿着。

欧式西服

(3)美式风格西服

美式西服的主要特点是单排扣,腰部略缩,后面开一个叉;垫肩柔软精巧,肩部自然;袖筒剪裁较低,便于活动;翻领宽度中。美式风格的西服款式偏休闲,这与美国人崇尚随意休闲的生活方式相关。出现在我国各类职场上的西服,多属于美式风格西服。

英式西服

美式西服

（4）休闲西服

休闲西服最大的特征是外贴袋，衣服的缝合处多用明线充作装饰。休闲西服变化多样，其长度与面料都没有什么规定与限制。休闲西服可供各类人士根据自己的品位选择。

（5）女士西服

女士西服在款式上与男士西服基本相同，多以休闲款式出现，具有较强的随意性。

休闲西服　　　　　　　　　　　　女士西服

3.2　服装的基本组成要素

服装由面料、色彩、款式三个基本要素构成。其中，款式是服装的基本构型，是由点、线、面组成的；面料是支撑服装款式的材料，不同的款式需要相应的面料来支撑；色彩是服装的外衣，没有色彩的服装就等于没有了灵魂。

3.2.1　服装的面料

面料是用来制作服装的基本材料。面料不仅反映服装的风格和特性，还左右服装的色彩和造型。以下将简单介绍几种主要的面料。

1. 棉布

棉布是各类棉纺织品的总称。棉布多用来制作时装、休闲装、内衣和衬衣。棉布的优点是轻松保暖、柔和贴身、吸湿性和透气性好。棉布的缺点是易缩水、易起皱。目前，棉布处理技术已非常先进，棉布的缺点已完全能够克服，因此，棉布是现代人青睐的服装面料。

2. 麻布

麻布是以大麻、亚麻、苎麻、黄麻、剑麻、蕉麻等麻类织物纤维制成的一种面料。麻布常用来制作休闲装、工作装、夏装。麻布的优点是强度极高,吸湿、导热、透气性好。麻布的缺点是贴身穿着不太舒服,外观较粗糙和生硬。通过现代技术手段,麻布的粗糙和生硬基本得到了解决,麻布面料也成了一种时尚面料。

3. 丝绸

丝绸是以蚕丝为原料纺织而成的各种丝织物的统称。丝绸非常适合制作女士服装。丝绸的优点是轻薄、柔软、滑爽、透气、色彩绚丽、富有光泽、高贵典雅、穿着舒适。丝绸的缺点是易起皱,容易吸身,不够结实,褪色较快。

4. 呢绒

呢绒是对羊毛、羊绒织物的泛称。呢绒适合用来制作西服、大衣等高档服装。呢绒的优点是防皱耐磨、手感柔软、高雅挺括、富有弹性、保暖性强。呢绒的缺点是洗涤较为麻烦。

5. 皮革

皮革是指经过技术处理的动物毛皮面料。其中,经去毛处理后的毛皮称为皮革,经处理后保留皮毛的皮革称为裘皮。皮革多用来制作冬季时装。皮革的优点是轻盈保暖、雍容华贵。皮革的缺点是价格昂贵,护理及储藏要求较高,且不利于保护野生动物。

6. 化纤

化纤是化学纤维的简称,可制作各种服装。化纤的优点是色彩鲜艳、质地柔软、悬垂挺括、滑爽舒适,弹性、耐磨性及保形性较好。化纤的缺点是耐热性、吸湿性、透气性较差,容易起毛、起球及产生静电。

7. 混纺

混纺是将天然纤维与化学纤维按一定的比例混合纺织而成的织物。混纺的优点是吸收了棉、麻、丝、毛和化学纤维的优点,避免了它们各自的缺点,价格较低。混纺的缺点是档次不高。

3.2.2　服装的色彩

服装的色彩能反映服装的款式美。要做到着装符合礼仪规范,必须了解和掌握色彩的特性及搭配技巧。

1. 色彩的属性

色彩的色相、明度、纯度是色彩的三属性。色相指色彩的相貌；明度是指色彩的明暗程度，也称光度或深浅度；纯度是指色彩的鲜、灰程度，也称为彩度、饱和度或鲜艳度。

2. 色彩的冷暖性

不同色相的色彩给人以不同的冷暖感觉。红、橙、黄为暖色；蓝为冷色；绿、紫为中性色。暖色使人产生温暖、热情、喜悦的感觉；冷色使人产生凉爽、安静、平稳的感觉。

3. 色彩的轻重性

色彩明度不同，轻重感不同。浅色，即明度强的色彩，给人以上升感、轻感；深色，即明度弱的色彩，给人以下垂感、重感。

4. 色彩的膨胀与收缩性

一般而言，暖色、纯色、明亮色给人以膨胀感；冷色、浊色、暗色给人以收缩感。

5. 色彩的软硬性

色彩纯度不同，产生的软硬感觉不同。色彩越纯，鲜艳度就越高，给人的感觉就越柔软；色彩纯度越低，色彩越灰、暗，给人的感觉就越硬。

3.2.3 服装的款式

服装的款式是指服装的种类、式样和造型。服装的款式可有多种分类的方法，例如，按照人的体形分类确定的 H 形、A 形、X 形、Y 形和 S 形，它们是国际上公认的款式类型。其中，H 形适合较胖的人群；A 形适合修长和体态轻盈的年轻女性；X 形适合有腰身的女性；Y 形款式呈倒三角形，不适合太丰满的女性；S 形符合人体曲线，适合三维较标准、身材好的女性。另外，服装还可以按职业划分、按服装的功效划分。

通常情况下，人们常把服装分为：传统款服装、时尚款服装、职业型服装、运动型服装及休闲款服装等类型。

1. 传统款服装

传统款服装是指沿袭传统文化和生活习俗元素而设计的服装款式。中国的中山服、旗袍，西方的西服、燕尾服等都属于传统服装。对传统服装稍作改良的服装，例如，学生装、军便服、中式外套（唐装）等也属于传统服装。传统服装在款式设计上相对保守。

（1）传统男士礼服介绍

中山服：我国男士的传统服装,其样式为领口带为封闭式,有风纪扣;前门襟有五粒扣子(包括风纪扣)和上下左右共有 4 个贴袋,袋盖外翻并有盖扣。中山服上身和下身一般为同色,用毛料精制而成。穿中山服,所有扣子均应扣好,口袋内不宜放杂物,要保持平整挺括,配擦亮的皮鞋。中山服可用于各种礼仪活动。

大礼服：又称燕尾服,是西式晚礼服的一种。大礼服前身较短,后身较长且下端分开像燕尾;大礼服翻领上镶有缎面;穿大礼服时,通常系白色领结,戴白手套,穿黑色袜子,配黑色皮鞋。大礼服通常由深色高级衣料制成。

晨礼服：上装为灰色或黑色,后摆为圆尾形;下装为深灰色黑条裤,戴黑礼帽;系灰色领结,穿黑皮鞋。适用于白天参加各种典礼及星期日上教堂做礼拜。

西服：目前世界各地最常见、最标准、男女皆用的礼服。西服的最大特点是简便、舒适,能使穿着者显得稳重高雅、自然潇洒。

中山服　　　　　　　男士大礼服　　　　　　　晨礼服

（2）传统女士礼服介绍

旗袍：端庄典雅,最大限度地表现女性的身姿,是中国女性最佳的礼服。旗袍上下结构严谨,简洁明快,干净利落。旗袍能体现女性婀娜多姿的特性,使穿者显得雅致端庄;旗袍能给人以优雅而轻快的感觉。

大礼服：多为低领或露背的单色拖地或不拖地的连衣裙;穿时往往佩戴颜色相同的帽子和长纱手套以及各种饰物。

小礼服：长至脚面不拖地的露背式单色连衣裙。

常礼服：由质料、颜色相同的上衣和裙子搭配而成,穿时可佩戴手套和帽子。

旗袍　　　　　女士大礼服　　　　　　　小礼服

礼仪与文化（第三版）

女士西服：西服是男女皆用的礼服，在礼仪场合女性可选择西服为礼服，特别是选择西服裙作为下装，更能显出职业女性的魅力与精干。

常礼服　　　　　　　　　女士西服

2. 时尚款服装

流行服装是指在某一时期特别受人们钟爱的、在社会上流行速度较快的、流行范围较宽的服装。这类服装能表现某个时期和一定区域人的文化表征、生活态度、思想意识和审美情趣。时尚服装在风格及款式上都可以尽情展现设计者的创意和着装者的思想和个性。一款时尚的服装不仅仅以其独特的款式而被人认可，更重要的是在布料、色彩、装饰的搭配中体现别具一格的时尚元素，勇于展示自己，就是时尚。

时尚款服装

例如,20世纪70年代流行喇叭裤、牛仔装;80年代流行蝙蝠衫、筒裤或裙裤;90年代流行"内衣外穿",以及女式服装男性化。到了20世纪末,在中国时装越来越向西方服装靠拢的同时,也兴起了复古思潮。21世纪,民族元素进入现代服装的时尚行列,传统服装的改良和个性张扬并行,服装文化进入一个多元化的时代。

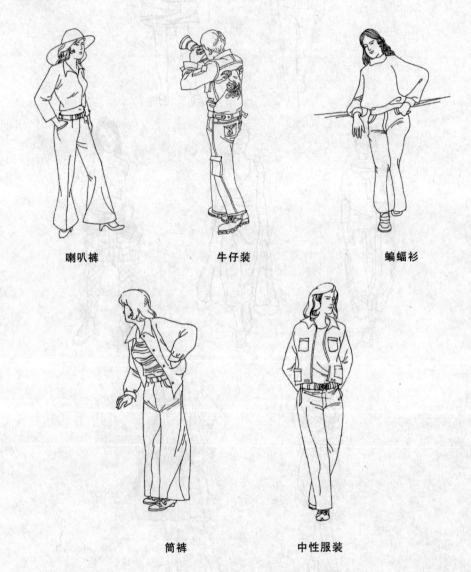

喇叭裤   牛仔装   蝙蝠衫

筒裤   中性服装

3. 职业型服装

职业装的涵盖面很广,是一种在工作时间内穿的、表明职业特征的服装。职业装反映某种职业或某个企业、某个团体的文化及精神,对树立行业形象具有重要的作用,因此,职业装具有品牌意味。典型的职业装有:银行职员工作装、海关人员工作装、工商人员工作装,公安、检察院、法院、交通部门以及邮电部门工作人员的工作装等。除此以外,各地区、各行业也开始投资设计和制作自己的职业装,例如,学校校服;饭店、宾馆工作人员的工作服;商店店员的工作服;家政服务工装;生产企业工人工装等。

4. 运动型服装

运动型服装是人们在从事体育运动时穿的服装。运动装的种类很多,例如,篮球服、足球服、网球服、排球服、一般运动服以及泳装等。运动服的最大功用就在于能让运动员在运动的时候可以最大限度地发挥潜能,在户外活动时穿着舒适和保护人体不受伤害。目前世界公认的运动服品牌有"阿迪达斯""耐克",还有中国的"李宁"等。运动服具有舒适、休闲等特点,很多场合都可穿着,而且没有年龄限制,从儿童到老人都可穿着。

5. 休闲款服装

休闲款服装最早起源于美国,目前已经成为人们出行、郊游的最佳服装。休闲装反映人们追求自由及个性的文化理念。休闲装的流行已成为一种不可阻挡的趋势。如今的休闲装做工精致、剪裁讲究,能反映着装者干练、简洁、清爽的形象。

职业装　　　　　运动装　　　　　休闲装

3.3 影响着装的基本因素

服饰之美,不在于华贵、时髦,而在于与人的素质、气质、年龄、体型、身份、性格以及所处的环境是否协调。得体的服饰可以扬美遮丑,不得体的服饰可能弄巧成拙。穿着是一门艺术,懂得这门艺术的人,会根据不同场合的要求,选择适时、合体的服装,充分展现自己的特点,显示高雅的审美情趣。古人曾说过:"动人春色不须多。"在适时得体的情况下,一条头巾或一根腰带,可收到锦上添花的效果。相反,穿着不恰当,即便是服装质地优良,款式新颖,也会显得不伦不类,损害人的形象。影响着装的因素很多,例如着装者的年龄与形体是否与所选择的服装相配;着装者的职业以及所处的环境与所选择的服装是否相适应;着装者的肤色、脸型与所选择的服装是否协调等,都是值得探讨的问题。

3.3.1 服装文化的私人性与社会性

服装从诞生起,就具有了越来越重要的社会意义。服饰文化不仅受社会发展的影响,同时还受人的生理属性、动物本能的驱使和影响。服饰不仅具有社会性,同时还具有私人性。

1. 服饰的私人性

服饰是一种审美符号和情感符号,其反映着装者的文化背景、审美情趣和性格爱好。年龄、体型、个性、皮肤、脸型以及修养程度构成了服饰私人性的基本要素。对着装者来说,不仅要求量体裁衣,同时还要求量其性格裁衣,量其地位裁衣,按照服饰礼仪的要求规范着装。例如,男、女、老、少的着装不同;不同民族的着装不同;东方人与西方人的着装不同;不同体型、不同年龄的人所选择的饰品,如戒指、耳环、项链、帽子、墨镜以及小型手袋等都不同。所有这些都说明服饰具有私人性。

2. 服饰的社会性

服饰是一种社会符号。着装者的职业、身份,环境以及季节等,是服饰社会性的基本要素。从服装的产生、发展及其演变过程中可看出:服饰礼仪是衣食住行礼仪中最重要的礼仪。中国各朝代均制定有完备的衣冠服饰制,并成为礼制的重要内容。历代王朝都以"会典""律例""典章"或"车服制""舆服制""丧服制"等各种条文颁布律令,规范和管理各阶层的穿衣戴帽,从服装的质料、色彩、花纹、款式,到佩戴都有详尽的规定。现代服饰礼仪中,虽然没有烦琐的衣冠服饰制,但对公务员着装、教师着装、学生着装、工人与农民的着装等还是有一些规定,而且是有差别的。可以说服饰的社会性存在于任何社会、任何朝代中。

礼仪与文化(第三版)

3.3.2 年龄与体型

"爱美之心、人皆有之",不管是青年人还是老年人,不论是身材好还是不好,任何人都有打扮自己的权利。但不同年龄以及各种体形的人在服装的选择上是有差别的。例如,一套深色的中山装,穿在老年人身上会显得成熟和稳重,如果穿在年轻小伙子身上,就会显得老气横秋;花季少女穿超短裙,会显得朝气蓬勃、热情奔放,如穿在少妇身上,则不免有轻佻之感;"三围"条件很好的人穿一条连衣裙会更显婀娜多姿,而腰圆腿粗的人穿起来,则会适得其反。因此,不同年龄段和不同体型的人应有不同的着装选择。

1. 年龄对着装的影响

年龄是人存在于社会中的一个重要标志,是服饰私人性的要素之一。年龄的因素对着装产生着重要的影响。一般情况下,服装及饰品的款式、色彩甚至面料质地等因素对青年人都没有过多的要求和禁忌,而服装的款式、色彩及面料质地等这些因素对中老年着装者却有很大的影响。例如,中老年女性着装,在色彩的选择上,可选择暖色的中土红、砖红等,冷色中的湖蓝、海蓝、乳白色等;在款式的选择上,一般要简洁明快,有适当的放松度;在面料的选择上,以趋向于含蓄、高雅、比较挺括的中、高档面料为宜。这样能充分体现中老年人的雍容、高雅、华贵、沉着和冷静的气度。又如,虽然青年人着装以时尚为多,一般没有什么忌禁,但假设一个小女孩穿得过于华丽,过于张扬,就会失去少女的清纯美。

青年装

2. 体型对着装的影响

人的体型可分为均匀体型、瘦高体型、矮胖体型、凸肚体型、矮瘦平臀型、腿短丰臀型、脸大脖子短粗型、肩宽臂粗型等多种体型。不同的体型对于服装的款式、色彩、面料都有不同的选择和要求,如果忽略了体型对着装的影响,就会忽略服饰私人性的作用。体型与年龄紧密相连,体型对着装的影响远远超过年龄对着装的影响,因此,在考虑着装选择时,不仅要考虑年龄的因素,还要考虑体型的因素。例如,对女人来说,从少年、青年,到中年、老年,随着年龄的增长,可选择的服饰面越来越窄。又如,对体型属于矮胖型的年轻女子来说,由于体型的原因,限制她对连衣裙的选择。再如,一位凸肚体型的男士,在选择西服时,应考虑选择欧式西服,以挺括为好。总之,体型对着装的影响是非常大的。

3.3.3 环境与职业

环境与职业是服饰社会性的基本要素。从《诗经》《周礼》记载看,我国周朝不仅有服饰制度,而且专门设"司服"一职,负责掌管服制的实施。到了周代后期,封建社会逐渐形成,冠服制度被纳入"礼治"范畴,成为礼仪的一种表现形式。进入现代社会,虽破除了封建的冠服制度,但对各种从业人员的服饰礼仪仍有规范要求。

1. 从中国古代衣冠服饰制看服饰与职业

从服饰产生以来,服饰的穿戴就显示着装者的身份和地位。我国古代,从周代开始就制定了比较完备的冠服制度,经过秦汉、魏晋南北朝、隋唐五代、宋代、辽金元朝、明代、清代的演变和发展,形成了名目繁多的古代衣冠服饰制度,各个时期的衣冠服饰制表明了该时期的文化、政治和经济状况。历代衣冠服饰制都充分说明了服饰与职业、身份有不可分割的密切关系。

在周代,《墨子·公孟》中这样记载:"昔者齐桓公高冠博带,金剑木盾,以治其国,其国治。昔者晋文公大布之衣,牂羊之裘,韦以带剑,以治其国,其国治。昔者楚庄王鲜冠组缨,缝衣博袍,以治其国,其国治。昔者越王勾践剪发文身,以治其国,其国治。"墨子的这段话描述了当时各侯国衣冠服饰的差异,从发式到冠帽,从服饰到配剑都有明显的差别。

到了秦汉时期,衣冠服饰制有了进一步的调整。《后汉书·舆服志》中有这样的记载:"古者君臣佩玉,尊卑有度,上有韨,贵贱有殊。佩,所以章德,服之衷也。韨,所以执事,礼之共也。"由此可见当时的衣冠服饰是非常严谨的。

魏晋南北时期,由于社会动乱,礼制解体,人们的日常生活趋于俭朴,不太注重自身装饰,衣着多随心所欲,甚至连文臣武将、名人高士,衣着也是自出心裁,变化无定。《抱朴子外篇·讥惑卷》中以这样的叙述记载了当时的服饰状况:"丧乱以来,事物屡变:冠履衣服,袖袂财(裁)制,日月改易,无复一定。乍长乍短,一广一狭,忽高忽卑,或粗或细。所饰无常,以同为快。"

隋唐五代时期,明确规定了冠服制度,要求各级官员必须根据其品级高低,穿着不同的绫罗花纱衣服。《新唐书·车服志》中这样描述:"既而天子袍衫稍用赤、黄,遂禁臣民服。亲王及三品、二王后,服大科绫罗,色用紫,饰以玉。五品以上服小科绫罗,色用朱,饰以金。六品以上服丝布交棱双紃绫,色用黄。六品、七品服用绿,饰以银。八品、九品服用青,饰以鍮石。勋官之服,随其品而加佩刀、砺、纷、帨。流外官、庶人、部曲、奴婢,则服紬绢绝布,色用黄白,饰以铁、铜。"这一记载说明唐代服饰制不仅在服饰款式及面料上有明确规定,在服饰的色彩上

礼仪与文化(第三版)

70

也有了高低贵贱之分。

宋代，因理学居于统治地位，人们的美学观念有所改变，整个社会舆论均主张服饰不宜过分豪华，尤其是妇女服饰更不应奢华。曾对女服提出"惟务洁净，不可异众"。

辽、金、元代服饰制度除稍有改革外，基本沿袭了前代的规定。《元史·舆服志》中记载："元初立国，庶事草创，冠服车舆，并从旧俗。世祖混一天下，近取金、宋，远法汉、唐。"

明代，主要根据汉族的习俗，上采周汉，下取唐宋，对冠服制度做了重新规定，其中包括皇帝冕服、常服，后妃礼服、常服，文武官员常服及士庶巾服等。

从历代冠服制来看，清代的冠服制是最为复杂的，其条文规定也比任何一个朝代多。总的来说，清代冠服制既保留了汉族服制的某些特点，又不失满族的习俗礼仪。例如，以中国传统的十二章纹作为衮服、朝服的纹饰；以绣有禽兽的补子作为文武官员职务的标志；以金凤、金翟等纹样作为后妃、命妇冠帽及服装上的装饰。废弃了历代以衮冕衣裳为祭服以及以通天冠、绛纱袍为朝服的传统制度等。清代冠服制具有浓厚的民族色彩。

1851年，中国爆发了有史以来规模最大的农民起义——太平天国运动。太平天国全盘否定了清政府的一切礼制，鄙视清朝的衣冠服饰，取消了"纱帽雉翎及马蹄袖"，以"绣锦营"及"典衣衙"作为缝制衣服的专职机构，改变了龙袍只有皇帝、后妃及皇太子才能穿的传统，规定诸王、国宗、侯、丞相等都可以穿着龙袍。

19世纪末，大批青年出国留学，西方文化不断渗透，中国服饰制开始有了转变。1911年，孙中山领导的辛亥革命，彻底改变了历代王朝烦琐的衣冠服饰制度，服饰与职业的关系逐渐淡化，任何人都有权选择服饰的款式、色彩、面料及材质，但由于服饰的社会性，仍然要求着装者在选择着装时，要考虑自身职业和身份对服饰的要求。

2. 环境对服饰的影响

着装者的服饰并不完全取决于着装者本人的意愿，而更多的是要考虑着装者的身份，以及要涉及的交往领域和环境。20世纪90年代，有人曾针对服装的穿着原则提出了需遵循TPO原则的理念。所谓TPO原则是指着装要因时间、地点、场合的变化而相应地调整。TPO是英语中的时间（Time）、地点（Place）、场合（Occasion）三个单词的缩写。由于该原则的科学性与适用性，迅速成为全世界奉行的服饰礼仪原则之一。实际上，TPO就是这里所强调的"环境"。例如，休闲环境可以随意着装，而随意的着装就不能出现在严谨的工作环境中，也不能出现在肃穆的谈判或会议环境中；又如，欢愉的聚会和轻松的交友可以穿着亮丽、时髦，以充分体现个性，展示自我。到了艰苦贫困地区，要考虑穿着与环境融合。再如,进入悲伤的场合,绝不能打扮得花枝招展。

3.3.4 肤色与脸型

肤色与脸型都是服饰私人性的基本要素,要使着装达到给人以美感的效果,必须充分重视服饰私人性中各种基本要素的相互配合与协调。常言道:"衣服是穿给人看的。"不同长相和不同肤色的人,穿着同一种服装会给人不同的感觉,穿着不同的服装更会给人不同的感受。

1. 服装与肤色

服装与肤色的关系,主要表现在服装的色彩和肤色方面。服装的色彩能影响,甚至能改变着装者的肤色在他人感官中的印象。人的肤色会因所穿服装色彩的不同而带给观赏者微妙的变化。在现实生活中,有的颜色会使人的肤色暗淡,显出一种病态。例如,皮肤黑黄的人,如果穿着黑色、咖啡色等系列色的服装,看上去皮肤更加暗淡。有的颜色会使人的肤色显得红润、白皙、有光泽,使人感到健康和精神。例如,皮肤稍白的人,穿着淡黄、淡粉、浅绿等颜色系列的服装,会显得皮肤更加白皙和有光泽。有的颜色会使着装者显得富贵和高雅。例如,紫色系列、灰色系列以及暖色系列的各种搭配,就会产生这样的效果。这些都充分说明肤色对于服装色彩的选择会产生不同程度的影响。

社会经济的发展,带动了服饰文化的发展,服饰的色彩日益多样化,为人们选择服饰色彩提供了更好的条件,可使每一位着装者都能按照自己的肤色条件,选择适合自己的服装色彩。例如,中国人肤色显黄,在服装色彩的选择上,应多考虑选择能烘托皮肤光泽,使皮肤更显白皙的颜色。例如,白色、黄色、蓝色、红色等系列颜色都很适合东方人的肤色。在选择服装颜色时,一定要考虑颜色的明度和纯度,同样的颜色,明度和纯度不同,会产生不同的效果。

服装与肤色之间的关系,不仅要考虑颜色的关系,同时还有质地和面料的关系,这一点也是不能忽略的。例如,一位皮肤很细腻的着装者,如选用了麻织或粗呢面料做的服装,穿在身上不仅会掩盖其细腻的皮肤,还会给人一种整个身体犹如套在一个麻布口袋里的感觉。相反,如果一位皮肤粗糙的着装者,考虑夏天的炎热,给自己购置了一件真丝衬衫,真丝的细腻与着装者粗糙的皮肤相配,更加突出了其粗糙的皮肤,而没有美的效果。

2. 服装与脸型

服装在着装者身上给人的视觉效应,除了色彩之外,就是服装的款式及服装的造型。服装与着装者共同创造出的造型,除与着装者体型相关外,还与着装者的脸型密切相关。例如,如果圆胖脸型的人选择穿小圆领服装,会形成圆脸下面有圆圈的现象,让人感觉脸更圆了。如果圆脸型的人选择 V 字领、U 字领或尖领的衣服,会给人一种和谐的感觉;又如,瘦长脸型的人,可选择圆领型的服装,这样可以调整瘦长的幅度,使脸显得丰满;方形脸型的人,通常脖子较粗,因此,不宜穿领口开得太小的服装,否则会更显得脸大等。从以上例子可以看出,要使脸型与服装造型相配,主要是考虑衣领的造型是否合适。这是因为,衣领处于衣服的最上端,是人们视线集中的部分之一,其对服装的影响很大。衣服的领型适当,可以衬托脸盘的匀称,富有美感;衣领造型与脸型配合失调,则会使人感到不自然和不美观。

圆领装　　　　　　　　　　　　　　　V 领装

圆领装　　　　　　　　　　　　　　　大领口装

服装与脸型

3.3.5　其他

影响着装的因素很多,除了以上所讲的以外,还有着装者的个性、季节等因素,这里仅做简单介绍。

1. 服装与个性

个性不单指通常意义上的个人性格,还包括年龄、身材、职业、文化修养,以及气质、爱好等。着装应依据个人特点,选择合适的服装,以突出个人的长处,遮掩缺陷。

2. 服装与季节

着装者在选择服装时,应随着季节变化选择服装。服装设计师同样也要根据不同季节的需要设计服装。例如,在气象万千,万物复苏的春季,人们应选择穿高明度暖系列色彩的服装;在易使人体出汗,易使人烦躁的高温的夏季,应多选择吸湿性好,透气性强面料制作的服装,色彩应以冷色调、浅色为主,这样能给人以凉爽和轻松的感觉;秋季是收获的季节,可选用中间色和中明度色衬托、体现秋天的成熟;冬季应采用保暖性强的呢绒、皮革等面料制作的服装,色调以鲜艳、热烈的颜色为主,以此给人带来温暖的感觉。

3.4 着装的基本原则

着装者要做到能够充分理解服装的外部表征和内涵,能够结合自身情况,将服装穿得恰到好处,并穿出品位,穿出气质,着装者应考虑很多方面的问题,这里仅介绍主要的几个方面。

3.4.1 色彩搭配

服装的色彩是最能给观赏者视觉冲击的元素。着装者自身的条件如果能与外部环境,能与造型新颖大方、色彩和谐美观的服装配合,则能恰当地发挥服装在社交活动中的作用,有助于发挥着装者在社会交往活动中的能力。因此,每一位着装者除应了解影响着装的基本因素外,还应了解和掌握着装的基本原则。

1. 色彩象征的意义

早在远古时期,色彩就被赋予了各种象征含义。经过人类几千年的生活实践,人类已能巧妙地将色彩所象征的各种含义运用于生活和社会交往中。

(1) 白色

白色象征着纯净、祥和、朴实与高尚,白色服装能给人以明快无华、纯洁祥和、高尚坦荡的感觉。例如,医生和护士的职业装之所以大多为白色,就是为使患者感到医院的纯净、安详与高尚;又如,穿白色连衣裙的少女,能给人一种清纯的感觉。

(2) 黑色

黑色是一种庄重、肃穆的颜色,它能使人产生凝重、威严、恐怖、阴森等不同的感觉。黑色象征沉着、深刻、庄重及高雅。穿着黑色服装,会给人一种庄重和威严感。例如,电影中恐怖和阴森的场面多采用黑色背景,以启示观看者对黑色背后的遐想;又如,电影中的黑道人物,导演一般会安排着黑色衣服,带黑色墨镜;再如,为亲朋好友送行的遗体告别场面,除了放置的鲜花外,一切几乎采用黑色装饰,以表现庄重和肃穆,这是对死者的尊重,也是对生者的安慰。在现实生活中,人们可根据环境、工作性质等方面的要求,恰当地穿着黑色服装,以表现庄重、稳重、沉着的气质。

(3) 红色

红色是最能使人产生兴奋和快乐感觉的颜色。红色象征着热烈、活泼、浪漫与火热。着红色衣服,会给人一种热情似火、具有朝气与活力的感觉。新娘在婚礼庆典上的着装就是典型的实例。新娘在结婚仪式上,穿白色婚纱,用以表示纯洁,表示忠贞;在结婚仪式完成后的婚庆宴会上,新娘再换上红色的服装(一般为传统中式服装),用以表示幸福与热情。庆典大厅中的装饰均以红色为主格调,也是用于烘托婚礼庆典欢快、新人幸福、主人热情的气氛。又如,老年人着红色服装,给人一种青春朝气与活力再现的感觉。

(4) 橙色

橙色是一种暖色调。橙色会使人联想到阳光,象征着活力、温暖、明快及富丽。橙色能引起人的兴奋和欲求。着橙色服装会带给人一种温暖的感觉。例如,很多家政服务公司为员工工作服选定的颜色是橙色,以象征将服务、将温暖送到家家户户;又如,穿橙色服装的年轻女孩,会给人一种具有活力及明朗的感受。

(5) 黄色

黄色对人的感官有强烈的刺激作用。黄色能使兴奋的人更兴奋,活跃的人更活跃。黄色也会使忧郁者更忧郁。黄色曾一度是权力的象征,明黄、金黄、赭黄曾被视为封建皇帝的专用颜色。

(6) 绿色

绿色是一种清爽、宁静的色彩。绿色象征生命活力与和平。绿色能使穿着者更显年轻,更显朝气。例如,邮电工作者的服装就是绿色的,他们传递世界各地的信息,带给人们宁静与和平。

(7) 灰色

灰色是一种柔弱、平和的色彩。灰色能给人以平易、脱俗、大方的感觉,是服装色彩中最文雅、最能给人以平易近人印象的色彩之一。灰色象征庄重、大方、朴实和可靠。穿着灰色的人,使人感到朴实、大方和脱俗。例如,尼姑庵里的尼姑服饰多采用灰色长袍。灰色也多用来与其他颜色搭配。

(8) 蓝色

蓝色是一种较柔和、宁静的色彩,对人眼的刺激作用较弱。蓝色能使人联想到天空和海洋,给人以高远、深邃的感觉。蓝色象征宁静、智慧与探索。例如,天文工作者的服装为蓝色,中国通信企业的代表色为蓝色。

（9）紫色

紫色象征华贵和充盈,能给人以富丽堂皇、高雅脱俗的感觉,是高贵和财富的象征。

2．服装配色的基本原则

不同的颜色代表不同的意义,不同颜色的服装穿在不同的人身上会产生不同的效果。适合的色彩搭配具有画龙点睛的作用。随着人们生活观念的变化,配色原则就像流行服饰、流行歌曲一样,随着人们对生活、对色彩意义理解的不同而改变,这里仅介绍几种常用的配色方法。

（1）呼应配色法

呼应配色法是指整套服装的色彩应上下呼应或内外呼应。例如,蓝底白花纹上衣,下着蓝色裙子,内衣采用白色,配上蓝色帽子,蓝色手提包,形成蓝与白的呼应,给人带来清新的美感;又如,上穿浅灰色细线毛衣,毛衣上有黑色的条状花纹,下配黑色长裤或紧身短裙,脚蹬黑皮鞋或黑皮靴,给人一种精神、干练、高雅的感觉;再如,下穿白色长裤,上身着粉蓝色的短衫,头戴白色凉帽,脚穿白色旅游鞋,看上去给人一种清新、青春、健康和凉爽的感觉。男士西服的上下内外也应色彩呼应。

（2）同色深浅配色法

这样的搭配有一种和谐的美感,但在搭配时必须过渡得自然,如果颜色太接近了会显得混乱不清。例如,玫色的毛衣上,配有少量浅粉色的花纹,会让人感到清秀、靓丽、青春、活泼,又不失稳重;又如,浅绿色的连衣裙,用深绿色包边,在领口、袖口处再配上少量深绿色的花纹,穿在女士身上会使观赏者有一种祥和、凉爽的感觉,像早晨的露水一样。如果采用浅灰色的上衣配深灰色的裤子进行色彩搭配,则产生的效果是灰成一团,没有层次,体现不出美感。

（3）相近色搭配法

在色谱上相邻的颜色是相近色。例如,橙色与黄色、蓝色与绿色、黑色与灰色。在进行服装色彩搭配时要充分考虑相近色之间的明度关系。例如,黑色与灰色搭配,其中黑色明度和纯度一定要高,不能让人看起来像黑色又像深灰色,灰色不能太深,太深的灰色与黑色的搭配不会产生好的效果;又如,蓝色与绿色搭配,如果用深蓝和深绿搭配,视觉效果不会好。可以采用的是深蓝与浅绿搭配或深绿与浅蓝搭配。另外,可将相近色搭配法运用到呼应搭配法中,例如,黄色的衬衫,外套橙色的外套,再配橙色的短裙,穿着这种搭配服装的花季少女,一定会给人以良好的视觉效果。

礼仪与文化（第三版）

（4）衔接配色法

色彩对比强烈的服装之间是需要进行配色衔接的。例如,黄色和蓝色的对比是很强的,如果身穿黄色上衣、蓝色裙子,就需要进行衔接配色。可采用的方法是在腰间采用黑色、白色或金色腰带衔接,则会产生美的效果;又如,在一块既有红色又有绿色的布料上,要想使红与绿之间产生某种特殊的视觉冲击力,就必须在红与绿之间寻找出一个过渡色,如黄色,使其靓丽而又不显俗气。在具体实施衔接配色时,必须调整红、黄、绿的色相、明度及纯度,使其和谐等。

（5）主辅搭配法

主辅搭配法是指以一种颜色为基调或主调,再辅之以一定的其他色彩的搭配方法。采用主辅搭配方法进行服装色彩的搭配一定要考虑主辅色调的对比效果,使搭配的效果既要鲜明,又不能太刺眼,并起到画龙点睛的作用。如果能将主辅色彩搭配得当,便能体现出着装者的个性和爱好。例如,有些年轻人,身穿用各种颜色的花纹装饰在领角、袖边上的黑色服装,或身穿一身黑色服装,然后配以其他颜色的丝巾、围脖、腰带。这类装束是以黑色为主色,其他颜色为辅色,其所展示的是着装者追求与众不同的感觉或体现凝重的个性。

（6）流行色的运用

在一定时期内,由于受社会经济、政治及审美变化的影响,导致人们偏爱某种颜色,这种颜色就是流行色。通常情况下,喜爱时髦的人会将流行色迅速地运用在着装方面。

（7）超常规配色法

用完全脱离传统配色原则的配色方案进行配色就是超常规配色。采用超常规配色方法制作的服装一般是流行装、休闲装以及运动装,这类服装一般不在正式场合出现。

3.4.2 款式及花色搭配

现代服饰的款式及花色可谓是多姿多彩,如果能够选好适合自己、符合身份及环境的服装,能够将服饰私人性与社会性的所有要素与服装的款式、色彩、面料紧密结合为一体,就能够在社交场合充分展示出自己的魅力,赢得交往的成功。服装款式的搭配方式很多,没有什么固定模式,着装者只有根据自己的条件不断摸索,才能找到最佳方案。这里仅介绍几种正规场合下,着装常用的搭配方法和搭配禁忌。

1. 男士西服的搭配原则

（1）西服必须合体

当决定要选择穿西服时,必须要选择合体的西服,只有合体的西服才能使着装者显得潇洒、精神和风度翩翩。

（2）配好衬衫

衬衣的领头要硬扎、挺括，衣领的宽度要根据着装者脖子的长短来定。例如，脖子较短的人不能选择宽领衬衫；相反，脖子较长的人不能选择窄领衬衫；领口不宜太大也不能太小，以扣上领口后，能将食指上下自由插进领口为好。穿西服时，衬衣下摆要塞在裤子里，衬衣衣袖要长于西服上装衣袖2厘米，以显出穿着的层次，衬衣的颜色一般选白色或浅色，并随时保持干净。

（3）内衣要单薄

衬衣里面一般不穿棉毛衫，如果一定要穿内衣，要穿着较薄的，内衣的领圈和领口不能露在外面。

（4）配好羊毛衫

天气较冷时，衬衣外可配羊毛衫，配西服穿的羊毛衫要尽量薄，穿着时只能穿一件，穿多了会显得臃肿，破坏西服的线条美。

衬衣

配西装的羊毛衫

（5）选配皮鞋

穿西服时一定要穿皮鞋，决不能穿旅游鞋或便鞋，也不能配大头皮鞋，皮鞋上油擦亮，不能蒙满灰尘。

（6）选配领带

领带是西服的灵魂，在西服的穿着中起着画龙点睛的作用。凡是正规场合，穿西服必须配领带。经常出席正规场合的男士应准备七条左右的领带，选择领带时，不仅要注意西服、衬衣及领带三者在色彩、花口及面料等方面的协调，还要兼顾着装者的肤色、年龄、职业及性格等因素，力求做到协调和统一。例如，西服和领带的花色不能重复,西服是条纹花时,领带就不能再选条纹或格子花了;西服是灰色,衬衫是白色,领带就不能选择浅色的,应选择一种较明快的颜色;黑色西服配白色或浅色衬衫,可选择银灰色、蓝色或黑红细花纹领带;如果是深蓝色西服,配白色衬衫,可配条纹领带或配玫瑰色、褐色等色调的领带,这样才能体现出西服的整体效果。

(7) 领带的系法

领带的具体系法应根据衬衣衣领的宽窄、本人的身高,特别是脖子的长短来决定。领带系好后,应认真整理,使之规范、定型。领带上片的最佳长度为:以系领带者呈标准姿势站立为标准,领带尖正好垂至裤带带扣中央下沿。领带不能太短,也不能太长。如配有西服背心或毛衣时,领带需置于它们的里面,且不能露出带头。

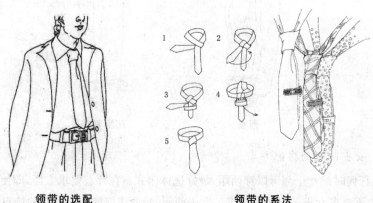

领带的选配　　　　　　　　　　　　领带的系法

(8) 西裤与裤带的选配

在选配西裤时,除考虑面料协调外,还要考虑西裤的大小和长短。西裤腰部大小适中是非常重要的。验证腰部大小的方法是:将裤腰扣子扣好,拉链锁上,一只手的五指并拢,如手掌能自由从裤腰插进插出,则大小合适;如能插进两手,则太大;一只手都插不进,则太小。其次是西裤的长短要合适,可以这样比试:裤腰扣好,拉上拉链,让裤腰下沿正好接于胯骨上沿,两腿站直,若裤脚下沿正好接于脚面,则为标准;西裤长了会影响西裤的笔直、挺括;西裤短了,在入座时则有可能露出腿部,而失雅观。

由于西裤带的前方显露于外,因此必须选配好西裤带。一般来说,西裤带的颜色以黑色或深色为好,不要太花哨;宽度为 2.5～3 厘米,特别是个矮的着装者不宜选择太宽的裤带,太胖的着装者也不能选择太窄的裤带;扎好后的带头长度应在 12 厘米左右,裤带带头应是内藏式的,扎好后不能显露在外。裤带上不应扣挂钥匙等物品,特别是在不穿上衣时,以免让人觉得俗气。西服衣袋及裤兜不宜放太多东西,穿着时不能将手随便插在裤兜里,以免有失风度。

（9）男西服穿着规范

穿西服,可以敞开扣子,也可以扣上第一粒纽扣,但不能两粒纽扣都扣上。另外要注意,在任何时候西服袖口和西裤脚边都不能卷起。

西裤　　　　　　　西服着装

2. 女士西服的搭配

在任何时候女士都可以穿西服,最好选休闲式。在穿着要求方面,即使是在正规场合,也不要求女士一定要系领带。女士西服,只要求能够穿出女性的特点和魅力。

（1）选配衬衫

女式衬衫的选择范围很广,在选择时要综合考虑西服的款式、面料及个人爱好。由于即便是在正规场合,女士穿着西服也可以不系领带,因此可选择没有领座的衬衫,所选择的衬衫以明快色系为好。

（2）选配西服裙

女士穿西服最好选择西服裙。西服裙与西服的面料要相配,颜色可以相同,也可以不同。如果是参加正规的接待活动或公关活动,最好穿统一色调的套装。西服裙的长度以及膝为佳,裙腰及臀围要合体。穿西服裙,一定要选配好长筒丝袜。丝袜质地要好,色调以浅色为佳,丝袜不能太厚,看上去要有弹性和透明感。切忌穿破口的丝袜。

（3）选配西服裤

在几乎所有的场合,女士都可穿西服裤（长裤）。女士穿西裤时,选穿的长裤一定要合体、长短适中。长裤的长度一定要盖过高跟鞋的鞋跟（女士穿西服时一

礼仪与文化（第三版）

定要配穿高跟鞋），这样才能显出女性身材的苗条和亭亭玉立。出入正式场合时要选穿用较高档面料制作的长裤，以保持长裤裤形的挺括。

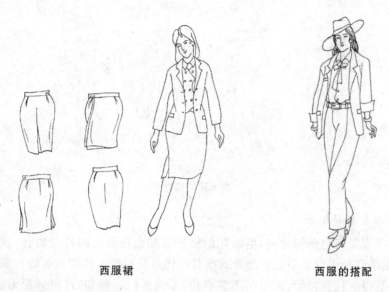

西服裙 　　　　　　　　西服的搭配

3. 旗袍的选配

旗袍有各种不同的款式和花色。旗袍的主要特点为：紧扣的高领、贴身、衣长过膝、两旁开衩和斜式开襟。旗袍是我国女性的礼服，在正规场合穿旗袍，应充分考虑到着装者的身材、气质、职业和身份，不同职业和身份的人，在选择旗袍款式、色彩、面料上有不同的要求。例如，如果着装者是代表国家或大型企事业等部门出席正式社交场合，应选择穿传统款式的旗袍，最好不要选择穿无袖旗袍；旗袍面料也应高档一些，以体现出着装者的身份。穿旗袍也要配高跟鞋和长筒丝袜，丝袜的要求与穿西服裙的要求相同。穿旗袍时，颈项上可选择适当的佩饰，以使着装者更具风雅。穿旗袍应特别注意的问题是：不论着装者参加的活动是否正规，不论着装者的身份、地位是高是低，只要是在公开场合，都不宜选穿开衩太高的旗袍。

4. 女士裙的选配

裙子是女性衣着中最能展现女性魅力的服装。裙子的种类多种多样，其中有长裙、一步裙、西服裙、旗袍裙、连衣裙及超短裙等。女士选穿裙子，要考虑自身的年龄、身材和身份。选穿一条适合自己穿着的裙子，能展示自身的美和飘逸的风采。出席正规交际场合，女士穿着的裙子至少应及膝；正式的工作交流场合，最好选择穿西服套裙，这样会显得庄重一些。超短裙、无袖裙或背带裙仅适用于度假及非正式场合，是不能在正式场合下穿的。普通的长裙可在任何场合选穿，但要注意配好上衣。

女士裙的搭配

5. 轻松的搭配装

现代人崇尚自然和时尚,生活化的服装搭配也逐渐走向社交场合。顾名思义,搭配装就是组合式服装。组合式服装的优点是打破了传统礼服的古板,使着装者既显得年轻和潇洒,同时又不失身份,不失礼仪。例如,西服裤配柔软的夹克,配时髦衬衫,配运动上衣等。轻松的搭配不仅适合青年人,对中年以上的人群来说,只要搭配恰当,也会既显示出着装者的活泼,同时又不失成熟与稳重。

6. 郊游服装与礼仪

郊游是一件愉快的事,要使郊游达到预期效果,就应营造出郊游的气氛。为此,在着装的选配上应选择轻松、舒畅的郊游装。一般来说适宜穿简单、轻便式的服装,在服装的颜色方面,可考虑选用与大自然结合的色彩,使人有一种敞亮、轻松、充满青春气息的感觉。

郊游服

轻松的搭配

3.4.3 面料搭配

面料是服装三要素之一,面料选配不当将直接影响服装的质量。例如,上、下装面料选配不当,会影响着装的整体效果,甚至会令人发笑。一个有知识有品位的人,在着装时,是不应该出现这种情况的。下面仅以几个例子来说明面料的搭配原则。

1. 符合季节要求的原则

穿衣要符合季节要求。春、秋天气候温和,可选择的面料范围较宽,例如,牛仔服面料、薄呢面料、棉织物面料、化纤面料等。这些面料都可以用来做适合春、秋天穿的时尚装、职业装、礼服等。冬季,天气寒冷,再加之户外活动较多,这时着装的面料就要考虑选择保暖性好的呢绒、皮革、棉织物等面料。夏天,气候炎热,服装的面料要选择透气性好、吸湿性强的面料,例如丝绸、棉织物、麻织物以及部分较高档的化纤面料等。

2. 符合款式要求的原则

作为服装的三要素之一,面料具有左右服装色彩及造型表现效果的功效。因此,在选择服装款式时,不得不考虑服装所采用的是何种面料。例如,西服,是一种国际通用的礼服,它不仅对制作工艺要求很高,而且对面料的要求也很高。西服最大的特点是简便、舒适,能使穿着者显得稳重高雅、自然潇洒。因此,冬季穿的西服一定要选择呢绒面料;春秋季穿的西服可选择高档的混纺面料;而夏季着西服时,主要是选择好西服衬衫。

3. 上下装协调的原则

除穿连衣裙和套装外,都存在着上下装搭配的问题。上下装搭配得当,会使原先档次并不高的服装放出光彩。若搭配不当,即使上下装的档次再高,也不一定能被显示出来。例如,春秋季节,如果上身是羊毛衫,下身无论是裤装还是裙装,面料都不能太薄,一般来说可选择薄呢、牛仔、混纺等面料;夏季,如果上身是真丝衬衫,下身可选择棉织物的裙、长裤或短裤;冬季,如果下身是呢绒长裤,上身可为鸭绒面衫、羊毛衫加呢绒大衣等。

3.4.4 服装搭配禁忌

穿着上有很多要注意的问题。无论是何种场合、时间、地点,不管是男、女、老、少,衣着都应保持清洁、整齐、挺括。衣领袖口要保持平整干净。在任何情况下,都不能穿短裤、紧身裤参加正规场合的交际活动。穿长袖衬衫时,应将衬衫下摆塞在裤内,而穿短袖衬衫时应将衬衫下摆放在裤外。另外,穿着上还要防止很多衣着搭配误区的出现。

1. 色彩搭配误区

色彩是服装的三要素之一，色彩搭配恰当能使服装的款式显得新颖，能提高服装的档次，能体现着装者的魅力及风度。色彩搭配不合适，服装将失去灵魂。千万要防止几种不妥的配色：深蓝与茶色搭配；红色与绿色搭配；红色与茶色搭配；蓝色与绿色搭配以及三四种以上的颜色混合搭配。要记住，每位着装者身上最好不要出现三种以上的颜色（包含戴在身上的饰品颜色）。

2. 款式及花色搭配误区

着装要考虑款式的整体协调性，例如，V领毛衣外面再套一件外套或夹克；外套外面再穿一件短大衣；一件宽松飘逸的长裙与一件蝙蝠衫相配；一套条纹西服又配上了一条条纹领带；圆点花纹领带，配在了条纹衬衫上等，这些都是不协调的搭配。

3. 上下装搭配误区

不管男性还是女性，都存在着上下装搭配的问题。在正规场合，如出现不恰当的上下装搭配会显得滑稽。例如，上身着西服而下身却穿一条休闲裤；下身穿裙子，而把上身的毛衣塞在裙子里；下身穿一条牛仔裤却脚蹬细高跟皮鞋；一套新式西服与旅游鞋相配等。

4. 面料搭配误区

服装的面料搭配也是有讲究的，如不仔细研究，也经常会走入误区。例如，一条飘逸的长裙或连衣裙，外面套一件皮夹克或呢外套；下身着牛仔裤，上身穿真丝衬衫，一件飘逸的衬衫，下装配一条呢子裙子等。在搭配上下装时，要考虑面料的一致性，如一条飘逸的连衣裙外面只能披一件潇洒的风衣或一件披肩；牛仔裤上面最好配T恤衫，呢裙子上面可配一件合身的羊毛衫等。

3.5 饰物

可以用来起装饰作用的物品就称为饰物。饰物分为服饰与首饰两种，当然饰物还可以装饰房间，这里仅介绍服饰与首饰。

由于社会环境不同，文化素养各异，佩戴饰物的方法、水平与习惯也不一样。随着生活水平和经济能力的不断提高，饰物已不再只是财富的象征，而是审美格调及文化素养的体现。

3.5.1 饰物的产生和发展

饰物到底产生于什么年代，历史资料考证并没有一个严谨的说法。一种说法是，饰物的产生与服装的产生同步。在远古时代，有了服装就有了饰物；另一种说法是，饰物产生于祭祀和宗教。早期的饰品大多是用植物、动物的遗骸制作

礼仪与文化（第三版）

的，例如，树叶、树根、动物的毛皮、骨头、牙齿、石头等。这些饰品，不仅用来作装饰，也用来作祭祀上天保佑平安的祭品，还用来恐吓入侵者。

1. 饰物的起源

饰物的起源与服装的起源基本相似，虽没有准确地记载，但随着纺织业和服装的发展，以及人们对各种材质，特别是对金属的认识不断深入，人类逐渐懂得了用各种材质做成饰物来装扮自己。也就是说，饰物是随着人类生活观念的改变和社会经济的发展而不断发展起来的。同时，当人类懂得使用骨针缝制衣服时，就知道将动物的骨头和牙齿穿起来作为装饰。饰物也是用以抵御外来侵犯的一种辟邪物。

2. 中国饰物的发展

早在远古时期，人类发现可以把动物的骨头、牙齿以及各种有色彩的石头打磨光滑，用绳穿起来挂在颈项、手臂、足踝、发髻等处用来抵御外来的侵犯和进行装饰。这个时期经历了漫长的时间。

在中国，最有特征的就是各个时期的发型以及发饰品的发展，由开始的发簪过渡到发巾以及各种等级的帽子。例如，奴隶社会贵族的冕，是一种尊贵的礼冠，冕服的上面绣有各种图案用以装饰。到了春秋战国时期，曾有这样的说法："君子无故，玉不去身"，可见，当时玉佩已是贵族很重要的饰物。随着人类对大自然认识的不断深入，对金属冶炼开始有了认识和发展，饰物便由各种骨、木材及石材(玉、各种宝石等)逐步向金属制品过渡。例如，景颇族的服饰为：腰间有藤圈缠身，胸前有光亮夺目的银泡、银扣、银链、银片、银币等装饰物。藏族的服饰为：腰间有银佩饰，颈项上有很多的佛珠、银牌、银链、银环等饰物，喜戴大耳环。维吾尔族的服饰为：男女老少都戴一顶四棱、六角或圆形小帽，这是他们最有特色的饰物。

奴隶社会贵族的冕

冕服

到了近现代,随着科技的进步,饰物在款式、材质及色彩上都有了长足发展,如头饰、耳饰、手镯、臂镯、脚镯、项链、戒指、皮包、帽子、眼镜、胸饰、腰带等,可谓琳琅满目,数不胜数。

3. 外国饰物的发展

世界各国各地区的饰物都是从早期的树叶、骨头、石头等装饰物发展起来的,但由于地区的差别,资源条件、生活环境等方面的差异,世界各地饰物的发展过程、饰物的发展速度、水平、种类以及饰物所使用的材料是有差别的。

景颇族的饰物

在公元前 1500 年至公元前 1150 年的古埃及,人们就开始佩戴耳环、耳坠、项链、臂镯、手镯等饰品,这些饰物有的是用珊瑚、琉璃石、绿松石打磨镶嵌而成的,有的是用琥珀、宝石等为原料,经打磨做成各种造型的串珠。同期,出现了美丽的刺绣,以及用金线将圆形金属片缝缀在衣服上的装饰,那个时代的饰物已很精巧。

古埃及饰品

在欧洲,中世纪的罗马时期便开始用丝绸、皮革、玻璃、景泰蓝等制作饰物;文艺复兴时期,各种贵重金属已被广泛运用到饰物制作中。例如,女子束细腰,穿填充衬垫的膨体衣裙,脖子上挂沉重的金属项链和大宝石,耳朵上带金耳环等奢侈饰品,以示富有等;17 世纪,帽子和文明棍成了贵族阶层不可少的饰物。

近代,世界各国饰物得到了充分的融合。总之,饰物的发展,体现出了人类文化和经济发展的过程,体现了人类生活品位提高的过程。

3.5.2 饰物的分类

1. 服饰

服饰是指服装上的装饰。服饰种类繁多,主要包括刺绣、系带、金属装饰品、珠宝等。不同时期、不同民族、不同国家的服饰既相似又不同。例如,我国唐代袍衫的纹样一般以暗花为多,武则天当朝后规定,在不同职别官员的袍服上,绣上各种不同的禽兽纹样,以区别等级;又如,我国少数民族中的白族,妇女的头饰上有一缕长长的穗,随着妇女年龄的增长或婚否,这缕长穗慢慢地被剪短,直至完全没有。再如,我国布依族已婚妇女要用竹皮或笋壳与青布做成"假壳"戴在头上,向后横翘尺余。

2. 挂件

项链、玉佩、包挂、腰带等都属于挂件。在众多品种的挂件中,最流行和被人们广泛佩戴的是用贵金属、玉石、玛瑙、水晶、象牙、木雕、石雕等材料制成的各种人们心目中的吉祥物挂件。例如,保佑平安、祈祷发财、保佑健康的吉祥物。挂件制品在制作原料、工艺及饰物造型上,男女有别。除项链外,其余挂件一般不用贵金属材料制作。

3. 佩件

戒指、耳环、手镯、臂镯、丝巾扣等都属于佩件。传说戒指源于 3000 年前的古埃及,戒指是环形的,它没有开始,也没有结束,象征着爱情的浪漫与永恒。佩件一般用贵金属和珠宝制成。现代社会出现了很多能取代贵金属和珠宝的人造贵金属和人造珠宝材质,用这些材料制作出的戒指、耳环、手镯、臂镯、丝巾扣等也同样非常漂亮,光彩照人。

4. 手袋

手袋,特别是女士用的小型手袋是女士出席各种社交活动的重要饰物。手袋的面料很多,可用皮革、金属、塑料、串珠、刺绣等材料制成。

5. 帽子

帽子是现代女士的主要饰物。无论是质料、色彩,还是款式都是多种多样的。

6. 腰带及眼镜

腰带及眼镜是男女皆用的最常见的饰物,属于应用及装饰为一体的饰物。特别是眼镜,随着现代人装饰意识和审美情趣的变化,眼镜已成为一种修饰五官、脸部的饰物了。

7. 香水

香水是一种无形的服饰。香水在个人形象的塑造上扮演着重要的角色,是否能够正确地使用香水,是显示一个人审美情趣的标准之一。

8. 发饰

我国历代衣冠服饰制中对"冠"(即发饰)都有严格规定。在奴隶社会和封建社会时期,发饰是用来区分等级的一种饰品,例如,商代对冠巾、发簪等发饰的佩戴就有明确的要求。

不同民族、不同地区的发饰在样式、佩戴方式等方面是有区别的,在某种意义上说发饰具有民族和区域特性。例如,傣族、白族等一些民族的妇女是已婚还是未婚,可通过其发式及发饰来判别。

女士的发式

民族发饰

随着社会的发展,发饰等级制度已经消亡;随着民族之间、地区之间交往的日益紧密,不同民族、不同地区的发饰在逐步融合,使现代发饰呈现出了丰富、多彩、繁荣的局面。

3.5.3 佩戴饰物的原则

1. 锦上添花的原则

在选择饰物的种类及选择佩戴方法时,首先要做到恰到好处,然后再考虑锦上添花,绝不可画蛇添足。例如,在黑色羊毛衫上面佩戴一枚闪光的彩色胸花,是很别致的。但如果再配上一条项链,就显得烦琐。

2. 与全身保持一致的原则

饰物的佩戴要与自身的体型、发型、脸型、肤色及所穿服装的款式、面料、颜色保持协调一致。例如,夏天,穿一身飘逸的连衣裙,背一个精巧的浅色双肩小包的女孩看上去就很协调。如果挎一个黑色皮包就不协调。

3. 饰物质地与身份及环境相称的原则

现代饰物品种繁多,各种质地的饰品琳琅满目,在选择时首先要考虑自身所处的环境及身份,绝不可乱戴一气。例如,上班时,闪闪发光的手链、奇形怪状的戒指与身处的工作环境会很不相配。有一定身份的人,绝不可只图好看而选戴劣质饰品。

4. 饰物色彩、款式与季节相应的原则

饰物的色彩、款式要与季节相配,这一点多用于在皮包、眼镜、领带的选择上。例如,夏季和春季,女士应选择色彩亮、体积小的皮包。男士应选戴以浅色为主的领带;冬季,着装比较厚,皮包相应要大一点才能与穿着协调。

3.5.4 几种常见饰物的选择与佩戴方法

1. 帽子

帽子是由头巾演变来的。中国古代人成年时要行"冠礼","冠"就是帽子。在当代生活中,帽子不仅有御寒遮阳的作用,还具有装饰功能。在男女衣着中,帽子也占据着举足轻重的地位。戴帽子时,一定要注意帽子的式样、颜色与自身装束、年龄、工作、脸型、肤色相和谐。一般来说,圆脸适合戴宽边顶高的帽子;窄脸适合戴窄边的帽子。女士的帽子,种类繁多,不同季节造型和花色不同。例如,在冬天,女士可戴手工制的绒线帽;地位较高的女士可选择小呢帽;年轻姑娘可选择小运动帽。戴帽子的方法也很多,例如,帽子戴得端端正正显得人正派,稍往前倾一些显得很时髦。另外,戴眼镜的女士不适宜带有花饰的帽子;身材矮小者,应戴顶稍高的帽子。

戴帽子应注意的一般礼仪是:戴法要规范,该正的不能歪,该偏前的不能偏后;男性在社交场合可以采用脱帽方式向对方表示致意;在庄重和悲伤的场合,除军人行注目礼外,其余的人应一律脱帽。

2. 围巾

围巾的花色品种很多，与帽子一样，起御寒保暖和美观的作用。巧妙地选戴围巾，效果远远超过不断地更新衣服。围巾的面料有纯毛、纯棉、人造毛织物、真丝绸、涤丝绸等。围巾的色彩及图案也名目繁多。男士一般应选用纯毛、人造毛织物制作的围巾，色彩应选用灰色、棕色、深酱色或海军蓝，不能选用丝绸类的围巾。女士对围巾的选择范围极大，可选用丝绸类及色彩多样的三角巾、长巾及方巾等。除可用来围在脖子上取暖外，还可以将围巾扎在头发上、围在腰上做装饰品。如果配上丝巾扣，围巾围、带的变化就更多了。对女士来说，不论怎样选戴围巾，都要与年龄、身份和环境相协调，与所穿衣服的面料、款式、颜色及使用者的肤色相配。

丝巾与围巾

3. 眼镜

对于现代人来说，眼镜常被用来做饰品或时装的搭配物，但在眼镜的选择上要多加注意。首先，眼镜的款式要与体型相和谐，同时要考虑自身的发型；镜框的颜色要与肤色相协调，要与自己的脸型相协调；佩戴装饰性眼镜时要考虑与自己的身份相符。

无论是在室内还是室外，只要是正式场合都应将装饰性的眼镜摘下。用来做装饰的深色变色镜或墨镜，戴眼镜前一定要先将商标摘下。

4. 戒指

在西方,戒指是无声的语言。一般来说,将戒指戴在左手的食指上表明想结婚,即表示求婚;戴在左手的中指上表明已结婚或订婚;戴在左手的无名指上表示已结婚;戴在左手的小指上表明"我是独身者"。右手戴戒指纯粹是一种装饰,没什么特别的意义。中国人也戴戒指,但一定不能乱戴。一般情况下,一只手上只戴一枚戒指,戴两枚或两枚以上的戒指是不适宜的。参加较正规的外事活动,最好佩戴传统式样的戒指。

5. 皮包

皮包具有使用及装饰作用,在现代服饰中起着画龙点睛的作用。皮包的种类千变万化,种类也不断更新,有肩挂式、手提式、手拿式及双肩背式等。在选购时要考虑它的适用范围。正式场合应选用质地较好、做工精细、外观华丽、体积不宜大、横长形的皮包;平时上班和日常外出使用的皮包不必太华丽,以实用性和耐用性为主;使用皮包要考虑其颜色与季节和着装是否相一致。皮包与使用人的体形也有很大关系,例如,体型小巧的人不能选用太大的皮包;体型矮胖的不要选用太秀气的皮包;瘦高的人虽有较大的选择余地,但也不能选用太大或太小的皮包。在参加公务活动时应携带公文包。

6. 胸花

胸花主要是为女性特别设计的,用于装饰女性的胸、肩、腰、头、领口等部位。胸花有鲜花和设计制作的胸针两种。鲜花佩戴起来显得高雅,但不能持久。选择胸花时,一定要考虑服装的类型、颜色、面料,要考虑所出席的社交活动的层次,要考虑自身的体型和脸型条件。例如,个子矮小的女士适合小一点的胸花,佩戴时部位可稍高一些;个子高大的女士可选择大一点的胸花,佩戴时位置可低一些。

思考题

1. 服装的三要素是什么?
2. 男女着装各应把握哪些原则?
3. 简述服饰文化的私人性与社会性对着装的影响。
4. 你认为自己如何装扮会更有魅力?
5. 试为自己参加正式社交活动准备一套得体的服装。

第 4 章　仪表举止礼仪

仪表举止礼仪属于个人礼仪中的一项重要内容。仪表举止所表现出的美是一个人内在本质修养的外在表现,其能充分反映出一个人的文化内涵。仪表举止礼仪的内容很广,几乎涵盖了个人礼仪的各个方面,其中的言谈举止礼仪、服饰礼仪分别在本书的第 2、第 3 章中做过详细介绍。

4.1　仪表

仪表是人内在本质的外在表征,在政务、商务、事务、交友等一切社交场合,一个人的仪表可以反映出一个人的文化修养、精神状态和性格爱好。仪表在人际交往的最初阶段,往往最能引起交往对方的注意,人们通常说的"第一印象",多半就来自一个人的仪表。仪表端庄、穿戴整齐者比不修边幅者更显得有修养,也更懂得在各方面尊重别人,这已成为一般人的思维定式。仪表虽是人的外表,但它更是一种无声的语言,向社会告示出一个人的文化程度、性格和修养程度等。在初次交往时,仪表能带给交往对方鲜明而深刻的印象。

4.1.1　什么是仪表

仪表是指人的内心素质及外部表征,它代表着一个人在社会交往中的形象,仪表是人的容貌、服饰、气质、风度及健康状况等的综合反映。仪表美是一个人心灵美与外在美的和谐统一,美好纯正的仪表来自高尚的道德品质,能与人的精神境界融为一体;端庄的仪表既是对他人的尊重,也是自尊、自重、自爱的表现。

4.1.2　仪表的基本要素

仪表的基本要素包含人的形体、容貌、服饰、语言、气质、风度及精神风貌等,各个要素在人的仪表中起着不同的作用。

1. 形体在仪表中的地位

人展示给社会的首先是人本身的形体,人的形体是仪表的要素之一,是人整体的外在形态。仪表所要求的形体是指人的自然体型经过有意识的训练后,达到仪表美基本要求的形体。一个有符合仪表要求形体的人,往往更能引起交往对象的重视。

2. 容貌对仪表的影响

容貌是人与生俱来的外部面貌,它虽然不能以人的意志来确定,但在社会交往中,容貌对仪表产生着重要的影响。通过由容貌表现出的表情能反映出一个人的内心世界,能反映出一个人对待事业和生活的态度。可以想象,一个对生活充满激情的人,容貌一定常常是热情洋溢的,热情洋溢的容貌是良好仪表的基础。一个没有自信心的人,是不可能以良好的容貌出现在社交场合的。例如,有的人天生丽质,却不能赢得大家的好感,而有的人虽没有天生漂亮的面孔,却能在社交场合展现一个清洁、健康、容光焕发的容貌,且能赢得众多人青睐。

3. 语言与仪表美

人的内涵往往能通过语言的交流表现出来。无论是有声语言、无声语言还是肢体语言都能准确无误地传递人的文化素质和修养程度,因此,语言在仪表中起着不可低估的作用。只有好的容貌,而没有优雅的谈吐举止,就好比是"金玉其外,败絮其中"。

4. 服饰与仪表美

服饰是人身体的包装,服饰不仅能反映出一个地区、一个国家及一个民族的文化和精神风貌,更能直接反映出着装者的文化修养、审美情趣和精神风貌。服饰能给人的形体添加光彩,是仪表不可缺少的要素。仪表美要靠符合社会审美观念的着装来衬托。

5. 气质与仪表美

气质是一个人的文化修养、性格等内在的综合素质,气质所体现出的感觉是由里到外的。没有气质的人是谈不上仪表美的。

6. 风度与仪表美

风度是一个人的气质、文化水平、道德修养的外在写照,是人所具有的较为稳定的生活行为习惯的外在表现。风度也是一个人在言谈举止中自然表现出的各种独特的语气、语调、手势、动作等的综合。良好的风度不仅要有一定的文化修养作为基础,还需要在社交活动中长时间地修养和锻炼。

7. 精神面貌与仪表美

人的精神面貌不仅是人的外表，更主要的是人的内心世界。要保持朝气蓬勃的精神面貌，必须要有良好的内心世界，而良好的内心世界又受人的人生观、价值观、生活态度、文化素养甚至包括生活方式等各种因素的影响。有正确的人生观、价值观、文化素养及良好生活习惯的人，才会以积极的态度去对待人生、合理地安排生活，才能表现出对朋友满腔热情、对工作认真负责、对生活充满激情、对未来充满希望。这样的人，面对困难能迎难而上、面对成绩能不骄不躁，永远表现出朝气蓬勃的精神面貌，由里到外都透着美的感觉。

4.1.3 仪表的内涵和外延

1. 仪表的内涵

仪表虽然是指人的外表，但反映的却是人丰富多彩的内心世界。一个人也许五官端正，甚至是漂亮，但如果反映出的内心世界是消极的、缺乏涵养的、没有文化素质的，那么，这个人表现出的生活状况可能是：生活习惯不好、态度不积极、着装不优美、缺乏事业进取心等。而服饰符合社会审美要求、工作积极进取、言谈举止平易近人、一举手一投足都能表现出一种深刻的文化内涵，在各方面都能体现出内在本质和外在形式两方面的和谐统一。从外能表现"秀外慧中"，于内能体现"诚于中而形于外"，在社会交往中将魅力无穷。例如，中国的伟大女性代表宋庆龄，无论在中国人眼里，还是外国人眼里，无论是在高官阶层的眼中，还是在普通人心目中，她都是美丽、高贵、优雅的，她像高山白雪，令人赞叹。宋庆龄端庄、宁静、温柔、睿智、贤惠，是美与善的化身，她是中国人的骄傲。宋庆龄不孤傲，她时刻都很有礼貌、很优雅。宋庆龄以访问团副团长的身份随毛泽东主席访问苏联期间，对身边的工作人员很爱护和尊重。在一次吃饭的席间，她站起来夹一张饼放在碟子里递给苏联卫士，再夹一张饼放在碟子里递给翻译，她依次给每个人夹饼，然后才坐下来和大家一起吃。苏联卫士说："宋庆龄是我见过的最伟大、最美丽、最亲切的女性。"宋庆龄的一举一动都表现了女性所特有的气质、风度和魅力。

2. 仪表的外在表现

人的仪表必然有一定的外在表现形式。例如，人的形体美要求人体各部位比例匀称，五官端正、服饰符合现代社会审美观念等。又如，人的言谈举止、衣着打扮等外在表现，能反映出人的内心世界。这就是仪表的外在表现所产生的魅力。有这样一个例子：有一名优秀的大学毕业生，经老师推荐到一家大型企业应聘。老师认为自己的学生学业优秀，能力超强，品行良好，胸有成竹，没想到学生却没通过面试。经了解，企业面试人员认为该学生的形象看上去不利索，不敢相信他的工作能力和水平。老师破口一笑说，原来是这样啊！这个学生很优秀的，你们企业要是录用了他一定不会后悔，请再给他一次面试机会吧。企业领导答应了老师的恳求又给了学生一次面试机会。后来，在老师耐心的指导下，这个学生重新理了发，选择了适合自己的服装，完全改变了自己的外在形象，让人看起来精神焕发，阳光向上，同时还学习了应聘面试礼仪，加上他优秀的学业成绩和能力，企业录用了他。当一个人以某种特定角色出现在社会的某种场合时，社会要求你的仪表必须符合角色要求。这就是仪表外延的表现。

4.1.4 仪表规范要求

尽管人的仪表是由多种要素组成的，但仪表必须符合美的整体性的要求。构成仪表美的各要素之间是相互联系和相互影响的，各要素之间构成的是一个整体。在这个整体中，只要其中的一个要素不美，就会影响到其他要素的体现，从而影响仪表的整体美。换句话来说，如果只有单个要素的美，是不能形成仪表美的。只有各个要素相互协调配合才能真正给人仪表美的感受。因此，要做到仪表美，应遵循一定的规范要求。

1. 仪表美要求身心健康

没有健康就没有仪表美。世界卫生组织将健康定义为"既没有身体上的缺陷和疾病，又有完整的生理、心理状态和社会适应能力"，这就是平常讲的"身心健康"。身心健康包括躯体和精神两方面的内容。从仪表美的角度来看，躯体的健康，如体重标准、身体匀称、眼睛明亮、牙齿清洁、头发有光泽、肌肉皮肤富有弹性等是仪表美的基本要求。因为只有健康的身体才能使人强健有力、精神焕发、机智敏捷、灵巧活泼、落落大方，才能充分体现人的自然美。

一个人必须具有精神上的健康，也就是心理健康。只有心理健康的人，才能精力充沛，心胸开阔，处事乐观，态度积极，乐于承担任务，才能适应外界环境的各种变化，才能充分展示出其内在美和外在美，才能展示出仪表美的魅力。因此，健康是仪表美的基础。如果一个人的心理不够健康，只注重外在的表现，那么它的外在表现也是不能长久的，会由于心理的问题而导致外在的表现混乱，并影响其行为举止和风度的美。因此，心理健康是仪表美的保证。

（1）身心健康的表现

身心健康的人在情感方面所表现出的是满怀爱慕、向往和期待。身心健康的人在行为方面所表现出的是建设性、创造性，而不会是攻击性和破坏性。无论在什么情况下，身心健康的人对自己潜在的生命力、爱的能力和创造力都有充足的信心，他们在生活上是强者，他们会以"我是强者，你也是强者"的态度为人处世。他们希望与别人建立一种"强者与强者"的关系。通常情况下，算不上健康人的正常人，他们常常感到生活很累，怕这怕那，不安全感太强；他们害怕孤独，不敢与众不同，不敢出类拔萃；他们想消除自卑感，却把时间和精力都花在弥补和掩盖自己的短处上，而不去发现和展现自己的长处，其结果是自我埋没。因此，"不健康的人"无法展现出自己生命的光华，无法使自己的仪表焕发出勃勃向上的生命力，无法展现自身仪表美。

（2）如何提高身心健康水平

身心健康包括躯体的健康和心理健康，这里主要介绍如何提高心理健康。现代社会，由于人们承担着来自工作、生活、人际交往等多方面的压力，心里或多或少都存在着不健康的因素。因此，每个人都必须面对自身心理的真实状况，掌握提高心理健康水平的渠道和方法，不断提高自己的心理健康水平，塑造良好的仪表形象。提高心理健康水平应做到以下几点。

① 提高心理健康水平，首先要正确地认识自我和接纳自我。不论过高或过低地估计自己，在对自身的认识上都会与客观实际情况产生差距。一个不能接纳自我的人，是不可能在现实生活中有勇气表现真我的，甚至还可能出现不珍惜自己的"自贱"倾向，以致自暴自弃，失去交往或事业成功的机会。

② 要有效地提高心理健康水平就要明确人生的目的和生命的意义。人生的目的决定了人生的意义，人生目的影响着人对生活的态度，没有明确的人生目的，人生态度往往会是消极的，往往会感觉到生命毫无意义。对任何人来说，确立了正确的人生目的，就会为社会做出有益的贡献，其人生价值就会得到较好的实现，其心理就会是积极向上的、健康的，因此，明确生命的意义对心理健康水平的提高有着重要的意义。

③ 要提高心理健康水平，就要努力培养自己独立思考和独立生活能力。独立思考和独立生活能力的强弱，是一个人能否以健康的心理状态面对社会的标志。社会需要人们有独立思考能力，面对问题和困难，能够独立解决。一个人的独立思考和独立生活能力不是天生就有的，是经过长期的培养形成的，因此，所有的人都不能轻视独立思考和独立生活的培养过程。如果一个人缺乏独立思考和独立生活的培养过程，没有独立解决问题和独立生活的能力，心里就会出现难以承受的压力，最终导致心理出现问题。

④ 要提高心理健康水平，还要努力创建起良好的人际关系。现代社会，人人都必须面对与他人交往、与社会沟通的现实。有的人在人际交往中会"如鱼得水"，而有的人却"离群索居"，这表明，并非每个人都能为自己创建健康和谐的人际关系。人际交往具有选择性、开放性、互动性，是衡量一个人能否适应社会的重要标志。人际交往有助于人们正确地认识自我，有助于人们个性的发展与完

善,促进身心健康。如果一个人能生活在友好和睦的人际关系中,就会乐观、开朗、积极、主动地去工作、去生活,身心就一定会是健康的。

2. 仪表美要求言谈有礼

言谈的表现对于仪表美来说是十分重要的。由于在第 2 章中已详细介绍过言谈的礼仪,因此,这里不再赘述。

3. 仪表美要求服饰有礼

服饰是仪表美的要素之一,服饰能反映人的文化修养与审美情趣。例如,某日,一位很精明强干的厂长,正在车间与工人们共同解决问题,忽然得知与企业有合作关系的某公司总裁不期而至。由于时间的原因,这位厂长没有换满身油污的工作服,便驱车前往机场迎接。公司总裁见到这位厂长后想:"这个厂长,能管理好企业吗?"后经多方解释,误会才得以消除。仅此一例,就充分说明了服饰与仪表之间的密切关系。

4.2 举止

一个人的内心活动是通过其各种行为表达出来的。因此,从人的一举一动中,可觉察出其礼仪修养的程度。"站有站相,坐有坐相"是对一个人举止修养最基本的要求。

4.2.1 什么是举止

举止是一种无声的语言,是一个人在社会活动中姿态和动作的总称。举止能自然流露出一个人的气质风度、礼貌修养和要传达的信息,反映了人体的静态美和动态美。举止与表情是密不可分的一个统一体,它能反映出一个人的品质、知识、能力等内在因素。举止姿态比相貌、言谈更能反映人的精神气质和修养程度。培根曾说:"相貌的美高于色泽的美,而秀雅合适的动作又高于相貌的美,这是美的精华。"培根的话充分说明了举止姿态的含义。因此,一个健康、快乐的人除了要能以他的面部表情来表情达意外,还应学会用不同的体态来配合声音语言向交流方表情达意。一个充满自信、生气勃勃、坐有坐相、站有站相、该行则行、该止则止、举止稳重大方、风度潇洒自然,再加上服饰得体的人,不仅会有许多真诚的朋友,而且能在社交场合赢得成功的机会。而一个举止随便、不拘小节、没有修养、不善言谈、在社交场合表现拘谨、局促不安、一举手一投足都体现出文化内涵或修养不够的人,在社会交往中往往感到力不从心。举止行为在礼仪修养中占有很重要的位置。

4.2.2 举止的内涵与外延

人的举止是一种无声语言,它不仅仅表现为人的站、坐、行等姿势上,还淋漓尽致地反映在各种肢体动作上。在第 2 章中,曾对肢体语言进行过介绍,本节将进一步介绍举止在礼仪中的作用,即举止的内涵与外延。

1. 举止的内涵

在现代社会的人际交往中,喋喋不休唠叨的人总是让人讨厌,举止优雅得体的人却容易赢得人们的青睐。例如,酒店的大堂经理,在迎接客人或为客人服务之前,总是以优美的体态,面带微笑地向客人微微鞠躬,以表达酒店对客人的欢迎和尊重,给客人犹如春风拂面的感觉;客人离开酒店时,门童为客人拉开大门,大堂经理又以优美的站姿和春风般的微笑目送客人启程。这些得体的举止和表情显示出了酒店的服务宗旨和文化内涵,会赢得顾客的青睐。

然而,在许多场合,人们经常会遇到"真不知道说什么好"以及"无法用语言来表达心情"的场合。在遇到这种情况时,人们便会借助坐立不安、张目扬眉、拂袖而去等行为举止来表达其内心的活动。如何处理好类似这样的问题,请看如下实例。一位外商在某五星级酒店设宴招待其新老客户。宴会结束后,客人纷纷离席,外商也起身准备告辞,女服务员将他送到餐厅门口,有礼地道别:"多谢您的光临,先生,请慢走。"外商出去没多久,又返回了餐厅,服务员问:"先生,有什么需要我帮助吗?"外商道:"没什么,我刚才忘了吻你一下了。"在场的人都向女服务员望去,不知她会如何应付这个场面,只见女服务员平静地走到外商面前,落落大方地伸出一只手,外商拿起她的手,吻了一下,满意地离开了。一个原本看来十分尴尬的场面,被这位女服务员的优雅举止处理得自然得体,体现出这位服务员小姐的机智与涵养。

2. 举止的外在表现

举止的外在表现反映着真实的内心活动,反映着抑制真实情感的外在表征。具体来说,举止的外在表现主要体现在走姿、站姿、坐姿、行姿以及手的姿势,头的姿势,还有面部肌肉活动的状况等各种体态上。世界上许多名人和伟人都擅长利用体态及表情来表达自己的情感和情绪,例如已故的我国总理周恩来,美国总统罗斯福,英国首相丘吉尔等。总之,一个人举止的外在表现,不仅是其内心修养的表现,而且是他要展示给世人的情感表征。

4.2.3 举止规范

对一个人来说,呈现在公众面前的举止主要包括站、坐、行三大类,其他各种不同的举止和姿态通常是由这三大类举止衍生出来的。

1. 美观大方的站姿

站姿是人的静态造型动作,是人的其他动态造型的基础和起点。在人际交往中,站姿是一个人仪态的核心。所谓"站有站相"是指站姿要正直。站姿是体姿的综合表现,如果站姿不好,其他姿态就谈不上优雅。只有保持美观大方的站姿,才能衬托出良好的气质和风度。不同的人,在不同的场合,对站姿的要求是不一样的。有时可随意一些,有时却必须做到"站有站相",例如,具有一定身份的人,在社交场合就必须"站有站相"。一个人要把握好站姿,就必须注意加强平时的训练,养成良好的站姿习惯。

站姿是男女有别的。男性的站姿要表现出稳健,"站如松",就是指刚健、强壮、英武、潇洒的风姿;女性的立姿要柔美,所谓"亭亭玉立",就是指女性轻盈、妩媚、娴静、典雅的韵味。

(1) 站姿的基本要求

站立时肩要平,颈要直,下颌向后微收,两眼平视,面带微笑,精神饱满;身形正直,头、颈、身躯和双腿与地面保持垂直;膝盖放松、大腿稍收紧上提,身体重心在两腿中间,重心落于前脚掌;挺胸、收腹、立腰、两臂和手在身体两侧自然下垂、手指自然弯曲,感觉直立向上;两脚间距离不超过一脚为宜,整个身体要显得庄重、平稳。

站姿的基本要求

(2) 站立的休息姿势

站立时间较长时,左脚或右脚可向后撤半步,重心移到后撤的脚上,两脚相互替换休息。两脚替换休息时,腿不能弯曲,上体必须保持正直。

(3) 礼仪接待人员的站姿

礼仪接待人员的站姿除上述要求外,还要求站立时,脚掌呈 V 字形分开,但不能超过肩宽。女性双脚可呈 V 字形,也可呈 Y 字形;两手在前体交叉,一般是右手放在左手上。男子必要时可单手或双手背于背后,执行接待任务时,上身微向前倾,面带微笑与对方交谈,以表示对对方的尊重和显示自身修养有素。

礼仪接待人员的站姿一　　　　　　礼仪接待人员的站姿二

(4) 站立时要注意避免的动作

站立时不要过于随便,不要探脖、塌腰、耸肩、双腿弯曲或不停地抖动;正式场合双手不要放在衣兜、裤兜里,也不要插在腰间或将手交叉在胸前,更不要下意识地做小动作。

站立时要注意避免的动作

2. 优雅漂亮的坐姿

坐姿也是一种静态的身体造型,是展现一个人气质和修养的重要形式。所谓"坐有坐相"是指坐姿要端正。端庄优美的坐姿能够给人以文雅、稳重、大方的感觉。

（1）入座姿势

入座时要轻、要稳。走到座位前，转身轻稳地坐下，着裙装的女子入座时，应用双手将后裙稍稍拢一下，不要坐下后或坐下又站起来整理衣服。

（2）坐姿基本要求

落座后应保持上身正直，头平稳，双肩平正放松，人体重心垂直向下；双膝自然并拢或微微分开，双腿视情况正放或侧放；两手随意放在自己腿上或椅子及沙发的扶手上，掌心向下；如背后没有任何倚靠时，上身应正直稍向前倾，头平正，两臂贴身自然下垂，两腿间距离和肩宽大致相等，两脚自然着地；脊背有倚靠时，两臂可以放于两腿上，两脚微收并拢或前后分开，双脚并拢或交叠（男士双脚可略分开）；坐在椅上，应至少坐满椅子的三分之二，脊背轻靠椅背，立腰、挺胸，上体自然挺直；如坐的是沙发，在正式场合，为了使自己体态保持正直，只能坐在沙发的三分之一处；女士入座后，双脚必须靠拢，脚跟靠紧，脚尖朝前，或两脚同时向左或向右侧放，两手交叠，置于左腿或右腿上。

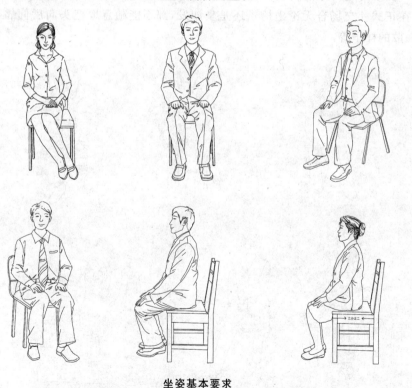

坐姿基本要求

（3）入座后的谈话姿势

入座后，首先应保持面带微笑，双目平视，嘴唇微闭，下颌微收，谈话时使身体面对交流对象有所侧重。当需要侧转身体时，上体与腿同时转向一侧，如是朋友间轻松的交谈，坐姿可以随意一些，但也要体现出自己的教养程度。

入座后的谈话姿势

（4）起立时的姿势

起立时，右脚向后收半步，然后站立。着裙装的女性起立后可用手稍稍拢一下裙后，以防止入座时间太长，裙子变形而影响整体形象。

（5）要注意避免几种不良的坐姿

入座时或入座后，都不能出现东摇西晃、歪斜肩膀、含胸驼背、半躺半坐等姿势；坐下后也不要随意移动椅子，双手不能撑椅，手脚不要频繁活动；入座后，双腿不能过度叉开，不能高架"二郎腿"或"4"字形腿；双腿不能向前长伸，脚尖指向他人；交谈时腿脚不能抖动摇晃，左顾右盼，摇头晃脑，或上身前倾后仰、弯腰屈背；在正式社交场合无论坐椅子还是坐沙发，都不能随意地把头向后仰靠，显出很懒散的样子等。

要注意避免的坐姿

3. 潇洒优美的行姿

行姿（走姿）是人体所呈现的一种动态姿势，是站姿的延续。行姿是展现人的动态美的重要形式。无论在日常生活还是社交场合，行走都是"有目共睹"的肢体语言。过于拘谨的走姿，显得做作；死板僵直的走姿，显得呆板；摇摆太厉害的走姿，则显得轻佻。因此，行走时，应注意全身协调，保持姿态自然。

虽然走路的姿势并没有一个一成不变的固定模式，但行姿还是能够反映出行走人的性格和特点。例如，步伐端正、大方，能够给人以沉着、稳重、端庄的印象；步伐雄壮、矫健，能够给人以英武、勇敢、无畏的印象；步伐轻盈、敏捷，能够给人以轻巧、柔和的感觉。性急的人走起路来总是急匆匆的；性格内向，慢性子的人，走起路来拖拖拉拉。

（1）走姿基本要求

行进时，上体应正直，抬头，下巴与地面平行，两眼平视前方，身体重心稍向前倾，精神饱满，面部表情自然；行进时，两臂要自然摆动，不晃肩膀，手腕自然配合，手掌向体内，以身体为中心前后摆动，幅度不要太大，手臂与身体的夹角最好为 $10°\sim15°$；迈出步子时，脚尖向前伸出，不应向内或向外，脚尖向内成内八字脚，向外成外八字脚；行走时要挺起胸脯，全身伸直，背、腰、膝部都不能弯曲，全身呈一条直线；行进时，直线前进，不左右摇摆；脚步移动时，大腿、小腿都要与脚协调配合，要保持直线；上下楼梯时，上体要正直，脚步要轻和稳，一般不要手扶栏杆。手脚配合动作，才能显示出走姿的姿态美。

走姿基本要求

上下楼梯应避免的姿势

（2）应避免的走姿

行走时特别要注意克服一些不好的习惯，首先要克服身体乱晃乱摆，以免给人一种轻佻、浮夸、缺少教养的印象；其次要注意双手不要反背于背后，以免给人以傲慢、呆板的感觉；行走时双手不要插进裤袋，以免让人觉得拘谨和小家子气；行走时要注意步子不要太大或太小，太大了不雅观，太小又显得不大方。

应避免的走姿

4. 合理恰当的蹲姿

在公众场合，特别是在正式场合，当需要从低处取物或俯身拾物时，往往会出现弯腰曲背、低头撅臀，或双腿敞开、平衡的下蹲姿势，尤其是穿裙子的女士两腿敞开下蹲的姿势，既不雅观，也不礼貌。下面就介绍几种典型的蹲姿。

（1）单膝点地式

下蹲后一腿单膝点地，臀部坐其脚跟之上，脚尖着地；另一条腿屈膝，小腿垂直于地面，全脚着地。男士双腿可稍分

单膝点地式

104

开,女士双腿应尽力靠拢。

（2）双腿交叉式

下蹲时,右脚向前一小步,右小腿垂直于地面,全脚着地,右腿在上,左腿在下,二者交叉重叠。左膝由后下方伸向右侧,左脚脚跟抬起,脚尖着地。两腿前后靠近,合理支撑身体,上身略向前倾,臀部朝下。

（3）双腿高低式

下蹲时,左脚在前,右脚稍后,左脚完全着地,小腿基本与地面垂直,右脚跟提起,脚尖着地。右膝内侧靠左小腿内侧,臀部向下,重心在右腿上。男士两腿可适度分开,女士两腿应靠紧。

双腿高低式

5. 其他动作姿态

人的动作姿态以及表情是一种传递信息的无声语言。心理学家认为,无声的语言所显示的意义要比有声语言更加深刻。一定的动作姿态与一定的表情配合就形成一种生动的体态语言。体态语言具有形象性,它能以生动直观的形象传递所要表达的意思,使人们的交往更具有表现性和渲染性。体态语言还具有约定性,即动作姿态被赋予了他人所能理解的、约定俗成的意思,被许多国家、地区及使用不同语言的民族所理解。这些由人的动作姿态所显示的体态语言虽然不是传递信息的主要手段,但它能使实际语言更富有情感,更具有感染力。

（1）手的姿势

手是体态语言中最重要的传播媒介,例如,哑语、交通语、水上航行的旗语等都是在一定规定范围内使用的手语或与别的道具结合而成的手语。在平时的生活中,有很多没有专门做过明确定义的手势,却也约定俗成在生活中广泛使用。例如,表示真诚、忠心和顺从,发誓时用手抚心;在法庭做证时将手掌高高举起等。又如,人们常用"摩拳擦掌"来形容积极准备做某件事;再如,拇指的动作,伸出拇指往往用来展示优越、高人一等,甚至带有侵略性。夸奖别人时拇指指头向上,指向对方;跷起拇指,指头指向某一方向,可表示嘲弄和不恭。另外拇指与食指构成"O"形手势,在19世纪就流传于美国,含义为"OK"或"一切都好",现已被很多国家和地区的人们使用;"V"形手势是第二次世界大战期间,英国首相丘吉尔推广的手势,它表示"胜利",目前被广泛使用。

用手抚心　　　　　　　　在法庭做证时将手掌高高举起

藐视　　　　　　　　OK 手势　　　　　　　V 形手势

（2）头的姿势

最普遍的头的姿势是点头和摇头，他们分别表示肯定和否定。另外，对听到的事表示中立态度时，高抬头；对所听的内容感兴趣时，会将头往一侧倾斜，面部表情专注或面带微笑。

6. 男子的举止应有阳刚之美

现代社会，人与人之间的交往是全方位的、多色彩的和开放的。对一个男人来说，尤其是具有一定身份的男人，如何在社交场合中做到应对自如，就显得十分重要。男子应具有"刚"的气质。在公共场合，男子的举止要有力度，要表现出男子汉的刚劲、强壮、英勇和威武之貌，即人们常说的"阳刚之气"。这种"阳刚之气"能带给人一种壮实感、安全感及信任感。从礼仪规范的角度来讲，男子的举止风度一般应注意以下几个方面的内容。

（1）表情自然大方

无论在任何场合，男子的表情都应是自然大方，不要装腔作势，要从容不迫，谈笑自若，该严肃就严肃，该放松就放松。

（2）"刚"并不等于"野"

男子要有"刚"的气质，但"刚"并不等于"野"。如果一个男子说话随便、粗野和骄横,在公共场合敞胸露怀,衣着随便或不卫生、歪戴帽子、脚拖塑料拖鞋,打响指或吹口哨,就会给人一种"流里流气"、缺乏教养的印象。相反,说话和气、文雅、谦逊,会让人感到有修养、稳重、可靠。

(3)注意尊重别人

男子在社会交往中要学会尊重别人,特别是要尊重女性。强调男子在社交中的特殊地位,绝不意味着提倡男子在社交活动中具有中心位置、具有支配地位,甚至形成唯我独尊的心理。正因为男子处于特殊地位,所以在人际交往中才更应注意尊重人,更应学会以"愿望"来代替要求。

(4)要懂得与异性交往的礼节

当有女士在场时,男子不能说不文明的笑话。当几个异性朋友一起出游时,男子要主动与女士交谈,但不要单独与某女子自成一组远离其余伙伴,即使是自己的女朋友,也要和大家在一起活动。活动过程中应主动关心和帮助在场的女士,使气氛变得融洽。男子与女士谈话时,不宜涉及女方的私人生活,如探问地址、婚姻情况等。如果异性朋友已经结婚,那么,无论邀请对方做客或向其馈赠物品,都应考虑到对方丈夫的情绪。

(5)男子的行为举止要大度

在社交场合,特别是在正式场合,男子的坐、立、行及言谈举止都要体现出男子的大度、果断和干练,这样才会让人感到可以信赖,给人一种安全感和可信任感,这是男子社交获得成功的基础。

(6)男子应敢于承担

"男子汉大丈夫"的提法虽不一定在任何场合都适合,但作为男士,面对一切事情都要有勇于担当的勇气和能力。

7. 女子的举止应优雅得体

女子的气质贵在优雅。优雅的气质主要体现在举止温柔、细致、娴静等方面。无论是在事业或生活上,女性要想获得成功就必须加强修养,培养自己的行为举止,使其达到优雅得体。一般来说,在行为举止方面女性应注意做到以下几方面。

(1)表现女性的温柔

在社交场合,女子应表现出温柔、轻盈、娴静和典雅之姿。要特别注意自己的坐姿、站姿和走姿。在社交场合的每一个动作都要大方和有柔性,给人一种虽动犹"静"的优美感。要努力使自己经常面带微笑,对人表示一种亲善和友好。笑脸相迎,往往会使人有"如沐春风"之感。

(2)与别人交谈时,要注意聆听

女子在同别人交谈时,要注意聆听,不要东张西望,心不在焉。当女士处于多个男士之中时,可以保持缄默,但必须表示出乐于倾听的态度;当大家争论某一问题时,虽然女士不一定要发表自己的意见,但却不妨偶尔进行提问,并聆听一下别人的见解;当一位女士表示出对男士间的谈话有兴趣时,在场的人会对她有一个好的印象。

(3)社交场合,态度要大方

现代女性,在社交场合态度一定要大方。不必在陌生人面前低头不语,扭捏腼腆。在社交场合,女士应做到该讲话时讲话;在酒宴应酬时,该举杯时举杯。

(4)社交场合,女子要注意面部表情

我国成语中有"眉飞色舞""愁眉不展"等说法,这说明一个人的眉眼能表达丰富的情感。但也正因如此,在社交场合,女子的面部表情切忌过于夸张。在正式场合,女子说话时最好不要牵动眉眼,否则很容易给人一种做作和不稳重的感觉。脸部静止时,自然闭嘴,要注意口型的中正,不要歪扭。说话时,口型应与发音的口形一致,不要有意无意地咧大或缩小。女子一般都爱笑,但一定要笑得自然,如果过分地装出一副笑脸来,给人的感觉就如同谄媚,效果会适得其反。一般来说,在陌生人面前,女子"内向"一些比"外向"一些好,含蓄一些比夸夸其谈要好。

(5)在公众场合,要照顾周围男子的处境

女子在公众场合要适当照顾周围男子的处境。一个男子最感到不便的,就是他置身于几个女子之中。初次见面的男女,如果谈得投机,双方都可以互约下次的约会和拜访。在被男子邀请时,女子断然拒绝是不合情理的,但为了稳妥,可以适当探询一下邀约的动机和内容。当觉得不宜应约时,可以解释和辞谢。

8. 个人行为举止禁忌

这里所说的举止禁忌,是常被人称为"不拘小节""冒失"的动作举止。"小节"虽小,但它却是影响人整体形象的主要因素,是构成个人公德的重要内容。举止稳重的反面是冒失。在现实生活中,确实有一些人,不注意小节,举止失措,行为莽撞,被人们称为"不拘小节"的人或"冒失鬼"。这说明了在个人礼仪方面还有欠缺。

(1)需要克服"冒冒失失"的行为

行为冒失的人,往往"目中无人",以自我为中心;行为冒失的人往往不考虑自己的行为是否会对他人造成影响;行为冒失的人的行为特征是手脚太"快",动作太"硬",幅度太"大"。有些人是手脚冒失,例如:在庄重肃穆的场合,冒失的人往往会窜来窜去;展览会上的展品他会伸手去摸;进别人的房间时,往往忘了敲门。由于手脚冒失,经常将物品损坏等。有些人是语言冒失,他们常常说话不看对方,不分场合,不讲分寸,结果常常闹出笑话或得罪人。例如,初次相识,冒失

礼仪与文化(第三版)

的人便会对对方提出一些不恰当的问题或要求;连别人是否结了婚都没弄清楚,便贸然问人家的孩子是男孩还是女孩。一不小心言语中就伤害了别人的自尊等。有人自认为这是性格粗犷、豪爽仗义,其实,这些冒冒失失的举止,正表现出其在礼仪方面的修养很不够。

(2) 要防止发自体内的各种声响

生活经验告诉我们,任何人对发自别人体内的声响都不欢迎,诸如咳嗽、打喷嚏、打哈欠、打嗝等。

(3) 不要当众搔痒

搔痒的举止很不文雅,但搔痒的原因很多,在出现这些情况时,要按所处场合来灵活掌握。如果处在极严肃的场合,应稍加忍耐;如果实在是忍无可忍,则只有离席到较隐蔽的地方去挠一下,然后赶紧回来。一般来说在公共场合不得用手抓挠身体的任何部位。

(4) 公众场合,需把衣裤整理好

当众整理衣裤是极不妥的,很多人在出洗手间时,边走边扣扣子,边走边拉拉链,边走边擦手甩水,这些动作都是不雅观的。进入公众场合前,必须先将自身的衣裤整理好。

不要当众搔痒　　　　　　　　不要当众整理衣裤

(5) 参加正式活动前,不宜吃带有刺激性气味的食品

如果要准备参加正式活动,不仅要考虑好自己的外表整洁大方,同时要避免口腔中发出异味。因此,在参加正式活动前,不能吃带有刺激性气味的食品。例如,大蒜、洋葱、韭菜等。

(6) 公共场合,避免高声谈笑

在公共场合,说话应低声细语,声音大小以不引起他人注意为宜。不要高声谈笑和大呼小叫。

（7）公众场合，不要对别人评头论足

社交活动中，无论什么人，都不能对别人评头论足。当他人作私人谈话时，不可太接近，不要让自己的行为妨碍了别人的谈话。

（8）不要在公众场合吃零食

公共场合吃零食，既不雅观也不卫生。为了维护自身的形象，在人来人往的公众场合，最好不要吃零食。

（9）患有传染性疾病时，不要参加公众性的活动

当自己患有较重的感冒或其他有传染性的疾病时，不要参加公众性的集体活动，以免将病菌带给他人，这是起码的公德观念。如果自己患有感冒又必须参加推托不了的应酬，到达社交场所后，应礼貌地向大家说明，表示歉意。

（10）大庭广众下，行为要稳妥

在大庭广众下，应保持行为举止的稳重大方。例如，不要趴在或坐在桌上；不要在他人面前躺在沙发里；遇到急事时，要沉住气，不要慌张奔跑，表现出急不择路的样子。这些不稳妥的举止都会影响自身的社交形象。

（11）注意个人卫生

卫生是文明的标志，一个举止庄重的人，应该注意个人卫生和公共卫生，养成良好的卫生习惯。

 ## 仪表举止礼仪小故事

公交车里的一幕

现代社会，"女士优先"已是世界各国男士的社交原则，而温文尔雅更是女士进入社交界的准则。女士在得到男士照顾时，也应轻声地道一声"谢谢"，以显示女士的优雅风度。

某市上班高峰时间，一辆载了不少乘客的公交车停靠站台，一位女士登上了这辆公交车。她穿着合体的套装，脚穿高跟鞋，手拎小皮包，在车厢里走了一步。当她看到没有空座，就犹豫地站住了。一位先生见状，便客气地起身对她说："请坐这儿吧。"这位女士走过去，看都没看先生一眼，便一声不吭地坐下了。让座的先生颇诧异，周围的乘客也对女士的举止感到不满。

这位先生站在女士的身边，想了一下，俯下身问她："太太，您刚才说什么来着？我没有听清楚。"那位女士抬头看看他，奇怪地说："我什么也没有说过呀。"先生淡淡地说："我还以为您在说'谢谢'呢。"一车的人听了都哄笑起来，那位女士在笑声中不由着得满脸通红。

这个故事说明，无论男士还是女士，在社交和公众场合都要注意自己的言行举止，这是起码的准则。

礼仪与文化（第三版）

风度不是装出来的

有一天,一位40多岁、看似优雅的女士,领着她儿子走进某著名企业总部大厦楼下的花园,并坐在一张长椅上吃东西。不一会儿,这位女士往地上扔了一个废纸屑,不远处有位正在修剪花木的老人看见了,什么话也没有说,走过去捡起那个纸屑,将其扔进了一旁的垃圾箱里。过了一会儿,女士又扔了一个垃圾,老人再次走过去把那个垃圾捡起扔到了垃圾箱里……就这样,老人一连捡了三次。这时,女士指着老人对自己的儿子说:"看见了吧,你如果现在不好好上学,将来就跟他一样没出息,只能做这些卑微低贱的工作!"老人听见后放下剪刀过来说:"你好,这里是集团的私家花园,你是怎么进来的?"中年女人趾高气扬地说:"我是刚应聘来的部门经理。"就在这时,一位先生走过来恭恭敬敬地站在老人面前,对老人说:"总裁,会议马上就要开始了。"老人说:"我现在提议免去这位女士的职务!""是,我立刻按您的指示去办!"先生应道。老人吩咐完后径直朝小男孩走去,他伸手抚摸了一下男孩的头,意味深长地说:"我希望你明白,在这世界上最重要的是要学会尊重每一个人和每个人的劳动成果……"女士被眼前骤然发生的事情惊呆了,她一下子瘫坐在长椅上。

这个故事告诉我们:风度是装不出来的,再优雅的服饰也掩饰不了无修养的内心,应做到表里如一。

思考题

1. 仪表的外在形式与内在本质是什么?
2. 仪表的基本要素和整体性要求是什么?
3. 你是怎样认识自己的?你有行为举止方面的禁忌行为吗?应怎样克服?
4. 以实例说明良好的个人卫生习惯在仪表举止礼仪中的重要地位。

第5章　社交礼仪

现代社会是开放型的社会,国家与国家之间,行业与行业之间,以及人与人之间,人与组织之间,每天都会有各种形式的交往,并通过交往建立关系,通过交流传递信息、沟通信息、培养感情、谋求事业的成功和发展。只有懂得社交中的礼仪,才能建立起良好的社交平台,寻求到真正的友谊;才能在社交中如鱼得水,为事业的成功和发展打下良好的基础,并获得成功。

5.1　社交与礼仪

社交即社会交往,是指人与人、人与组织、组织与组织在社会活动中所进行的物质和精神的交流和沟通。马克思说:"社会是人们交往作用的产物。"也就是说,社会交往的实质就是人际交往。

5.1.1　社交中的基本礼仪

人类文明产生以来,社交礼仪就被各个朝代、各个国家视为不可缺少的礼节之一。千百年来,无论是国家与国家之间的交往还是组织与组织之间的交流,都是通过人与人之间的交往和联系来表现的。要维持交往和联系的正常进行和顺利发展,就必须用一定的行为规范来调节和促进彼此之间的关系和感情,这就好比体育竞赛必须按一定的规则来开展一样,没有一定的规则,交往和联系就不能维持或不能长期和谐发展。有位作家曾说:"女排再拼搏,打得再好,但总是在四条线里面。你的自由只能在四条线里面拼搏,出线就输了。"总之,在商品经济大规模发展的现代社会,社交礼仪更成为现代人生活中不可缺少的内容。

1. 社交中的日常礼节

日常礼节是人们在社会交往中必须遵循的基本规范与准则,内容主要包括:称呼礼节、致意礼节、介绍礼节、交换名片礼节等。

(1) 称呼礼节

称呼是迈向交往的第一步,是表明交流双方彼此关系的交际语言。例如,绝大多数人学会的第一个交际词汇就是"妈妈",这是称呼者对生育者的称呼。在交往中,人们往往对别人如何称呼自己非常敏感,称呼得当,能拉近彼此的心理距离,使交往得以继续发展;称呼不当,不仅不能增进感情,有时还会弄巧成拙,适得其反。各个国家、各个民族的文化背景不同,称呼礼节的要求也不同。例如,我国某些地区,多用"大姐"来称呼 20 岁到 50 岁年龄段的女士;在另一些地区则是根据女士年龄的不同,分别将女士称为:大姐、阿姨、大妈或大嫂等。在美国,女性十分忌讳年龄,特别是忌讳别人将自己看老了,因此,应称女性为"小姐""太太""女士"等。在社会交往中,选择称呼时,不仅要考虑双方的关系,同时还要考虑对方的性别、文化习俗、生活禁忌等多方面的因素。

选择称呼需要考虑场合、时间、对象、地位、习俗等多种因素。例如,你的一个亲属,既是你的叔叔,又是你单位的领导(假设是厂长),在工作单位,特别是正式工作场合,你不能像在家里一样,还称他为"叔叔",应该叫"厂长";但如果是在家里你不称他"叔叔",而称他为"厂长",则表示你与他之间的关系存在"问题",如果你们之间的关系没有问题,这样的称谓他一定会很不高兴。

这里特别强调,在公务场合要注意称呼的规范性。例如,职务称呼有处长、科长、校长、经理、董事长、书记等;职称称呼有教授、工程师、技术员等;职业称呼有老师、医生、护士、教练等;对于不明身份的人可称:先生、小姐、女士等;如关系比较密切或交往比较频繁的对象也可称其姓名,或在其姓氏前冠以"老""小"等。

总之,在社交场合如何称呼别人不仅要规范,还要注意入乡随俗,掌握称呼技巧。能否做到上述几点,体现了一个人所具有的修养的程度。例如,周恩来总理在欢迎美国总统尼克松访华宴会上的祝酒词中,运用了这样的称呼:"总统先生、尼克松夫人、女士们、先生们、同志们、朋友们"。在这段称呼中,体现了尼克松总统是主宾,应在前,先称"女士们"则是尊重西方人"女士优先"的原则,同时还考虑到了在场的其他人员等。

(2)致意礼节

致意是向交往对象表示问候、表达交往意向的心意。致意礼节的常见形式有握手礼、鞠躬礼、拥抱礼、亲吻礼等。

握手礼是现代社会国际通用的见面与告辞时的致意礼节,握手礼的规范在前面的章节中已经介绍,这里不再重复。

鞠躬礼又称"打躬"及弯腰行礼。鞠躬礼是我国传统的礼仪之一,也是亚洲各国盛行的致意礼节。在我国主要使用于服务行业、悼念活动及各类演讲、颁奖活动中。行鞠躬礼时,上身倾斜的角度可以从 15°～90°,一般来说,倾斜度越大,礼仪越重。

拥抱礼是目前国际外交活动中,各国高层官员之间最高规格的见面致意礼

社交礼仪

第 5 章

113

节,它是西方国家,特别是欧美国家比较常用的一种见面致意礼节。礼节性的拥抱礼是:拥抱双方相对而立,右臂上抚对方的左上肩,左臂下抚对方的右后腰,双方头部及上身向左前方相互拥抱,彼此右侧面颊相贴。

亲吻礼是西方国家源于古代的一种礼节,是人们在社交活动中表达热情、尊敬、友善和亲密的一种见面和告辞时常用的致意礼节。亲吻礼多见于西方、东欧、阿拉伯等国家和地区。行亲吻礼时,交流双方的身份不同,亲吻的部位不同。例如,长辈对晚辈行吻额礼、晚辈对长辈行吻颔礼、平辈之间行吻颊礼、恋人、夫妻、母婴之间行吻唇礼。另外还有流行于欧美上流社会异性之间的吻手礼。

（3）介绍礼节

介绍是使交流双方相识并建立起关系的一种礼节,介绍的规则和作用在前面章节中已有描述,这里将着重介绍介绍礼节中交换名片的礼节。

在我国,名片起源于春秋战国时期。唐代称名片为"名刺""名纸";宋朝称"门状";明清称"门状""名刺""名帖"等。名片不仅可用于自我介绍,还可用作祝贺、赠礼附言、吊唁、答谢、慰问、访客留言等。正确地使用名片能有效地促进社会交往。呈递名片时,应起立或欠身,把名片的正面朝向对方,目光注视对方,双手递上,同时附以"请指教""请多关照""希望保持联系"等寒暄语。接受名片时,应起身或欠身恭敬地双手接受。接到名片后要仔细看一遍,或将名片上的内容读一遍,让对方感觉到你很重视,然后再收藏起来,以示对对方的尊重。如在交往中碰到不能以正常途径获得对方名片时,一般不要直接开口向对方索取名片,而采取委婉的方法来向对方索取名片。例如,当双方地位悬殊时,可以说:"某某先生,能否有幸与您交往?"如双方地位相当,则可以说:"某某先生,以后怎么与您联系?"也可说:"以后如何向您请教?"等。当你接到对方名片,而又不愿意回赠名片时,可以说:"不好意思,忘带名片了。"或"名片刚用完,真对不起。"等。在社会交往中,一般来说,当你接到别人的名片时,最佳的礼节是回赠一张自己的名片。

2. 社交及社交礼仪的作用

现代社会离不开社交,无论是人与人之间的交往,还是人与组织之间的交往,都要靠一定的社交活动来达到交流、沟通、建立和发展感情、建立合作关系等目的。社交及社交礼仪在现代生活和工作中发挥着越来越重要的作用。

（1）沟通作用

在实际生活中,特别是在与陌生或不太熟悉的人接触时,社交活动就是一座沟通的桥梁。社交活动能够起到认识、相知、了解直至建立起感情,并开展合作的目的。其中,社交礼仪的内容和程序是一种无声的"沟通语言",是社交活动中

礼仪与文化（第三版）

114

的润滑剂。社交礼仪比任何交际语言都显得高雅、含蓄,它能充分显示友谊要素,促进沟通顺利开展。例如,在聚会上,给初次认识的人一个温和的微笑,则表示:认识你很高兴、我很愿意与你交往等含义;又如,利用聚餐来消除误解和隔阂、促进相互间的沟通和了解等。

（2）达标作用

社交活动是人与人之间、组织与组织之间,甚至国家与国家之间,在利益关系上沟通的一种活动。达标是指社交活动要达到目的,达标的表征是社交活动所产生的形式上的结果。例如,美国总统尼克松代表美国政府访华要达到的目的是缓解两国关系。其中,"中美两国于1979年1月1日建交"是尼克松总统访华达标的表征。

（3）互补作用

人与人之间,组织与组织之间、国家与国家之间的关系之所以能维持、发展,主要依靠社交活动,通过社交活动相互之间能在物质、精神及信息沟通上得到满足。例如,奥林匹克运动会是全球性的体育盛会,它不仅为世界各国提供了展示体育运动实力的竞技场,而且也为促进世界和平、增进相互了解、实现文化交融、传递文明友谊搭建了最好的学习交流平台,同时促进了各国经济的发展。

（4）树立形象作用

社交活动能使参加活动的人及组织展示自我、树立形象。社交活动中的组织形象包含组织的业务内容、文化含量、科技水平、经济实力、产品性能等能表明组织形象的所有要素;个人形象包含个人仪容、服饰、谈吐、举止、文化修养等能体现个人形象的所有要素。不论是组织形象,还是个人形象,都是通过社交过程和社交礼仪表现出来的。

5.1.2 现代生活与社交

现代社会是一个人与人之间、人与组织之间、组织与组织之间甚至国家与国家之间相互依存发展的社会。任何人、任何组织、任何国家,如果离开了其他人、其他组织和其他国家的支持都不可能生存和发展。

1. 人与社会

从出生开始,一个人就开始与各种各样的其他人打交道。例如,刚出生的婴儿利用"哭或笑"与其周围的人进行交流,表达自己的情感和需求。对任何人来说,人生都是从婴儿阶段开始的,经幼儿园、小学、中学、大学、工作、退休等阶段,直至离开人世,完成人生旅途的整个过程。人生的旅程是一个不断认识社会的过程,是一个学习掌握与人交往要领的过程。不同阶段,不同环境,不同的人对社会的认识是不同的,对与他人交往的感悟是不同的,所表现出的行为也是不同的。

2. 人在社会中的位置

每个社会人都属于某些群体。在群体中,每个人的身份和地位是不同的。例如,在家庭中,一个人的身份可为:对自己的子女来说是父亲或母亲;对自己的父亲和母亲来说是儿子或女儿。在社会中,根据职业,一个人的身份可为:工人、农民、教师、公务员等。如果一个人是某单位的职工,其身份可能是教师、工程技术人员、实验室技术人员、研究员或管理人员等;其地位可能是校长、副校长;某部门的处长、副处长、科长、职员;某学院的院长、副院长、普通教师等。专业职称上可能是教授、高级工程师、高级实验师等。

总之,在社会中,人具有多重身份。

3. 现代生活的特点

(1)追求快捷

由于城市不断扩大,各行各业竞争不断增强,自然资源开发速度加快,社会人口不断增多等诸多原因,导致了现代生活追求快捷。人们为了赢得更多的机会,在规定的工作时间之外,还要为谋求新的发展而奔波和开拓。

(2)讲求高效

现代生活对工作的时效性要求很强。例如,现代超市、快餐、取款机、网络通信平台、电子银行、网购平台、快递物流等都是为解决和迎合现代生活对工作时效性的要求而设置的。

(3)关系多元

现代社会的人际关系是立体的、交叉的、国际化的、复杂的人际关系,每一个社会人都会面对各种不同的人际关系。因此现代人的生活具有多元性,完全打破了上班—回家—上班的固定模式。无论是哪个阶层的人,几乎都走入了社交圈子。例如,下班后与朋友共进晚餐、喝茶聊天,参加一定规格的沙龙、舞会、健身运动;回家后,在网上与认识或不认识的朋友沟通、建立工作关系、达成合作意向,甚至利用网络开展各种经营活动等。

(4)思想开放

进入 21 世纪以来,人们的思想更加开放。生活观念变了,价值观也随之改变,思想不再被禁锢,社交活动也日益频繁,打破了年龄、性别和职业圈子的限制。

(5)观念创新

现代社会是一个创新的社会,由于竞争不断增强,要求各行各业都要有自己的特色和创新点,因此生活观念创新、就业观念创新、不断推崇新意是现代生活的特点。

礼仪与文化（第三版）

（6）懂法维权

"懂法维权"是生活在现代社会必须具备的知识和能力，也可以说是现代生活的要求，只有做到了，才能在多边关系中快节奏、高效率地谋求生存。

（7）充满挑战

资源日趋减少，科技迅猛发展，使得每一种行业都充满了挑战，现代人无疑是在一个充满挑战的社会中生存。

（8）寻求享乐

充满挑战的快节奏工作和生活，给现代社会的人们带来了新意，同时也增加了生活和工作的压力，因此，现代人都懂得在工作之余去享受。与此同时，服务娱乐行业、美容保健行业以及旅游业等提供人们生活享受的行业成了现代社会的热门行业，这也是现代生活的一大特点。

5.2 社会交往的距离与频率

在现代社会中，虽然人与人之间的交往、人与组织之间的交往、组织与组织之间的交往，国家与国家之间的交往是不能缺少的，但交往是有度的，这个度就体现在交往的距离与频率中。关系密切，交往的频率可以高一些；关系一般，交往的频率则可低一些。关系亲密，交往的距离可近一些；刚认识还不够了解，交往的距离应远一些。针对不同的人、不同的社会关系，针对不同的交往目的，要把握好交往的距离与频率。

5.2.1 交际中的距离

动物通常会把自己的生存活动区域视为禁止异类进入的"势力范围"，一旦发现有异群侵犯，它们就会提高警惕，全力以赴地将入侵者驱逐出去，动物的这种本能在人类中同样存在。例如，在读者寥寥无几的、空旷的阅览室里，当新进来的读者 A 来到周围没有人的陌生读者 B 面前并坐下时，多数情况下，读者 B 会起身走开。读者 B 的这种行为表明，陌生人之间的交际是存在"距离"问题的。

1. 何谓交际中的"距离"

每个人都有自己的私人空间，对于他人来说，这个空间的大小与交往双方的亲密程度、心理距离有关。在特定的情况下，即使是夫妻、父女、母子之间也都有一定的空间和距离。例如，婴儿与母亲之间几乎是没有距离的，随着年龄的增长，孩子与母亲之间慢慢产生距离，孩子渐渐为自己构造独立的生活空间。总之，在任何情况下，人体周围都有一个属于自己的空间，人际交往只有在这个空间允许的范围内，才会让人感到自然与安全。也就是说，人与人之间总是存在着一个看不见但又实际存在着的界限,这就是交际中碰到的"距离"问题。对任何人来说,只有了解了人际交往中的距离问题,才能在人际交往中与周围的人保持恰当的"距离"以维持相互间愉快的关系,才能与你想交往的人逐步缩小距离,建立起亲密的关系。

2. 私人空间

人类与许多动物一样,领域观念是很强的。大到国界、小到住房,每个人都有自己的空间。例如,用篱笆围起来的院子、私人卧室、座位等都是私人空间。一般来说空间可分为:亲密区域、私人区域、社交区域及公共区域四种区域。

(1) 亲密区域

亲密区域一般在 0.2～0.6 米,是人类认为最重要的一块区域。通常情况下,只有一家人之间,亲密朋友和亲人之间,才能允许接近这一区域。如果一个人在没有得到允许的情况下,越过了他人的亲密区域,会被视为极没有礼貌,甚至被视为冒犯了他人。要进入一个人的亲密区域,要考虑相互间的关系,要考虑场合及时机等多种因素。

(2) 私人区域

私人区域一般保持在 0.5～1.3 米,主要用于熟人、朋友之间。私人区域表示"亲切"和"友好"。一般参加沙龙、舞会、宴会等社交活动,人们会保持这个距离。

(3) 社交区域

社交区域一般在 1.3～4 米,对陌生人、新来的同事、别人介绍的新朋友一般都保持这个距离。

(4) 公共区域

公共区域一般保持在 4 米以上。如果参加社交活动的人之间的关系是"陌生"的,将保持此距离。例如,演讲者与听者之间应保持一定的距离,虽然演讲者与听者之间有可能出现互动,但两者之间不存在直接的交往。在某些情况下,当人们处于像影剧院、电梯、地铁、公交车等特殊区域时,人与人相互间将不可避免地会侵犯到对方的亲密区域,这种情况下,可以采取的办法如下。

① 不与任何人说话,包括认识的人。因为在这种特殊环境中,即便是与熟人说话,也等于是说给所有在场的人听。

② 随时注意自己的目光不与任何人对视,即便是偶尔相碰也随即离开。

③ 保持一种较严肃的面孔,对什么都没有表情。这是因为,在此环境中随意表露面部表情,即使是随意流露出来的,也可能会引起你身边人的误会。

④ 如果身边带着书报,可装作全神贯注看书的样子,不去理会身边的任何人和事。

礼仪与文化(第三版)

⑤ 身体最好不要有任何动作。因为,在这种空间里,每个人的防范心理都是很强的。特别是在一起的人越多,人的防范心理就越强,很容易使他人产生误解。

⑥ 若是乘电梯,最好眼睛盯着表示楼层的数字板。若是乘地铁,当乘车时间长时可带一份书报看;如果乘车时间短,可以看着窗外。

总之,不论是在什么场合,轻易侵入别人的亲密区域是不明智的。侵入者若是亲近的亲属或朋友,对方也许能接受或原谅;侵入者若是陌生人,会被对方误认为不怀好意或有攻击企图等。

5.2.2　交际中的空间距离

交际中的空间距离是指人们在交往过程中实际存在的看得见或看不见的人际距离。交往空间距离受多种因素影响。

1. 交往对象因素

不同的交往对象,交往的空间距离不同。当一个人与领导在一起时,即使其与领导的关系再好,在公众场合也一定要保持交往距离。例如,一个人的父亲是位领导,在家中这个人与父亲的交往可以在亲密区域中进行,而在公众场合,父子之间的交往应拉大距离。当一个人与一群"小人物"在一起时,则应拉近交往距离,不必过于矜持,否则会使人觉得你难以接近或清高自傲。

2. 交往内容因素

交往内容的属性不同,交往的空间距离不同。交往内容的种类很多,如工作内容、生活内容、学术内容、政治内容、可以公开的内容与秘密的内容等。选择交往的空间距离时,应先分清交往中所交流内容的属性,然后再决定交往空间距离。一般来说,属于生活的、秘密的、政治的等交往内容,交往空间距离要近一些;属于工作的、公开的、学术的等内容,交往空间距离可以远一些。

3. 交往程度因素

人与人之间的交往程度往往影响着交往双方的心理距离,心理距离的远近又能通过双方交往时的空间距离表现出来。也就是说,在人际交往过程中,交流双方的心理距离与交往时的空间距离是一致的。交往程度深,彼此就比较了解,交往时自然比较亲热,交往距离就近;交往程度浅,彼此之间不甚了解,交往时就会显得有几分生疏,交往距离就会远一些。

4. 交往情境因素

人际交往时的感情、情绪以及环境是很微妙的,只有细心观察和体会对方的感情、情绪,才能感受到真正的情景。通常情况下,一个人情绪好时比情绪坏时要容易接近。例如,交往距离很近的朋友之间,当其中一人观察到另一人的情绪不佳时,前者应根据情况少去打扰后者,并保持远一点的交往距离,否则会使对方更加烦恼。

在人际交往中,虽然应抱着积极的态度去与人接近,但常言说的"敬而远之"也是一种有效的人际关系处理方式。

5.2.3　交际中的人际距离

任何人在生活、工作和社会活动中,都会遇到各种各样的人。一个人不可能与接触的所有人都有很深的交往,因此,在与他人的交往过程中,总会出现与一些人关系密切一些,与另一些人疏远一些的现象。一个人也不可能与同一个交往对象,在任何时间段,都保持同样的人际关系距离。有时会密切一些,有时会淡漠一些。

1. 影响人际交往的主要因素

每个人的性别、性格、年龄、文化背景、文化涵养、社会地位、生活观念、社会活动范围、兴趣和爱好都是有区别的。这些区别影响着交往的距离和程度。

(1) 文化背景的影响

不同文化背景的人,人际交往距离不同。不同文化背景的人的生活习惯、对事物的认识以及爱好等是有区别的。因此文化背景不同,交往程度不同。例如,来自不同国家,具有不同文化背景的留学生之间的交往就存在很大的差异。

(2) 性别的影响

不同性别的人在人际交往距离方面的认识是有差距的。其中:男性在面对同性时,认为同性可能带来的竞争威胁超过女性,因此,距离意识较强;在与女性交往时,距离意识相对较弱,甚至不加防范。女性与男性恰恰相反,女性在与同性交往时,会感觉比较安全,交往距离意识较弱;在面对男性时,会有不安全感,因此,交往距离意识较强。

(3) 社会地位的影响

人在社会中的地位,在很大程度上影响着人际交往的距离。上级领导和长辈通常就以"距离"来体现和施展自己的权威。例如,一位普通职工,走进领导办公室,领导坐在又长又宽的办公桌后面,请职工坐在办公桌对面的椅子上。领导与职工表面上的物理距离虽然很近,但实际上的人际距离却很远。如果职工的心理素质不太好,都不知该怎么开口说话了。

(4) 性格的影响

人的性格大体上可以分为外向型性格和内向型性格两大类。通常,性格外向的人距离意识较弱,性格内向的人距离意识相对外向型要强得多。当与性格外向的人交往时,可不必在意彼此间的交往距离;而与性格内向的人交往时,千万不要轻易打破或缩小交往距离,以免造成对方的紧张心理。即便是碰到喜欢交往的对象时,性格内向的人一般也不会主动交流,而是希望对方主动与其交流。

(5) 年龄的影响

随着年龄的不断增长,与他人的交往距离也在不断变化。幼年和逐渐丧失生活能力的老年人,渴望得到别人的帮助,交往意识强烈,距离意识弱;青年和成年时期,独立意识强,相对来说距离意识也强;另外,老年人与青年人之间,在很多方面都存在差异,因此相互间的交往存在一定的距离,这就是通常所说的"代沟"。

2. 人际关系的基本形式

人际关系的距离与空间距离相比,空间距离是外在的、形式方面的,他人一眼就能看出交往双方的交往距离;人际关系距离则是内在的,精神方面的,表现为交往中的一种态度。在社会交往中,每个人都应把握好与交往程度不同的人的关系,这里包含了人际关系距离与交往空间距离。只有把握好和处理好人际关系距离的"度",才能在社交场合中立于不败之地。

(1) 初交

除了家人以外,人们的相识和相知总是有一个过程的,这个过程有长有短。初次认识和交往时,交往双方应做到"热而不浮",其意为:使对方感到你的热情有礼、不卑不亢、修养有度。例如,在男女之间初次相识时,任何一方过度的热情都会使对方不知所措或产生误解。通常情况下,初次相识时应彬彬有礼地将自己的名片递给对方,或礼貌地进行适度的自我介绍,并根据实际情况再进行进一步的接触。

(2) 亲密朋友之间相处

每个人的一生中都会有一些交往密切的朋友,但每个人的一生却不一定有知心和亲密的朋友。那种当朋友的事业和生活都很顺利时就交往密切,无话不谈;当朋友碰到了麻烦,需要帮助时就推三阻四,强调自己也有困难或推说自己没有能力的人,根本不能算是朋友,更不可能称得上是亲密朋友、知心朋友。

亲密朋友之间相处应是真诚坦直,肝胆相照,把朋友的荣誉、幸福当作自己的荣誉、幸福来分享;把朋友的痛苦甚至是耻辱,当作自己的痛苦和耻辱来承受;对朋友的缺点错误不姑息迁就。

(3) 一般朋友之间相处

人一生中有很多朋友,绝大多数的朋友是一般朋友或好朋友。朋友交往有远有近,人际距离也相应有远近之分。要掌握好如何与一般朋友相处,就要通过交往来了解对方的文化背景、教养程度等,就要认真观察和分析对方的行为、品德等。对于有真诚交往心愿的人应真诚相待;对于急功近利的人应敬而远之;对心怀叵测的人应小心谨慎;对忌妒心重的人应忍而不怯;对喜爱拨弄是非的人应出言谨慎。

5.2.4　如何克服人际交往中的心理障碍

人在交往中总会存在一些心理障碍,特别是与自己身份、地位不同的人进行交往时,心理障碍会更突出。以下几点有助于克服人际交往中的心理障碍。

1. 正确对待"忌妒"心理

事实上,每个人或多或少都潜存着一定的忌妒心理。对忌妒心强的人,最好的处理方法就是不予理会,自己该做什么就做什么,该怎么做就怎么做,同时与对方保持正常的交往。久而久之,对方会因没人理会而陷入"自讨没趣"的境地中,对方的忌妒心理,甚至是由于忌妒而产生的敌意伴随着这种"自讨没趣"的境地逐渐消失。如果自己对他人或朋友产生了"忌妒"心态,则应及时进行调整,并将"忌妒"转化为激励。这是因为,忌妒别人不仅对自己没有任何用处,而且会伤害自己的自尊,伤害与他人、同事、朋友之间的感情,甚至会酿成严重的和不良的后果。

2. 主动自我暴露

自我暴露是人际交往中,尽快缩短彼此间距离的一条重要途径,因此人际交往中最重要的是交往双方彼此能够提供有关自己内心世界的信息。良好和有效的人际交往要求交流双方都能克服心理障碍、敞开心扉、以诚相见,主动暴露自我,让交流充实而广泛,达到深入了解对方的目的。克服心理障碍,主动自我暴露,有助于人际关系的发展。主动自我暴露要慎重,必须建立在对对方基本了解的情况下,才能选择主动自我暴露。

3. 把握好"自我暴露"的"度"

适当的自我暴露,有助于双方的沟通和理解,有助于加快缩短交往双方人际的距离,如果在交往过程中,长期感觉到"摸不透"对方,或让对方也"摸不透"自己,说明自我暴露过慢,交往距离不容易拉近,人际关系就很难搞好。但自我暴露过早、过快,又会引起对方的防卫反应,从而加大彼此间的心理距离;自我暴露得太突然、太强烈也往往会让人觉得轻浮,不仅容易产生反效果,还可能会被心怀叵测的人利用。因此,要掌握好自我暴露的"度"。

掌握好自我暴露的"度",需要克服人际交往中的心理障碍,以顺其自然,水到渠成为好。自我暴露应遵循相互性和对等性的原则。只有当双方都有强烈的情感交流愿望时,彼此才能接受对方所表示的情感和愿望。有交往能力的人,往往会主动而适时、适当地进行自我暴露,以引起对方的兴趣和进行自我暴露的欲望,从而达到消除交往心理障碍,缩短交往距离,建立起亲密的人际关系的目的。

5.2.5　交际中的交往频率

1. 何谓交往频率

交往频率是指一定时间内与同一交往对象交往的次数。交往频率一般依据人际关系的距离来把握。交往频率与交往双方关系成正比。

人与人之间的关系是多方位、多层次的。特别是现代社会,人际关系更是以立体的、交叉的形式出现,在这样的情况下,人际关系很自然地有亲疏远近之分,处于不同关系的人们的交往频率显然是不同的。人们的交往就如同恋爱一样,虽然绝大多数的人际关系不是以恋爱为目的,但各类型的交往都是以相互间的吸引力为前提的,吸引力大,关系密切,交往频率就高;吸引力小,关系一般,交往频率就低。

2. 交往内容与交往频率

交往内容的质量与难易程度决定了交往频率。人们的生活经验可以证明:当交往双方所办的事属于小事,办事需要花费的精力小,容易办成,在这种情况下,交往的频率就低;如果交往双方所做的事内容比较复杂,花费精力大,难以办成,交往频率必然要高。办公事如此,办私事也是如此。例如,对仅见过一次面的朋友来说,当你碰到一件他有能力解决的事情时,可请他帮忙解决,交往的频率并不高;若是找个终身伴侣,谁也不可能约会一次就能一锤定音,即便是"一见钟情",从相识到结婚也需一个过程,在这个过程中交往频率一定很高。

3. 交往进程与交往频率

人与人之间的交往是一个逐步深入的过程,随着交往的深入,交往频率随之提高。例如,对偶然认识的人来说,如果没有与他深交的愿望,那么,再次见面一定也是偶然的。见面时可通过"点头"表示一下即可。这种"点头朋友"交往属于交往的初始阶段,交往频率很低。如果"偶遇"后,双方都有进一步交往的愿望,交往就有可能深入下去,交往频率就会渐渐增高。因此,在人际交往中,交往频率是伴随着交往进程的变化而变化的。人际交往进程一般分五个阶段。

（1）初始阶段

这个阶段是选择定向阶段。这个阶段中,交往双方都对对方的情况不甚熟悉,交往频率低。

（2）了解阶段

这是一个对对方作进一步了解的阶段。进入这个阶段的前提是，交往双方都有交往的愿望。在这个阶段中，交往双方都会找机会与对方交流，交往频率较初始阶段增高。

（3）深入阶段

当交往双方相互有了一定的了解之后，如果双方在一起能感受到快乐，并具有一定的建立感情的基础，则交往进入深入阶段。在深入阶段，交往双方开始进行情感交流，交往频率较高。

（4）知己阶段

通过深入了解和情感交往，交往双方可能成为无话不谈的知心朋友，这个阶段的交往频率比任何时段都高。

（5）持久阶段

交往双方的关系和交往频率达到顶峰后，便稳定在一个平稳的状态下。一般来说，由于时间关系、地域关系以及心理关系等，交往频率不可能一直居高不下，这时交往频率可能会有所降低。持久阶段的交往频率不能用来代表交往双方的关系。

5.3 交际礼节

人与人之间进行交际时要根据交际对象、时间、地点和场合等，遵循某种约定俗成的方式进行，这就是交际礼节。

5.3.1 善用交际语言

对话是交际活动的基本形式，对话的工具是语言，因此，交流语言使用的水平直接影响着交往效果。虽然交往的效果受很多因素影响，但交际语言运用的水平是其中一个不可忽略的重要因素。"良言一句三冬暖，恶语半言六月寒"，这句话形象地明示了交际语言的作用。因此，在日常生活特别是交际活动中应学习和掌握交谈礼仪的原则，要善选交谈话题，注意交谈礼貌，掌握交谈技巧，营造交谈气氛，回避交谈禁忌，运用语言的神奇魅力使交际活动顺利展开。由于在第2章中已对交谈礼仪进行过详细介绍，在此不再重复介绍。

5.3.2 交际中的馈赠礼节

赠送是人际交往中一种表达友情、敬重和感激情意的常用形式。馈赠的目的在于沟通感情和保持联系，其所体现的是馈赠者的情意和诚意。古今中外，为了增进交往和促进友谊,馈赠一直存在于个人与个人之间、组织与组织之间、国家与国家之间。进行馈赠一定不能忽视馈赠礼节,如果忽视了馈赠礼节,就将失去馈赠的意义,甚至适得其反。

1. 馈赠的时机与场合

进行馈赠,首先应掌握好馈赠礼品的时机与场合。一般来说,开业庆典、公司周年庆典、相互拜访、访问、表示感谢以及节日等是组织对组织或组织对个人馈赠礼品的好时机;春节、中秋、端午、结婚、生日、情人节、母亲节等是个人对个人或组织对个人馈赠礼品的最好时机。送礼多少应根据自身的实力,馈赠对象的爱好、地位,馈赠礼品的时间、场合、用途,以及双方的关系等来决定。

2. 礼品的选择

选择礼品应考虑多种因素。首先要考虑的因素是馈赠的对象、送礼的原因、时机及目的;而后要考虑馈赠对象的爱好、兴趣和禁忌等。尽量使馈赠的礼品恰如其分。

当受礼方为组织或团体时,可考虑选择送匾、镜框、锦旗、大型工艺品、大花瓶或选择具有本单位特色的标志性礼品。例如,参加企业的开业庆典、周年庆典,可选择送花篮或匾等;参加学校的校庆庆典、展览开幕式等活动,可送匾、大花篮、大花瓶、屏风等。

受礼方为个人时,送礼的时机很多,内容也比较复杂,礼品选择的范围也比较广泛。但不论选送何种礼品,个人与个人之间不可馈赠太贵重的礼品。过于贵重的礼品容易使对方产生不安。个人与个人之间馈赠礼品的时机与可选送的礼品如表 5-1 所示。

表 5-1　个人与个人之间馈赠礼品的时机与可选送的礼品

馈赠时机	馈 赠 礼 品
乔迁贺喜	字画、工艺品、室内饰品、盆景植物等
婚礼贺喜	家庭用品、床上用品、餐饮用具、工艺品、礼金等
添子贺喜	婴儿用品,如婴儿的衣服、帽子、食品或玩具等;产妇滋补营养品;礼金等
做寿贺礼	寿联、寿糕、衣服布料或营养品等
夫妻生日	鲜花、化妆品、饰物、领带等
朋友生日	贺卡、工艺品、鲜花等小物件
小孩过生日	根据年龄、性别选送玩具、衣物、食品等
节假日贺礼	春节可送腊味、礼盒;端午节送粽子;中秋节送月饼;教师节送鲜花或慰问卡等;情人节可送鲜花、小工艺品、饰品、化妆品、巧克力

馈赠时机	馈赠礼品
送友远行	朋友远行外出读书或工作,可选择书籍、便携式的生活用品等作为礼物
探望及慰问	探望生病的亲友,应选择一些营养滋补品、水果或鲜花作为礼品;如是参加丧礼,可以送花圈、挽联或"帛金",此时不要送永久性的礼品,这样会让人看到就伤感,而应送一次性的易耗品

3. 送鲜花的礼仪

随着人们生活观念的改变和生活水平的提高,鲜花已逐渐成了世界各国人民的送礼佳品。常见的礼品花有盆花、瓶花、庭园花、襟花、花篮和花圈等。

鲜花具有深厚的文化内涵,在不同民族、不同地区和不同国家中,每种花所蕴含的文化含义不一定相同。因此,在社交活动中必须了解和掌握送各种鲜花的含义及送鲜花的礼仪来选送鲜花。在我国,鲜花的品种和含义是非常丰富的。表5-2中所列举的是我国有关选送鲜花的时机与鲜花所代表的含义。

表5-2　送花的时机、可送花种、送花的含义关系

时　机	花　名	含　义
年轻人生日	红石榴花、红月季花等	祝愿对方前程似锦、青春如花等
老年人生日	龟背竹、万年青或寿星草等	祝愿对方健康长寿、永葆青春等
新婚	红玫瑰、百合花、并蒂莲、香雪兰、绣球花、红掌等	祝愿新婚夫妻长长久久、夫妻好合、永结同心等
乔迁之喜	文竹、米兰、君子兰、紫薇或月季等	祝愿家人平安兴旺等
开业之喜	可送牡丹、红月季、金达莱、步步登高、金橘等	祝贺事业发达、财源广进等

就鲜花文化而言,中西方也有很大的差异。常见的中西方花卉和花语如表5-3所示。

表5-3　常见的中西方花卉和花语

中国花卉与花语		西方花卉与花语	
花　名	花　语	花　名	花　语
向日葵	光明自由	向日葵	崇敬
百合花	纯洁	鸡冠花	爱情
红蔷薇	初恋	红郁金香	宣布爱恋
牡丹	富贵	白丁香	恋我
木棉花	敬重	桂花	光荣
剑兰	步步高升	大丽花	不坚实

礼仪与文化(第三版)

中国花卉与花语		西方花卉与花语	
花　名	花　语	花　名	花　语
石榴花	子孙满堂	郁金香	博爱
水仙	高雅清白	水仙	尊敬
兰花	高洁正气	杏花	疑惑
红玫瑰	爱情	黑桑	生死与共
梅花	坚强刚毅	万寿菊	妒忌悲哀
紫藤花	热情	橄榄	和平
丁香花	谦逊	丁香花	初恋
红掌	天长地久	红康乃馨	伤心
君子兰	谦和高贵	杜鹃花	节制
紫罗兰	诚实	豆蔻	离别
秋海棠	苦恋	红茶花	天生丽质
荷花	高洁纯真	墨菊	悼念
金橘	金银满堂	柠檬	挚爱
芍药	离别	樱花	青春
迎春花	财源滚滚	勿忘我	爱情坚贞

4. 礼品的包装

礼品包装的选择受礼品、送礼对象以及送礼时机等方面的因素影响。因此，选择礼品包装要有针对性，要根据礼品的类型，赠予对象等来决定礼品包装。通常情况下包装的选择要遵守的原则有：包装独特新颖，与赠予环境相匹，满足受赠者的心愿，符合赠予者、受赠者的身份等。礼品包装的选择不仅能体现送礼者的诚意、体现礼品的价值，还能体现送礼者的文化品位及欣赏水平。

5. 馈赠中的禁忌

在选择礼品和送礼时机时，应充分考虑各个国家、各个地区以及各个民族的习俗和生活习惯。因此，要注意送礼的禁忌。例如，给年长者送礼，不能送"钟"，因为"钟"有"终"的谐音；朋友之间不能送刀，因为有"一刀两断"之意；乌龟虽能长寿，但有"王八"的俗名，这些都不能作为礼品来送。又例如，在中国香港和台湾风俗中，毛巾不能作为礼品，因为办丧事要用毛巾来吊丧；甜果、荷花多用来祭神拜祖，送人会有不祥之感；"雨伞"有"离散"的谐音，一般也不用来送人；扇子是夏季用品，台湾地区俗语"送扇无相见"，也有离散的意思，同样不能用来送礼。再如，日本人忌"9"，因为"9"与"苦"同音；中国人忌"4"，因为"4"与"死"同音；西方人喜欢单数，却忌"13"；对荷兰人不能送食品；对美国女性不能送香水、化妆品、衣物及假首饰，送这些礼品对方会认为你看不起她。上述实例都是送礼的禁忌。

送花也存在很多的禁忌。例如，英国人认为百合花有"死亡"之意，因此，对英国人不能送百合花；对日本人不能送菊花，因为菊花是日本皇室的专用花；不能送日本人9枝花，因为日本人忌讳"9"字；在欧美，白色的花是礼花，婚、丧都能用，而紫色花只能用在丧礼上；我国忌讳送单枝黄色或白色的花，认为不吉利；给病人忌讳送红白相间的花等。

6. 受礼及回礼礼节

接受了对方的礼物，等于欠下了一份人情，如有可能，在对方离开时应附一份自己的礼物，或者事后在适合的场合给对方送上一份礼品。过时送礼是不礼貌的，这些是馈赠礼仪中不可缺少的内容。

（1）收礼的礼仪

收礼是指收受他人的礼品。收礼的礼仪在世界各国是不相同的。在中国，接受别人的礼物，一般不当着送礼人的面打开，而西方人的习惯却是收到礼物马上当着客人的面打开欣赏，并在客人面前对礼物进行一番赞赏才是最礼貌的。这是中西方收礼礼仪的最大差异。

（2）回礼礼仪

收受礼物后，应该回礼，起码也应对送礼的亲朋好友表示感谢，例如写封致谢的信函等。恰当、适时的回礼会让人感到你很重视对方的友谊。切忌收到礼物后什么表示都没有。回赠别人礼品时，应以真诚的心意回送，态度要诚恳，不要让人感到你只是为了完成一项任务。回送礼品的价值应与收到礼品的价值相当，邀请对方来家中做客也是一种很好的回礼方式，不仅表示了感谢，同时还加强了联系和沟通。

（3）拒礼

对送来的礼品不能来者不拒、全都收下，但也不能不讲情面，让送礼者下不了台。对有些送礼者及他们送来的礼物，应持谨慎的态度。例如，一个你并不熟悉的人送你一件昂贵的礼物，一件隐含着可能需要你去做违法行为的礼物，一件你认为不应该受用的礼物，一件你感到送礼者并不是心甘情愿送的礼物。对于你认为不该收的礼物，最好当时就请送礼者带回，如实在推托不了，事后应立即请人送回，并附上"谢谢，心领了"等字样的信函。对有可能行贿的礼品，拒收时要讲究策略，尽量寻求让送礼者能接受并下得了台的方法。

（4）收礼时不能问价格

收礼时，千万不要问对方礼品的价格，问价是不礼貌的。收礼之前可以适当地谦让，但也不要没完没了地谦让。收礼后应诚恳地向送礼者表示感谢，并表明请对方以后不必破费等。

5.3.3　交际中的拜访迎送礼仪

拜访与迎送是最常见的社交形式。通过拜访和迎送，能使交流双方结识新朋友，联络老朋友，能进一步增进双方的友谊，有利于互通信息、加强交流、促进协作。要使拜访与迎送真正起到这些作用，就必须掌握迎来送往中的基本礼仪。

1. 做好准备，提前预约

拜访前一定要有准备，提前预约，不做不速之客。主客应约定双方都认为比较合适的时间和地点见面。

2. 守时尊俗

无论是主人还是客人，都应遵守事前约定的时间，这一点非常重要。如确实有事不能按时赴约，必须提前电话通知对方。作为主人应提前到达约定地点恭候，以示对对方的真诚和看重；作为客人应按时赴约，以示对主人的尊重和敬仰。在拜访和迎送过程中要充分考虑到对方的民俗民风和生活习惯。

3. 穿戴整洁，热情欢迎

作为客人，拜访时衣着整洁是对主人的尊重，也是自身文化教养和品位的体现。作为客人，在进入主人的房间后或见到主人后，戴墨镜者应摘下墨镜，戴帽子的男士要脱帽，这是最基本的礼节。作为主人，在客人到达之前，要穿戴整齐等候在门口欢迎客人的到来，对远道而来的客人还应专程到机场、车站或码头迎接，见面时以握手或拥抱的方式表示主人的热情，并附上"欢迎""一路辛苦了""有失远迎"等言语以表示对客人的重视和尊重。

4. 拜访要审时量度

在拜访过程中，客人尽量不要给主人添麻烦，谈完正事，寒暄几句就应告辞；主人不能在客人面前频频看时间，以显露厌倦之色。当客人提出告辞时，主人应表示挽留，切忌在客人之前先"起身"。送客应让客人走在前面，一直送到门外，握手道别。如送客人到车站、机场和码头时，应目送客人上车、船或目送进入机场安检后挥手告别。

5. 应携礼拜访

拜访和迎送时，应针对拜访对象选择合适的见面礼。主人最好也能在客人离别时选择礼品给予回赠。

5.3.4　交际中的沙龙、舞会礼仪

1. 沙龙与舞会

(1) 沙龙

"沙龙"一词来自法语 Salon，意思是"会客室"或"客厅"。"沙龙"这种社交形

式起源于 17 世纪的西欧,通常是贵族阶层集聚在某个私人的客厅中,谈论政治、文学和艺术。沙龙延续至今,并被世界各国人民所接受。沙龙是一项非常有意义的社交活动,既简捷、灵活,效果又很好。沙龙的主要形式有:讨论会、酒会、冷餐会、茶话会、家庭晚宴和舞会等。

沙龙是一种相对自由的社交形式。参加沙龙社交的人,有平时交往多的,也有相互不认识的。参加沙龙活动的人就是要通过这样一个社交平台,达到相互认识、互通信息、建立关系、协同发展的目的。沙龙一般没有固定的活动程序,也没有严格的时间限制,参加的人可来去自由,但每次活动都有一定的主题。常见的沙龙主题如下。

① 艺术沙龙:参加人数较多,一般为画家、表演艺术家、艺术热爱者等。艺术沙龙中的主题主要是小型个人画展、艺术论坛、室内乐欣赏、摄影展、纪念著名艺术家的演讲或讨论、各类文化创意交流等。

② 联谊沙龙:主办沙龙的主人接待来访者,主要是以谋求增进相互间的了解,加强友谊为目的。联谊沙龙又称应酬沙龙。

③ 社交沙龙:主要是由较熟悉的朋友、同事等组成的定期或不定期的社交聚会活动。通过这样的活动,加强联系,互通信息。

④ 学术沙龙:由职业、志趣、爱好、学科研究方向等相近的人组成,以探讨学术领域的发展或相关理论问题为目的。

⑤ 商业沙龙:是商业界人士参加的社交聚会。参加者主要为各商业集团的上层人士,活动主要以沟通信息和谋求帮助为目的。

⑥ 综合性沙龙:参加的人数较多,兼有上述各种沙龙的活动范围和目的。

（2）舞会

这里所指的舞会是交谊舞会。交谊舞流行于世界各地,它既能体现参与者的活力和朝气,又能起到联络感情的作用;它既可以愉悦身心、陶冶情操、健美体魄,又可以广结人缘、沟通信息、建立友谊,在现代社会中与沙龙有同等效应。

2. 沙龙与舞会活动的礼仪

虽然沙龙与舞会活动没有严格的活动程序,也没有严格的时间限制,但仍然要求参加沙龙社交活动的人注重礼仪规范。参加社交性的沙龙和舞会,可以携带家人、秘书出席,但一般不要带未成年的孩子,特别是婴幼儿参加这样的社交场合。

（1）沙龙舞会仪表礼仪

参加沙龙与舞会活动者应注意自己的服饰和仪容。头发、服装、皮鞋都要干净,身上不能有异味,着装仪表要得体大方,要表现出良好的精神状态。

（2）舞会服饰礼仪

舞会上的服装要尽量美观,特别是女性应使自己既美丽又落落大方。

礼仪与文化（第三版）

（3）邀舞礼仪

在舞会中，男女双方可能彼此不认识，但只要参加了舞会，就可以相互邀请。一般情况下，男士应主动邀请女士跳舞，被邀请方不应拒绝对方的邀请，如实在有不便之处，应礼貌地说："我有点累了，下次吧"等礼貌用语。在正常情况下，两位女士可以同舞，但两位男士绝不可以同舞。两位男士同舞显示了对在场女士的不尊重。

（4）舞会举止礼仪

参加沙龙或舞会者一定要精神饱满，谈吐文雅、风趣、幽默，举止稳重大方，态度乐观开朗，切忌面带倦容，以免影响整个沙龙或舞会的气氛和自身的形象。舞场中走路时脚步要轻，不能在舞场中穿行。

（5）舞姿礼仪

跳舞时，舞姿要端正、大方和活泼，整个身体保持平、正、直、稳；男女双方身体应保持一定距离，神情姿态应轻盈自若，表情谦和悦目，动作协调舒服、和谐默契。

（6）文明用语礼仪

沙龙或舞会与其他社交场合相比显得要随意一些，但在沙龙或舞场中，一定要注意谦虚礼貌、宽容大度、诚恳待人，这样才能在社交场合中赢得大家的青睐。要注意文明用语，不要高声说笑和怪叫。

（7）公共卫生礼仪

参加沙龙或舞会时，要注意讲究公共卫生和个人卫生，不能吸烟和乱扔果皮纸屑。在参加交际活动前不能吃大蒜等带刺激性气味的食品，如有感冒、咳嗽等身体不适的情况，不要参加社交舞会。

（8）相互尊重的礼仪

沙龙、舞会参加者应相互尊重，自觉保持沙龙或舞会中的欢乐和谐气氛。

社交礼仪小故事

化玉帛为干戈

传说公元前592年，齐国国君齐顷公在朝堂接见来自晋国、鲁国、卫国和曹国的使臣，各国使臣都带来了璧玉、币帛等贵重礼品献给齐顷公。献礼时，齐顷公向下一看，只见晋国的亚卿郤克是个独眼，鲁国的上卿季孙行父是个秃头，卫国的上卿孙良夫是个跛脚，曹国的大夫公子首则是个驼背，不禁暗自发笑道：怎么四国的使臣都是有毛病的。

当晚，齐顷公将自己见到的四个人的情况当笑话讲给自己的母亲萧夫人听，萧夫人一听便乐了，执意要亲眼见识一下。正好第二天是齐顷公设宴招待使臣们的日子，于是，便让萧夫人在帷帐后面观看。当众使臣依次入厅时，萧夫人掀开帷帐向外看,一看见四位使臣便忍不住大笑起来,她的随从也个个笑得前仰后翻。笑声惊动了众使者,当他们知道原来是齐顷公为了让母亲寻开心,特意做了这样的安排时,个个怒不可言,不辞而别。四国使臣约定各自回国请兵伐齐,雪洗在齐国所受的耻辱。晋国的郤克更对着黄河发誓,非报此仇不可。四年后,四国联合起来讨伐齐国,齐国不敌,大败,齐顷公只有忍辱讲和,这便是春秋时期著名的"鞌之战"。

这个故事说明,社交礼仪的作用是十分重要的,如玩忽礼仪,只会像齐顷公那样,自食恶果。

演讲的题外话

1956 年,印度尼西亚总统苏加诺应邀访华,在访问北京的行程中,有一站是在某大学校园内给大学生作演讲。预计来听演讲的学生,除了该大学的学生以外,还会有附近其他大学的学生,人数会很多。

演讲当天,苏加诺总统由外交部部长陈毅陪同,来到大学校园。学生们早已等候在会场,一见到苏加诺总统一行到来,都非常激动,会场秩序一度有点混乱。在台上的陈毅部长见状便有些不悦,气氛也有点紧张。这时,苏加诺走近话筒,在正式演讲开始之前,现加了两句题外话。第一句是:"我请诸位上前移动几步,我愿意更靠近你们。"学生们一听此言,立刻活跃起来,会场里的队伍很快向前移动了几步。苏加诺又说了第二句:"我请诸位笑一笑,因为我们正面临着一个光辉的未来。"学生们顿时笑了起来,会场气氛也随之轻松了,正式演讲随即开始。

这个故事说明,在人们初次交往时,双方常常会存在一定的心理距离。如何拉近双方的心理距离,进入双方可以沟通和理解的状态,需要一定的社交经验和水平。苏加诺在演讲前的两句题外话,就起到了缓和气氛、拉近距离的作用,是一种高超的社交手法。

5.4 亲属和朋友间的礼仪

亲属关系是一种天然的关系,这当中还存在很大比例的血缘关系,即使不想承认,它也是客观存在的。因而,亲属之间的交往一般人情味较浓,也比较自然,但天然的关系也需要悉心呵护和培养。有时,亲属间的利害关系比一般的人际关系还直接、复杂。

朋友在人类生活中起着亲属不可替代的作用。在浩如烟海的人类历史中,有多少人曾为不断地追求"友谊",毕一生经历而不能穷尽。英国著名哲学家培根说"得不到友谊的人将是终身可怜的孤独者,没有友情的社会则只是一片繁华的沙漠"。这一透彻之语,真正道出了"朋友"的含义。

礼仪与文化(第三版)

5.4.1 亲属之间的礼仪

亲属包含直系亲属和亲戚。直系亲属一般是指家庭内部成员之间的关系，亲戚主要是指与家庭成员有着一定血缘关系的亲属。亲属之间的礼仪从古到今都很复杂。礼仪到位，会给家庭及其亲属的生活带来幸福和愉快；礼仪不到位，小则影响感情，大则影响生活和工作。

1. 家庭成员间的礼仪

家庭是建立在婚姻和血缘关系基础上的亲密合作、共同生活的小型群体，是适应人类自身生产的需要而出现的社会生活组织形式。家庭成员间的礼仪从一个侧面反映着一个家庭的文化修养和素质。

（1）夫妻间的礼仪

夫妻是家庭的核心，只有和睦相处的夫妻，才会有幸福的家庭。夫妻关系健康的基本条件是：丈夫不要有大男子主义思想，唯我独尊；夫妻间遇事应多商量；在生活细节上要注意相互迁就，尽量适应对方；双方要相互理解，相互体贴；尽量避免争吵，切忌口出秽言。家庭生活中，夫妻之间不可避免地会出现意见不一致的现象，这需要双方相互宽容、相互尊重、求同存异。夫妻间应正确处理好家庭中的经济问题；正确对待有关配偶的旧恋人的问题，慎重处理好婚后的其他男女情感问题。

（2）父母、子女间的礼仪

父母是孩子的第一位老师。父母的文化素质、性格爱好等对子女的自制力、求知欲、思维敏捷性、思维方式、思维水平、果断性等都有着极大的影响。作为父母要特别注意：不在孩子面前争吵；任何时候不对孩子撒谎；不说违背社会生活准则和社会公德的话；不做违背社会生活准则和社会公德的事；尊重子女的建议和意见；不溺爱孩子；注意言传身教等。

作为子女，首先要孝顺父母，其次是不干涉父母的事。另外要注意：不能因为自己有了家庭，就不尊重、不孝顺父母。

（3）婆媳间的礼仪

媳妇与公婆虽没有血缘关系，却有一层深厚的法律关系，即媳妇有对公婆的赡养义务，有对公婆遗产的继承权利。因此，做媳妇的应该少出怨言，多干实事；有错就认，尽力补救；孝敬公婆，心地坦诚。

女婿与岳父母之间同样存在着礼仪的问题。作为女婿应该在岳母面前多夸奖妻子；多奉献少索取；时刻记住岳父母的恩德等。

2. 亲戚间的礼仪

（1）亲戚间应多联系

"走亲戚"，这一生动的俗语生动地反映了亲戚间的联系方式。在交通和通

社交礼仪

第 5 章

133

信不太发达的情况下,亲戚间逢年过节相互串门是不可缺少的内容,平时的联系也靠"走"。现代社会,生活紧张、节奏快,人们的时间宝贵。但现代社会通信发达,亲戚间的联系已不再只靠"走"的形式来实现。多日不见,应通个电话,表示关心和问候;碰上亲戚有喜事应带上礼物前去祝贺;对长辈,逢年过节应去探望;知道亲戚生病或有困难更不能躲避。

(2)贫富高低一样亲

亲戚有贫有富,亲戚间存在着地位、职业、爱好、性格等方面的差别。

对地位高或经济状况好的亲戚,应不卑躬屈膝,不逢迎奉承,不低三下四,求怜乞讨。对各方面状况都比自己差的亲戚,应热情,以免损伤对方的自尊心。因为这类亲戚往往对对方的言行特别敏感,稍有不慎,就会使对方产生误会。

总之,亲戚间应该只有年龄与辈分的差别,要做到贫富高低一样亲。当然,亲戚间的远近关系不可能是完全一样的。住得近或兴趣相投的,走动多一些,关系近一些;住得远或共同话题少的走动就少一些,关系会相对远一些,这很正常。但不能以贫富、职务高低来确定远近关系,这与自然形成的远近关系有着质的差别。

(3)亲戚间切忌搬弄是非

对亲戚中发生纠纷的家庭,不闻不问固然不好,但也不能随意干涉,自以为是。如果对方委托帮忙解决,首先应弄清楚情况、客观公正,不可偏袒一方。

(4)亲戚求助时的礼仪

亲戚有所求,自然是遇到了困难。对一般朋友的困难都要尽心帮助,何况是亲戚更没有理由推托。遇此情况,首先应耐心倾听亲戚的要求,千万不能心不在焉,或表现出高人一等的神气,即使帮不上忙,也应让亲戚带一份真诚和热忱回去。

如果答应了对方的求助,应尽心尽力地去办,敷衍了事还不如不答应。没能力帮忙的请求,应耐心解释,以获得对方的理解。

在求亲戚帮忙时,也应有成与不成的心理准备。否则,会责怪对方,并在心理上蒙上阴影。

5.4.2 朋友之间的礼仪

朝夕相处的朋友,也会因一点小事而反目为仇。因友谊的挫败,而损伤了对事业的进取心和生活的信心,这类情况并不少见。因此,在与朋友相处的过程中,千万不要以为是老朋友了,就可随随便便。在社交生活中,朋友交往的礼仪是不能忽视的。

1. 朋友的类型

有心理学家将朋友分为六大类:第一类是泛泛之交,交情浅薄,只作为普通

礼仪与文化(第三版)

社交性应酬;第二类是交情较深,兴趣相投,或因在工作、学习等方面有联系,有接触;第三类是貌似情深,但着眼点在于功利,主要是相互利用的关系,这种友谊存在危险和虚假因素;第四类是情意真挚,是可以信任的朋友;第五类是能够与之交心的朋友,可能有相同的志趣和理想,可以相互激励,携手合作;第六类是真正的知己,相互间可以绝对信任,祸福同享,同舟共济。

2. 交友

朋友分多种类型。结交诤友,过失或错误可以得到及时指正;结交挚友,可以得到毫无掩饰、充满真诚的帮助;结交密友,可以得到温暖和抚爱。因此,在社会交往中应寻求得到这样的朋友,自己也应成为别人的诤友、挚友或密友。

3. 交友忌讳

人生在世,得几个知己足矣。朋友间,如只顾自己的生性爱好,不懂得尊重、维护朋友,就会削弱友情,以致失去朋友。在交友中,若不注意交友礼仪和交友忌讳,则容易毁掉已经筑起的友谊之桥。交友中的忌讳一般有以下几个方面。

(1) 势利眼

交友以个人私利得失为轴心,看重权势钱财,对有权有势或财大气粗者,巴结奉迎;对无职无权、无利可谋者,冷若冰霜。这"势利眼"的行为是真正的朋友所不齿的。

古希腊一位政治家曾说:"结交朋友的方法是给他人以好处,而不是从他人方面得到好处。"这句话至今仍是交友的道德标准。实际上,交友不仅能给别人好处,同时自己也能得到帮助,但绝不能抱着一己私利去交友。友谊之桥建立在双方的基础上,需要双方的真诚来支撑,缺了一方的诚恳,友谊之桥必然塌陷。

(2) 忌妒心

忌妒是人类共同有的一种病态心理现象,不管承认还是不承认,几乎每个人身上都或多或少地隐藏着这种心态。将忌妒带进朋友之间,是很可怕的。一个朋友获得了成功,有了名誉、地位,不太熟悉他的外人或许还能正常看待,觉得他有本事,理所当然应获得这些成绩。和他起点相同、境遇差不多的朋友,则极易因此失去心理平衡,而产生忌妒心理。忌妒心理属常见的心理活动,关键是如何处理、对待这种心理。如果将它引导到正常渠道上,会将忌妒变为奋发向上的动力。条件与自己差不多的朋友能做到的,自己为什么做不到呢?这样思考问题,就可能使自己获得信心,就会变忌妒为动力。绝不能因自己对对方很了解,觉得对方也没有什么了不起,忌妒对方,并做出对不起朋友的事。

(3) 对朋友不信任

以诚相待,彼此高度信任和理解,是建立深厚友谊的途径。倘若总是抱着不信任的态度对待别人,不敢掏出自己的真心,就得不到朋友的理解和帮助,也就难以建立肝胆相照、心心相印的朋友关系。当然,无须也不便对所有朋友都将心底的秘密说出来。

（4）不为朋友保密

两个人之间的事情不应当让第三个人知道,泄露了仅限于两人之间的秘密,朋友知道了,会感到很不高兴,觉得这人不牢靠。有人只是出于好心或者无意,将朋友的事或话说给其他人,若未预先征得朋友同意,可能会给朋友带来麻烦。当关系到自己的利益时,有些人就把朋友倾诉的心里话或秘密的事作为武器,出卖朋友,这就不仅仅是失礼的问题了。

（5）不算账

与朋友交往,不要将金钱与友谊挂上钩。虽然朋友之间总免不了有经济上的往来,但为了维护友谊的长期和谐,最佳的交往方式是"人亲财不亲,财帛要分明"。而现实生活中有不少朋友之间的友谊,皆因经济原因而中断,最后到了金钱、朋友皆空的地步。

（6）不拘小节

大多数人,总以为在好朋友之间可以随便一些,常常是说话随便、举止随便、做事随便。其实,朋友与其他人一样,有自己的自尊,也有自己的好恶。在与朋友交往的过程中,往往会因为一些小事没做到,而影响相互间的感情。因此,对待朋友,最重要的是在任何情况下都要相互尊重。例如,约好会面时间,而无缘无故地迟到或失约,事先不打招呼,事后也不说明,总以为是好朋友没事;又例如,高兴时闯入朋友家,也不管对方有没有时间奉陪,没完没了地聊,更严重的是还对朋友家里的人说些不尊重的话,或做出不得体的事;再例如,对朋友冷嘲热讽,说一些像是在开玩笑但又不是玩笑的话……总有一天,再好的朋友也受不了。

总之,朋友之间的交往应做到互相宽容,而不能总是要求得到朋友的宽容。

5.5　同事及上下级间的交往

在现代社会中,人们除了与家庭成员、亲戚朋友交往外,交往时间和交往内容最多的还是与同事和上下级之间的交往,而同事关系、上下级关系恰恰又是最难处理的。同事关系、上下级关系既是相互依存、通力合作关系,同时又是竞争关系。因此,处理好与同事和上下级之间的关系是非常重要的。

5.5.1　与上下级相处的礼仪

上下级关系应是平等互助的关系。例如,上级要实现自己的施政纲领或领导意图,必须得到下级的尊重、拥护和支持,才可能得以实现;下级要想充分发挥自己的才华和能力,必须得到上级的理解、支持和帮助。上下级各自的工作,实际上都是在满足对方的需要,在这种平等互助的关系中,实现各自的价值,完成共同的事业。如果不互相尊重,上级以势压人,下级根本不买账,造成上下级关系紧张,则将一事无成。

1. 上级对下级的礼仪

作为上级,"我是领导"的自觉意识过强,则绝对无法以平等的态度与下级友好相处。当了"官",就板起面孔,不苟言笑,以为这才是领导者的风度,才能保证自己的绝对威信,这样的领导者在下级眼中,"得分"是不会高的。而坦率真诚,使下级感到受尊重,被重视,不仅能激发下级的工作积极性,还会使下级对领导的思想修养、工作作风有所理解,同时能充分领会领导意图,逐渐缩小上下级之间的心理距离。

(1) 充分发挥下级的聪明才智

任何人都希望自己的价值能得以体现和被认可。作为领导者,应知人善任,任人唯贤,了解下级的长处与弱点、脾性和爱好,不求全责备,用其所长、略其所短,各得其所,便是上级对下级最大的礼仪。

如上级只看中下级是否听话,是否是自己圈子里的人,是否会对自己构成威胁等,完全从个人利益的角度来决定对下属的态度,根本不看其对本单位、对社会能做多大贡献,或者只注重下级的某方面缺点,吹毛求疵,甚至嫉贤妒能、玩弄权术、压制打击,所反映的是领导者的品质低下。从人际关系的角度讲,则是最大的失礼。

(2) 要懂得关心下级

作为上级要对下级表示关心,再忙也要抽出空来与下级聊聊,了解大家的思想情绪、生活情况、工作状况。当下级有困难时,应尽可能地给予关心和帮助。上级要与下级多交流、多沟通,这不仅是一种工作方法,也表露了与下级相互了解的意愿,有利于缩短彼此间的心理距离,有利于减少上下级之间的隔阂。

(3) 对下级一视同仁

个人之间的交往,不免有亲疏之分,但若将私交中的亲疏之分掺进上下级关系中,就会破坏上下级关系。领导者是一级组织权力机构的代表,如果在上下级关系中表现出私交中的亲疏,就会有失公正,同时还会伤害他人。

不论下级与自己的情感亲近与否,在工作中的关系怎样,是否反对过自己,都要在工作上给予同样的支持和肯定,在生活上给予同样的关心和照顾。

(4) 给下级一种安全感

领导者应使下级有安全感。如果下级没有安全感,工作时总是战战兢兢,唯恐哪一天触犯了领导,被领导给"小鞋"穿,那么下级的工作积极性就不会高涨,上下级之间的人际关系也不可能融洽。

下级在工作中遇到挫折失败,特别是由于客观原因而出现的挫折失败,领导者应勇于承担责任。如将责任全都推给下级,甚至是自己的责任也要找"替罪羊",这样的领导会失去群众,没有人愿意在他的领导下工作。

(5) 要讲究表扬与批评的艺术

批评与表扬都要看对象和场合。不同的人接受褒贬的能力和接受方式有很大的差别,有人喜欢直来直去,有人喜欢委婉含蓄。在准备批评和表扬下属时,应因人而异。大多数人不愿意被当众批评,也有人不喜欢被公开表扬。批评的方式方法不恰当,对方难以接受;表扬的方式不恰当,有时也会给对方造成压力,或引起其他人的反感。

2. 下级对上级的礼仪

工作中,大多数人不愿意或不善于去接近领导,同时又希望能碰到一位开明、正派、有能力的领导,在上级的带领下做好工作,受到信任、得到赏识。

作为下属,有的人因"不善言辞"而难以与领导接近;有的人为避免"拍马屁"之嫌而不想与领导过于接近。但无论是从事业发展的角度来看,还是从充分发挥个人潜能的角度来说,下级都应主动争取上级的理解和信任。

(1) 尊重上级的意见

要得到领导的理解与信赖,获得上级对自己工作的帮助和支持,首先要在任何场合尊重上级的意见。在工作中,如自己的想法与上级意见不吻合时,应按上级的指示去做,这不仅关系工作,同时也是下级对上级最基本的礼貌态度;如果上级的意见确实不妥,如果当众唱对台戏,让领导下不来台,以显示自己的聪明,则是下级最大的失礼。明智的做法是,找领导个别交换意见,说明自己认为更好的方法,只要方式得当,一般来说,领导是会接受的,这样做也表现出自己具有很好的修养。对上级领导在工作中遇到的困难,应主动协助解决。要求上级为自己解决的困难,如一时没有得到答复,不能以吵闹相待。

(2) 注意自己的仪态

有些人,在领导面前不拘小节,以示与领导关系密切,其实是失礼的。例如,未经允许就走进领导的办公室,并打断正在进行的工作或会议,谈一些无关紧要的事。除非有很急的公务,一般来说,工作时间找领导谈事都应等候合适的时机,谈工作要简洁明快说明来意,不能为了与领导套近乎,而绕半天弯子才进入正题。进入领导的办公室,不管领导在不在,都不能随意翻阅桌上的公文、信件。在工作场合以外的地方,与上级领导相遇,应以常礼主动打招呼或致意,不要显出讨好奉承的谄媚之态。

礼仪与文化(第三版)

（3）不要看脸色行事

以上级领导的脸色来决定自己的态度，并非是对领导的尊重。谦恭过分、唯唯诺诺，会让人感到虚伪。

5.5.2 与同事相处的礼仪

工作中，同事之间应做到相互尊重、相互关心、相互协调、相互学习、相互信任。只有这样，才能与同事和谐共处，完成共同的事业。

1. 同事间要相互尊重

相互尊重是处好同事关系的基础。同事之间几乎每天都要见面，因为常见面，一般人往往就会忽视见面时的基本礼节。与同事的每一次相遇，都应打招呼问声好。别小看这一声问好，它显示了相互尊重的礼节，表示了一种合作的愿望。如果见面时毫无表情或冷如冰霜，容易产生误会，会影响在一起工作的气氛。同事之间每天在一起工作，难免产生一些摩擦，这种时候，首先应尊重对方，听完对方的意见后再阐述自己的见解。另外，无论自己有多高的水平，都不能表现出"孤芳自赏，自命清高"，不屑与人交往的态度，这会让同事都不愿意与你接近。例如，某名牌大学的博士生，毕业后被分配到某研究部门工作。他认为自己学历高，在与同事共同合作完成研究课题时，常常摆出一副"自命不凡"的样子，看不起别人，听不进别人的意见和见解，总认为别人不行，孤芳自赏，独来独往，好像只有他才能完成课题的研究任务，结果碰到了难题，同事们都不愿意提供帮助，他自己将自己搞得很被动。这个例子说明，要想让别人尊重自己，必须首先学会尊重别人。

2. 同事间应相互关心

同事之间应互相关心，互相帮助。有同事碰到困难应主动关心，有能力的还应该帮助一起解决；同事若是生病了，不仅要帮助分担工作，最好上门看望表示慰问，这样能拉近同事间的距离、增进感情，可将同事间的友谊化为工作中的动力。

3. 同事间应相互协调

在一起工作，难免会为一些工作中甚至生活中的小事产生摩擦，这时，同事之间应共同探讨、不分你我、相互协调，共同解决问题。如对别人的意见听不进去，我行我素、不管不顾，甚至到领导面前打小报告等，只会引起误会和矛盾。其结果是：原有的矛盾会愈演愈烈，工作不能合作，任务不能完成，同事不能很好相处，甚至影响各自的身心健康。

4. 同事间应相互学习

人的能力有大有小。在工作中，每个人都应抱着虚心向别人学习的态度与人交往。千万不要有了成绩就盛气凌人、自以为是。另外,面对取得成绩的"强者",也不要丧失自信和勇气,甚至产生忌妒心理,这不仅不能促使自己进步,反而会影响情绪、影响工作、影响与同事间的关系。

5. 同事间应相互信任

同事间的接触应相互信任,真诚,表里如一。表里不一,比蛮横无理给人的印象还要差。

 ### 社交礼仪小故事

诚实的崔枢

在宋朝的《唐语林》中记载了这样一个故事:有个叫崔枢的人去汴梁考进士,同一位南方来的商人住在一起,时间长达半年之久,两人成了好朋友。后来,这位商人得了重病。他对崔枢说:"我的病看来是治不好了,按我们家乡的风俗,人死了要土葬,希望你能帮我这个忙。"崔枢答应了他的请求。商人又说:"我有一颗祖传的珍贵宝珠,价值万贯,得之能蹈火赴水,愿奉送给你。"崔枢怀着好奇的心情接受了这颗宝珠。事后崔枢一想,觉得不安,怎么能够接受朋友这么贵重的礼物呢?但又无法将宝珠交给他的亲人。商人死后,崔枢思来想去,决定将这颗宝珠与商人同葬,以示对朋友的一片忠诚。一年后,商人的妻子从南方千里迢迢来寻找亡夫,并请求官府帮助追查祖传宝珠的下落。官府派人逮捕了崔枢。崔枢说:"如果墓没有被盗,宝珠一定还在棺材里。"于是,官府派人挖墓开棺,果然宝珠还在棺材里。官府释放了崔枢,商人的妻子也非常感动,并与崔枢结下了友谊。这个故事说明了朋友之交,贵在诚实。

5.6 异性之间的交往

现代社会,异性之间已不存在难以逾越的障碍。异性之间存在着恋人关系、同事关系、朋友关系、上下级关系、商业和社交往来关系等各种关系。面对这些,异性之间应该如何交往,交往到什么程度,是每个人要认真对待的问题。

5.6.1 异性交往的基础

人类平等交往的关系,可以建立在同性之间,也可以建立在异性之间。异性之间交往应遵循朋友交往礼仪、上下级交往礼仪及同事之间的交往礼仪等原则。除此之外,异性之间交往还要分清一道界限,这道界限并不是异性间交往的警戒线,而是异性交往礼仪。

1. 坦然交往

男性具有阳刚气质,女性具有阴柔情感。异性之间通过交往,有可能产生相

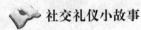

互喜欢、敬仰、爱慕之情,甚至产生爱情。但不论产生何种感情,异性之间都应当是一种彼此之间相互尊重、坦然交往的关系。做到不侵犯对方,不欺骗对方,光明磊落。

2. 注意分寸

"男女授受不亲"的时代虽已过去,但"男女有别"却是客观存在的。异性之间的交往可以不受传统观念的束缚,堂堂正正地建立友谊,但交往方式、交往频率、交往距离等与同性之间的交往毕竟有区别。因此,异性交往要注意分寸,过于放任会破坏正常的关系和原有的友情。

5.6.2 异性交往原则

异性交往应遵循以下原则。

1. 真诚相待

异性之间交往应坦然、大方、开朗,交往过程中应时时处处注意礼貌。情绪紧张、过分矜持、扭扭捏捏等,都会让对方感到不自然,自己也不舒服,相互间还会怀疑对方是否对自己有看法,甚至会产生误会。

2. 注意交往层次

异性交往可分多种层次。例如,客观因素形成的同学、同事、邻居等一般关系层次;经主观选择后建立的朋友关系层次等。除恋人关系外,异性之间交往应当依照已经达到或可能达到的交往层次来决定交往态度和交往方式。例如,与异性同事交往时,不要有过于亲热的言语、举动,不要随便开玩笑。虽然待人热情、爽朗大方是优良品质,在与异性交往过程中,不注意关系层次、不注意场合、过分的热情,很容易引起对方或旁人的误会,并产生麻烦。

3. 注意交往环境和场所

单独与异性相处,要注意环境和场所的选择。在偏僻昏暗的地方长谈,关在房间里闲聊,容易引起他人猜疑和产生误解。因此,异性交往应注意环境和场所的选择。

在公开的社交场合,异性之间的交往要大方、自然。无论男性还是女性,都应与所有在场的其他异性交流,不要特殊对待某一位异性。在社交场合,女性更应注意自己的形象、言谈和举止,不要让举止不端的男性有可乘之机。

4. 注意保持一定的距离

"距离产生美"这是前人对社会交往的总结,异性交往更是如此。在社交场合,异性之间见面除行见面礼(握手礼或西方人见面时的贴面礼)外,和异性交往时不要与异性靠得太近,否则会使对方感到窘迫,会被他人认为轻浮、不稳重。

因此,与异性同事或一般朋友单独相处时,无论是在工作场所、办公室,还是其他场所都要注意保持一定的距离。单独与异性交往时,如果是在房间里,最好不要关门,以免让旁人产生误会。当然,在特殊的场合下,如在舞会上、在拥挤的公交车上或在泥泞的路上等,男士应主动照顾女性。总之,只要心地坦然,即使是有一些亲热的举动也是自然的。

5.6.3 恋人之间的礼仪

社会交往离不开男女交往,男女交往会产生恋情。恋爱是建立在男女双方平等基础上的一种情感交流,是男女双方在婚前培育爱情的过程,是男女双方相互了解、相互爱慕、相互追求的情感和行为。

1. 处理好恋爱与道德的关系

爱是与道德责任联系在一起的,只有以高尚道德作为基础,才能获得真正的爱情。那种通过骗取他人感情达到某种个人目的的行为,是社会道德所不容许的。

要使爱情健康地发展下去,必须珍惜恋爱过程中爱情的道德价值。遵循恋爱的道德要求,体现在以下几个方面。第一,恋爱的前提是双方平等、相互尊重,尊重对方的感情,尊重对方的人格,不一厢情愿,强加于人。第二,在选择恋爱对象时首先注重的是道德品质、是纯洁和善良的心灵、是尊老爱幼的品行,只有这样的人才会尊重所爱的人,也才会担当起爱的责任。第三,绝不要以貌取人,以钱取人,以权力地位取人。第四,恋爱过程中应互敬互助、真诚相待、纯洁专一。不朝秦暮楚,喜新厌旧。第五,恋爱行为要自尊自重、自制自爱,特别是在公共场合要举止文明。

2. 理解爱的真谛

首先,恋爱双方要真正理解爱的真谛,爱情是一对男女基于一定的客观物质基础和共同的生活理想,在各自内心形成的最真挚的仰慕,并渴望对方成为自己终身伴侣的情感,它是纯洁美好的,不能用世俗的眼光去衡量爱情的价值,不要为排遣自己的空虚寂寞而恋爱。其次,双方要有共同的奋斗目标和生活理想,有相似的人生态度。因为恋爱时,人的许多行为都是由爱情支配的,相似的世界观、价值观和人生观,可以使两个人步调一致,对周围的事物容易达成共识与默契,减少不必要的争吵与摩擦。最后,双方要学会如何呵护对方,学会给予关爱、欣赏和尊重,用心经营这份感情,才能够一同面对人生中的风风雨雨。

恋爱对象的选择,不仅要考虑双方经济、政治、文化、个性等因素;更重要的是要有共同的理想指向、道德观念和生活态度;另外,还要考虑双方的文化背景和修养程度,这也很重要。

3. 学会理解与宽容

恋爱中，男女双方是平等的，不存在以谁为主的问题。相处的过程中难免会发生矛盾，应学会理解和宽容对方。在处理矛盾的过程中，应在爱护对方、尊重对方的原则下，给予对方理解和包容，包容别人也是包容自己。若一味以自己的意见为核心，很有可能导致不欢而散，事后细想，徒增后悔。只要多一些理解和包容，不仅能避免矛盾的发生，还会增进双方的感情。

4. 处理好恋爱与事业的关系

要懂得从学业、事业的成功中获得爱情。无论在哪一个阶段，学生阶段、从业阶段还是深造阶段等，都应以恋爱服从学业或事业。要知道"三十而立，四十而不惑……"人一生要做的事很多，千万不要将宝贵的青春年华都耗在谈情说爱上。

5. 学会说"我爱你"

无论是男方还是女方，都想听到自己心爱的人对自己说"我爱你"。这三个字就像催化剂，能够增加两个人的感情，在适当的时刻，比如心爱的人生日或者什么特殊的日子，给对方一个小惊喜，或者偶尔制造一些小浪漫，让恋爱时光一生难忘。

6. 赴约基本礼仪

第一次约会对于初恋的情人来说，往往留下终生难忘的印象，对于爱情的发展无疑是十分重要的一步。初次约会者，一般应注意以下几个方面。其一是准时赴约，不可失信。特别是女方，千万不要端架子，故意迟到以示自己的身价；其二是穿着打扮要得当，男方应力求整洁、大方，女方应文雅而有气质，不要刻意打扮，以免适得其反；其三是交谈要自然、大方、诚恳、文雅。如过分羞涩，会使对方感到拘束。而过分洒脱，又会让对方猜疑你的品行；其四是在倾听对方谈话时，切忌心不在焉，或者目不转睛盯着对方打量，应以自然的表情为好。其五是无论是否愿意继续交往都应表现出尊重对方的态度，分别时或留下联系电话，或友好地说声再见，表现出良好的教养和素质。

7. 亲密但不能无间

虽说是恋人，但彼此应该给对方留一点自由空间。不要因为两人的恋爱关系，就整天和对方黏在一起，也不管有事没事一个电话就把对方叫出来，让别人感觉得他（她）好像只是你的一个随叫随到的仆人。留给对方一点自由空间，也留给自己独立的空间。

8. 懂得保持"距离"

距离是保持爱情之花常开不败的法宝。爱情的失败，往往不是因为男女双方在一起的时间太少,而是在一起的时间太多。让人舒心愉悦的爱情,来自两人相互间的体贴、关心、爱护、尊重、平等,来自两人在事业上的互助、困难中的扶持、失意时的鼓励。而这些和时时刻刻待在一起几乎没有任何关系。相反,总是待在一起,就会占去双方相当多的学习时间、运动娱乐时间、社会交往时间、休息调整时间。另外,待在一起的时间过多,会增加双方摩擦的机会、吵嘴的机会、生气的机会、断交的机会,这是双方都不愿看到的结果。相反,如果保持一定的距离,双方就会比较珍惜在一起的时间,就会表现出对对方更多的关切和爱意,就会有更多的新鲜的话题,这样会增进两个人的感情。

9. 坦然面对失恋

浪漫的爱情总是在不经意间到来,虽然"有情人"甚多,但终成眷属者少之又少。面对感情的挫折,应该学会如何进行理性的思考,学会尊重对方的选择,不要一味地强调自己曾经的付出和自己现在的痛苦,要知道两个人相爱,不是利益的交换,并不是你付出了,就有权要求对方给予你相同的回报,要懂得:爱,不是"得到",而是"奉献"。即便分手,也要祝福曾经的他(她)幸福快乐。

10. 选择合适的恋爱对象

恋爱对象的选择,不仅要考虑双方经济、政治、文化、个性等因素;更重要的是要有共同的理想指向、道德观念和生活态度;另外,还要考虑双方的文化背景和修养程度,这也很重要。如果遇到已婚对象一定要慎重,婚外恋情的产生和发展对男女双方都只会是有害无益的。

思考题

1. 举例说明社交礼仪的主要作用是什么?

2. 你有知心朋友吗?你是怎样与你的知心朋友相处的?通过学习,应有什么样的改进?

3. 在实际生活中,你准备怎样处理好同事关系和上下级关系?

4. 你有过恋爱吗?是"得到"的多,还是"奉献"得多?你如何看待?

5. 有意识地培养自己的社交能力。

礼仪与文化(第三版)

第6章 公共礼仪

社会生活可以分为公共生活、个人家庭生活和职业生活三大领域。其中公共生活是人类生活的重要方面。实施公共礼仪,维护一定的公共生活秩序,是提高公共生活质量的重要条件。人类维护公共生活秩序的手段多种多样,其中最基本的就是讲究公共礼仪。在公共生活中知荣明耻,自觉遵循公共礼仪,是提高社会公共生活质量的必然要求,也是修行道德品质,提升人生境界的重要途径。每一名社会人都必须加强公共礼仪的修养,遵循社会公德,维护公共环境的健康发展。

本章将主要介绍涉及公共场合的基本礼仪,内容包括:学校礼仪、交通礼仪、影剧院礼仪、学术报告厅礼仪、办公室礼仪、体育运动场礼仪、展览厅礼仪、参观游览礼仪。

6.1 公共礼仪的基本概念

在公共场所,人们面临的是公共的环境,面对的大多数是素不相识的陌生人。因此,在公共场所与人交往的形式,与在家庭、工作场所与人交往的形式是不同的。在公共场所中不仅要求遵循日常要求的一般礼仪,同时还要遵循在公共场所里特殊的公共礼仪。

6.1.1 公共生活与公共礼仪

随着经济社会的不断发展,公共生活领域逐渐扩大,公共生活越来越多地走进人类生活中,成为人类生活的重要组成部分。

1. 什么是公共生活

公共生活是相对于私人生活而言的,两者既相互联系又有差异。私人生活以个人活动和家庭内部活动范围为主,具有一定的封闭性和隐秘性。而公共生活是超越了私人生活局限的人类活动,具有鲜明的开放性和透明性。公共生活对他人和社会的影响更直接和更广泛。

人类社会的公共生活是逐步形成和发展起来的。在生产力极为低下的原始社会,为了抵御恶劣的自然生存环境,人类在以血缘为纽带组成的氏族部落共同体中过着群居生活,人与人之间的关系极为简单。原始社会,私人生活与公共生活是统一的。生产资料私有制和阶级的产生,打破了人们以血缘为纽带的交往状况,社会交往得到了扩大,公共生活领域有了较大的扩展。特别是现代社会,经济全球化、现代交通工具的发展、高科技传媒手段的普及和运用,信息技术及互联网的发展和实现,都极大地促进了人们之间的交往,使公共生活发生了前所未有的变化,公共生活在人类生活中具有越来越重要的作用。

2. 公共生活的特性

(1) 活动范围广泛

由于经济社会的发展,公共生活的场所和领域不断扩展。从传统的公交车、影剧院、图书馆、集体宿舍、风景游览区等到新兴的证券交易所、人才市场以及网络虚拟世界等,人们即使足不出户,也可通过电话、网络等现代通信工具介入现代公共生活,与他人交往,与社会沟通。

(2) 活动方式多样

现代社会的发展,使人们的生活方式发生了新的变化,极大地丰富了人们社会公共生活的内容和方式。人们可以根据自身的需要,根据自身年龄、兴趣、职业、经济条件等因素,选择和参与社会公共生活的内容及方式。例如,到商场购物、去歌厅娱乐、去图书馆看书、在体育馆健身、去公园散步等。

(3) 交往对象复杂

在很长的历史时期内,人们一般是在"熟人社会"中活动,交往范围很小。现代社会人们的交往对象已不局限于熟人,而是扩大到进入公共场所的所有人。人们的交往对象是丰富的、多层次的,有熟人、陌生人,有了解的,也有不了解的;人们交往的内容也越来越广泛、越来越深入、越来越复杂。

3. 什么是公共礼仪

公共礼仪是指人们在公共生活和社会交往中应该遵守的行为规范,即在公共环境中需要人们注意并做到的礼仪、礼节和礼貌。公共礼仪体现了一个人的文化水平和教养的程度,体现了一个地区公民的素质。公共礼仪涵盖了人与人、人与社会、人与自然之间的关系。在人与人之间的层面上,公共礼仪主要体现在举止文明、尊重他人方面;在人与社会之间的层面上,公共礼仪主要体现为爱护公物、维护公共秩序方面;在人与自然之间的层面上,公共礼仪主要体现为热爱自然、保护环境方面。

公共礼仪事实上就是社会公德,它是维护公共秩序的重要手段。在人类社会发展的进程中,公共礼仪是社会公共生活中应当遵循的行为准则和规范,是整个社会道德体系的基础。每一个社会人都应当自觉培养公德意识,养成遵守公共礼仪的良好行为习惯。

4. 公共礼仪的特点

公共礼仪作为社会交往和公共生活中应当遵循的最基本的道德行为规范，其基本特点表现为以下几方面。

（1）继承性

千百年来，人类在共同生活和相互交往中，逐渐形成了共同遵守的公共生活行为准则，这些准则凝结着人类的道德智慧，是礼仪的重要组成部分。例如，在人际交往中要相互尊重、信守诺言；在公共场合要注重礼貌、相互谦让等。无论在什么社会制度和生活条件下，公共礼仪都是人们在公共生活中应当遵循的基本礼仪。

（2）基础性

公共礼仪是社会道德体系的基础，是进入公共生活的每一位成员应该遵循的基本行为准则，是社会为维护公共生活而提出的最基本的道德要求。

（3）广泛性

公共礼仪是全体社会成员都必须遵守的道德行为规范。任何一个社会成员，无论拥有何种身份、职业和地位，在公共生活和公共场合中都必须遵守公共礼仪。

（4）简明性

公共礼仪是生活经验的积累和风俗习惯的提炼，一般不需要做更多的说明就能被人们理解，例如，讲礼貌、讲卫生、守秩序等属于最基本的生活知识；"不随地吐痰""不乱扔纸屑"等礼仪，更是一目了然。

随地吐痰　　　　　　　　　　　　　　损坏公物

5. 公共礼仪的基本内容

公共礼仪是人们公共道德的具体表现，其内容体现在人与人、人与社会、人与自然在公共场合中的接触、交往的过程中。公共礼仪包含文明礼貌、爱护公物、保护环境、助人为乐等多方面的内容。

（1）文明礼貌

文明礼貌是在社会交往中人与人之间起码的道德要求，是公共礼仪中最基本的礼节内容，是调整人际关系和维护社会秩序的基本行为规范。文明礼貌与每个人的日常生活密切相关。文明礼貌不仅能反映出一个人的道德修养和一个民族的整体素质，还是交流思想、沟通感情的桥梁。

（2）爱护公物

公物是国家或集体的公共财产或工具，是社会人共同的劳动产物和成果，爱护公物意味着尊重他人的劳动，意味着维护社会的利益。爱护公物体现了一个人的道德修养水平和公共礼仪意识。

（3）保护环境

自然环境，是人类赖以生存的基础。热爱自然，保护环境是现代人社会公德的重要内容。保护环境具体体现在树立环境保护意识、身体力行、从小事做起、从身边做起、从自己做起。特别是，只有树立起公共礼仪的意识，才能做到在公共环境中保护环境。

爱护环境

（4）助人为乐

在公共生活中，每一个人都可能会碰到困难和问题，每一个人都希望得到别人的帮助。我国自古就有"君子成人之美""为善最乐""博施济众"等格言。这些格言生动地阐明了要将帮助别人看作自己的快乐。礼的核心是"敬"。"敬"就是尊重，尊重他人也就要把他人的困难和问题，当作自己的困难和问题来解决。这是一种"礼"的延伸，是人类的美德，将这种美德培养成自己的习惯，那将是一生取之不尽、用之不竭的精神财富，正所谓"赠人玫瑰，手有余香"。

助人为乐

6. 公共生活需要公共礼仪

人类社会需要人们共同维护公共活动的秩序,公共生活的活动领域越大,对其秩序的要求也就越高。维护公共生活活动秩序的手段,一是靠人们在公共场合中自觉地遵循公共礼仪,二是靠国家的、地区的、部门的法律法规及各种规章制度进行约束。本书只介绍公共礼仪方面的知识。

(1) 公共礼仪是维护和谐社会的重要条件

当代社会的公共生活及公共生活活动,不但显示了前所未有的广泛性和普遍性,而且对社会生产和人们的生活也产生了前所未有的影响。因此,在现代社会中,各类群体和个人都不能在公共生活中随心所欲、各行其是,每个人都应自觉遵循公共礼仪,维护公共利益。否则,整个社会就会处于无序的状态,人们就不可能安居乐业,社会就不可能和谐。也就是说,公共礼仪是维护和谐社会的重要条件。

(2) 公共礼仪是促进经济社会健康发展的前提

随着公共生活领域的扩大,个人活动和个人行为对社会及他人造成的影响也越来越大。无论职业、地位、身份如何,任何社会成员只要进入公共场合,就应自觉遵循公共礼仪道德规范,遵守公共生活规则,这是维护公共生活秩序、促进经济社会健康发展的前提。例如,在商场,售货员文明售货,顾客文明购物;建设单位的管理者文明管理,建设者文明施工等。

(3) 公共礼仪是提高社会成员生活质量的基本保证

追求更高的生活质量是人们的共同要求,当经济发展使人们的温饱问题得到基本解决后,人们必然开始追求生活质量。提高生活质量需要有良好的社会风气和舒适的生活环境支撑。提高生活质量更要靠人们自觉地维护公共生活秩序,履行良好的公共礼仪规范来实现。例如,生活在环境优美的社区中的人们,不要乱扔杂物,不要毁坏社区的公共设施,不要随便乱停车,不要影响他人的生活等。

不乱扔杂物

(4) 公共礼仪是体现国家文明程度的重要标志

随着我国经济的腾飞、教育事业的发展,人们的文化修养和道德素质以及在公共生活领域中的文明意识和秩序意识都有了很大的提高。但是,在公共生活中依然存在着不爱护公物、随地吐痰、过马路闯红灯、公共场合大声喧哗等不文明现象。这些不文明的现象影响着整个社会文明的进步。

  事实证明，一个国家、一个地区或一个部门的公共生活是否安定有序，公共场所是否秩序井然，环境是否优美干净，道路是否整洁通畅，社会风气是否健康向上，人际关系是否和谐，人民生活是否安居乐业，公民是否讲礼貌、是否讲道德，不健康的行为出现的多少等都是衡量一个国家文明程度的重要标志。

乱闯红灯

6.1.2　公共礼仪的原则

1. 一切以礼先行

  在公共场所，产生误会或冲突是难免的，如果双方都能做到以礼先行、和颜悦色、相互尊重、相互理解，就能化解矛盾、避免冲突、减少误解。例如，在公共场所不小心碰着他人，如果马上向对方道歉，说声"对不起"，即便对方想发火，也会因一声"对不起"而缓和下来。

2. 维护公共环境

  公共场所是人们聚集交往的地方，优美环境需要由处于公共场所的所有人来共同维护。如果在公共环境中一部分人保护环境，另有一部分人，哪怕仅仅是一小部分人有意无意地破坏环境，环境都不可能优美。

3. 养成良好的生活习惯

  在公共场所，例如，在办公室、公园、商场等公共场所，人们常常能够看到乱吐痰、乱扔杂物、乱扔烟头等行为。这些现象产生的直接原因是没有养成良好的生活习惯，没

乱扔杂物

有形成良好的公共道德意识。

4. 注意文明用语

在公共场合要注意文明用语,特别是在购物、用餐、询问时要使用文明语言,避免因语言粗俗而发生口角,甚至冲突。

5. 公平对等

在社会生活中每个人都希望得到尊重,傲慢、冷漠、故意讨好奉承都会被视为不礼貌。

6. 遵时守约

现代生活节奏快,参加公共活动,遵时守约非常重要。随意迟到或失约,是对他人的不尊重,也说明自身缺乏修养。

7. 尊重习俗和风俗禁忌

每个地区、每个民族都有一些特殊风俗禁忌,因此,在公共生活中,应尊重当地民风习俗、生活习惯和礼仪礼节,否则会闹出不愉快的事来。

8. 尊重女士

尊重女士,凡事女士优先,是男士在公共场合中应遵循的重要礼节。男士的教养程度和文化修养程度可从是否尊重女士中体现出来。

女士优先

9. 尊重文化差异

由于各国文化、历史、经济、政治、语言、习俗等的不同,在有外国人或多民族共处的公共场合,要注意文化意识方面的差异,不能将自己的观念和意识强加于人。

公共礼仪小故事

聪明掩盖不了道德缺陷

一位女生大学刚毕业去法国继续深造，开始了半工半读的留学生活。渐渐地，她发现当地的公共交通系统的售票处是自助的，车站几乎都是开放式的，不设检票口，也没有检票员，甚至连随机性的抽查都非常少。她认为这是一个很好利用的漏洞，凭着聪明，她精确地估算了这样一个概率：逃票而被查到的比例大约仅为万分之三，并为此暗自高兴。从此之后，她便经常逃票上车，并常常安慰自己：穷学生嘛，能省一点是一点。毕业了，因名牌大学的毕业证书和自己优秀的成绩，使她对寻找一个满意的工作充满信心，她开始频频进入巴黎一些跨国公司的大门，踌躇满志地"推销"自己。每家公司都热情地接待了她，然而数日之后，却又都是婉言相拒。一次次的失败使她愤怒。她认为这些公司一定是有种族歧视倾向，排斥外国人。她到了去求职过的公司询问，公司几乎是回答一致："我们没有歧视你，相反，我们很重视你，并对你的教育背景和学术水平都很感兴趣，你的工作能力和水平也是我们需要的。可是，在我们查了你的信用记录时，发现你有三次乘公交车逃票被处罚的记录。"女孩说："为了这点小事，你们就放弃一个多次在学报上发表过论文的人才？""小事？这并不是小事。我们注意到，第一次逃票是在你来我们国家后的第一个星期，检查人员相信了你的解释，因为你说自己还不熟悉自助售票系统，只是给你补了票。但在这之后，你又两次逃票。""那时刚好我口袋中没有零钱。""不，女士。我不同意你的这种解释，你在怀疑我的智商。我相信在被查获前，你可能有数百次逃票的经历。""那也罪不至死吧？干吗那么认真？以后改还不行吗？""不，女士。此事证明：首先，你不尊重规则。你擅于发现规则中的漏洞并恶意使用。另外，你不值得信任。而我们公司的许多工作是必须依靠信任才能进行的，假如我们让你负责某个地区的市场开发，公司将赋予你许多职权。而你的道德行为在公交这样的监督系统下都不能自律，所以我们不能信任你，因此没办法雇用你。可以确切地说，在这个国家甚至整个欧盟，你可能都找不到愿意雇用你的公司。"这时，女孩才如梦方醒、懊悔难当。然而，真正让她产生一语惊心之感的，却是对方最后提到的一句话："道德常常能弥补智慧的缺陷，然而，智慧却永远填补不了道德的空白。"

这个故事说明：做人的根本是良好的道德修养，这是每个人都应自觉履行的，千万不能越过道德的底线去耍小聪明。

6.2 学校礼仪

学校是一个特殊的场所,是培养道德观念,树立人生观、世界观,学习知识的重要场所。对一个人来说,在学校期间能够自觉地和有意识地注意道德修养的锻炼和培养,对其将来的生活、工作及发展会产生重要的影响。

6.2.1 学生与教师之间的礼仪

1. 尊师的礼仪

学生与教师,因学校而相识,因教与学而联结。学生与教师的关系是教育过程中人与人最基本、最重要的关系。在教育过程中,老师将文化知识传授给学生,并将其转化为学生的精神财富,其中,师生关系起着关键的作用。师生关系顺畅,教育过程就顺畅;师生关系不顺畅,教育过程就会受到阻碍,教学效果就差。

(1)尊师是一种美德

从人与人之间的关系来讲,教师与学生之间的关系是平等的,但这种平等并不是绝对的平等。例如,在企业,企业职工遇到领导时,或军队下级遇到上级时,应该是企业职工或军队中的下级先向领导、向上级打招呼、问候,然后领导或上级还礼,向下属、下级问候。学生遇见教师也一样,学生应首先向老师打招呼,向老师问候,然后是老师回礼,向学生问候。这是因为,老师不仅是知识的传授者,还是管理者,其承担着培养学生的责任,老师对学生的培养对学生一生的

老师好!感谢您!

主动问候

影响是巨大的。所以,中国有句俗话:一日为师,终身为父。这句话形象地说明了教师对学生所产生的影响,形象地说明了教师在学生面前应处的地位。因此,学生必须尊师,并以尊师为美德。例如,学生与老师谈话时,学生应主动给老师让座,若老师不坐,学生应该与老师一起站着说话,谈话时应注意交谈中的礼仪;老师不是完人,不可能什么都懂,当学生与老师有不同看法或老师所讲的内容不准确、不正确时,学生可及时向老师请教和探讨;对老师有意见可以当面提出,不要背后议论老师或给老师起绰号;学生犯了错误,要虚心接受老师的批评,决不可当场顶撞老师。

（2）尊重老师的劳动

教学是一项非常辛苦的工作。老师的希望就是使学生成才，学生成才是对老师劳动的最大补偿，是老师人生价值的体现，也是老师得到的最大安慰和喜悦。因此，作为学生，遵守纪律，努力学习，取得良好的学习成绩，就是对老师的最大尊重。

努力学习

（3）课外的礼节

学生在课后或毕业后，见到老师应主动打声招呼，向老师表示问候；与老师分别时应主动与老师道别；得到老师帮助时应对老师表示感谢；有问题请教老师时，应用请教的口气说话；进出教室和上下楼梯时让老师先走。

2. 爱生的礼仪

处于主导地位的教师，唯有首先热爱学生，尊重学生，才能赢得学生的信赖及爱戴。爱学生、尊重学生是教师应具备的最基本的道德要求。

（1）公正地对待每一个学生

学生的家庭条件、生活习惯、爱好、修养、学习成绩、理解能力以及相貌等是有差别的。但无论差别多大，作为一名教师，对学生决不可以有近有远，决不可以产生偏见。

（2）对学生要有爱心

教师对待学生要有爱心。例如，对待学生的缺点和错误要耐心教导，不要嫌弃、厌恶，更不能体罚。不论学生犯了何种错误切忌对学生说带有人格侮辱性质的话语。应以爱心和教师优良的师德师风、高尚的道德情操去感染和教育学生。对于大学教师来说，还应该注重以自己广博精深的学识和人格魅力教育和影响学生，一味地说教是得不到学生的认可和尊敬的。

（3）教师要勇于承认错误

作为教师，在讲课中出现错误、处理问题出现偏差都是正常的。但出现错误或问题后应正确对待，勇于承认错误并及时纠正。对发现和指出问题或错误的同学应给予表扬和鼓励。这样做的老师才能受到学生的尊重和爱戴。

（4）家访要讲究方法和效果

家访分一般性家访和特定家访两种。通常情况下，一般性家访的目的是为了解学生的有关情况，与学生家长建立起联系等。特定家访的目的是为向学生家长说明、解释、解决和学生有关的某些具体事情。无论是什么性质的家访，教师都应把家长当作平等的交谈者。在家访谈话过程中，教师应主动创造相互信

礼仪与文化（第三版）

任的交谈气氛,使交谈随意自然。如果家访的内容是有关学生出现了问题或错误的,教师不能将学生的问题一股脑算在家庭教育和家长身上,应勇于承担教师应该承担的责任,否则,不易得到家长的配合。教师在家访谈话过程中,切忌一味指责和数落学生的过失,应在家长面前肯定学生好的方面,否则不利于得到家长的认同和配合。

3. 教师及学生的仪表礼仪

不同的仪容服饰会产生不同的效果。每个人的仪容、服饰和仪态应与本人的身份、职业及年龄相符。在校的学生和老师的仪表应以朴素大方、整洁为基本原则。

（1）教师仪表

教师的仪表要符合两方面要求。一方面,教师要具有职业美,即衣着、发式要整洁大方,符合教师形象。在课堂上,若教师穿着太时髦,化妆太浓艳,不仅影响教师在学生心目中的形象,还会分散学生的注意力,影响教学。另一方面,教师要具有风度美,即气质、举止稳重端庄,姿态动作落落大方,体现教师的内在修养。教师的行为举止对学生有重要的影响,因此,作为教师要特别注意自己的一举一动,注意公众形象。

总之,教师在任何场合都应自觉地保持良好的仪表。穿着应端正、妥帖、干净,给人以清新、高雅之感,待人接物温和自然,举止态度谦恭庄重。

（2）学生仪表

学生的仪表除了应该朴素、整洁、大方外,还应保持一种青春活泼的气质。女生的发式以简洁、易梳理为宜,不宜烫发、盘发,否则会破坏女学生青春、活泼的形象。女学生在校的仪容应追求自然美,即使是参加学校的舞会、晚会也不要画很浓很艳的妆。女生在校内不宜穿过高的高跟鞋,穿戴珠光宝气,以免与学生身份不符。男生的发式也应以整齐、干净、富有朝气为宜,不宜留长发、蓄小胡子,衣帽不整、不修边幅或不讲究卫生,以免破坏了青春、健美的形象。学生的服饰应色彩鲜明、线条流畅、明快简洁,以充分显示朝气蓬勃的精神风貌。

6.2.2　同学间的礼仪

同学间的相互影响对教与学的过程发生着潜在的、重要的影响。同学之间的友谊是人一生中最美好、最难忘的感情之一。珍惜同学之间的友情,能够处理好同学之间的关系,在自己获取知识和成长的过程中,会得到很大的益处。同学之间的礼仪主要体现在如下几个方面。

1. 互相尊重,互相帮助

同学之间朝夕相处,难免会产生矛盾。在产生矛盾时,一定要冷静,耐心听取对方的意见,彼此多站在对方的角度着想,无论错在哪一方,都要以真诚和友善的态度去解决出现的问题,千万不要轻易伤害对方的自尊心。当同学生病或碰到困难时,应关心、探望、安慰和鼓励对方,祝同学早日战胜疾病或困难。

2. 宽容理解

虽然同学之间关系密切,但也要注意相处的距离。每个人的兴趣、爱好、个性、生活习惯及为人处世等是有差别的。要处理好与同学之间的关系,就应学会宽容别人,以相互理解来缩小差异。不可用自己的思维和意愿去苛求他人,更不能在小事上挑剔,进而影响团结。

3. 讲究礼貌

同学之间不可以没有礼貌。不论是在学习场所、娱乐场所,还是休息场所都要注意文明礼貌。

4. 互相学习

同学之间存在着多种差异,例如,成长环境的差异、考试成绩的差异、理解能力的差异、应变能力的差异等。正确地对待和处理好与同学之间在某些方面的差异是十分重要的。

对待和处理与同学之间差异的心态有好胜心、自尊心和忌妒心三种"心态"。其中,"不服气"的心理是好胜心;落后于人,除不服气外还有自责、自愧,觉得"没面子",是自尊心;对他人的成就不祝贺、不学习,反说风凉话,或打击对方,希望对方犯错误、出问题,这是忌妒心。在上述三种心态中,最应避免的就是忌妒心。

要正确地对待和处理与同学之间的差异,互相学习,形成一种同学间的正常竞争关系。

5. 正确对待同学的错误

(1)坦诚相待,诚心帮助

应正确对待同学的错误,做到坦诚相待,诚心帮助。作为同学,当同学犯错误后要为同学着想,及时指出其错误的危害性,帮助同学纠正和改正错误,而不应幸灾乐祸。

(2)切忌打"小报告"

对于同学之间那些无关原则、不影响大局或两个人之间的事情,无须告知第三者。喜欢窥视别人的一言一行,爱打小报告,以求得老师奖赏和信任的行为是一种品德缺陷。

(3)冷静处理别人对自己造成的伤害

当遇到其他同学有意或无意的伤害时,要冷静,不要冲动,以免造成更大的伤害。

6.2.3 学习场所的礼仪

学习场所的礼仪是非常重要的礼仪,其对培养学生公共礼仪,提高一个人的修养具有重要的意义。

1. 课堂礼仪

（1）学生要提前进入教室

作为学生，应提前2～5分钟进入教室，做好课前准备。上课铃响后，班长应喊"起立"，全体同学起立，并向老师问候"老师好"，声音要响亮，待老师回礼后再轻轻坐下。课堂中应保持课堂纪律。在没有举行课堂讨论时应保持安静，集中精力、用心听课、积极思考，与老师共同创造一种良好的学习氛围。

如遇到特殊情况迟到了，应先在教室门口轻轻叩门或喊"报告"，得到允许后，才能进入教室（根据实际情况，可以不影响教学的方式进入教室），并入座。课后应主动找老师单独交流，说明迟到的原因，以体现对他人的尊重。

迟到要喊"报告"

（2）教师应提前做好准备

作为教师，课前应做好教学的准备工作，如教案、多媒体资料及用具、点名册等。教师应提前进入教室。在学生向教师问好后，教师应微笑着向学生回礼。

（3）教师应组织好教学

教师应组织好教学，教学过程中应做到引导、启发学生思维，引导学生如何学习。教师要有应变能力，有维持好课堂秩序的能力。

（4）下课礼仪

下课铃声是课程结束的时间标志，不是课程正式结束的标志。教学过程中，只有老师说"下课"后，才表明课程正式结束。因此，在学习过程中，不论下课铃声响否,都要以老师所说的为标准,在老师未说"下课"之前必须认真听讲。

图书馆保持安静

2. 图书馆礼仪

图书馆是学习的重要场所。一个人在图书馆的行为体现了其修养的程度。

（1）"静"是图书馆最基本的礼仪

在图书馆里,首先要做到"静"。进入图书馆,走路要轻、入座要轻、翻书要轻、讨论问题说话时要轻。在图书馆里的一切行为都应以"静"为前提,避免影响他人。

（2）图书馆里不能闲聊

图书馆是学习的场所。如果在图书馆里谈话,其内容应与学习有关,无关紧要的闲话等不应在图书馆内说。

礼仪与文化（第三版）

耐心等待

（3）应尊重图书管理人员

尊重图书管理人员能够体现一个人的修养程度。例如,借书的人很多,工作人员的服务会慢一些,如果借阅人连声催促,或口出不逊,或不耐烦地走来走去,则反映出此人无教养,如果是大学生,则与其身份很不相符。正确的做法应该是耐心等待。在确实急用的情况下,应轻声与管理人员商量,当管理人员提前为你服务后,应轻声道谢。如果管理人员不能提前为你服务,应继续耐心等待,因为他人的需要可能比你的需要还"急",还"重要"。应尊重图书管理人员,理解管理人员。

（4）不能在图书馆内用餐或吃零食

在图书馆里边看书边吃东西不仅影响他人阅读,破坏学习气氛,还会弄脏图书,同时也不卫生。

（5）不能空占座位

在图书馆,除自己阅读时选择一个座位,不要再给没到的朋友占位。如果有事需要暂时离开座位,应留下一些物品,如书包、书等,以明确表示此座位有人使用。否则,座位被视为空位,他人有权占用。

看书时吃东西

图书馆占座

（6）图书馆的书不能据为己有

将公共书籍据为己有，将书中的精美插图、精彩段落的书页撕下来，不仅无礼而且无德，太失读书人的体面。

（7）爱护图书馆设备

随着科技的发展，目前大多数图书馆都配有电子书和有声图书。在查阅电子图书时应先了解查阅方法和步骤再行查阅或下载，千万不能不懂装懂而弄坏了查阅设备。

撕书占为己有

3. 学术报告厅礼仪

（1）学术报告会的入场礼仪

除特殊情况外，通常的学术报告是一项较自由的学术活动。对听者来说，组织者通常没有什么具体要求，可自由进出报告会场。但作为听者本人来说，应按举办单位公布的时间提前进入会场，中途不要随意进出，以示对做报告者的尊重，并避免造成对其他与会者的影响。如确实因事迟到或需早退，应尽量不弄出声响。

（2）参加学术报告会的着装礼仪

学术报告是严肃的学术活动，因此进入会场的人应衣着整洁、大方、得体、符合身份。对报告人来说，更应体现严谨和端庄的姿态。女性不能穿太暴露的衣服、超短裙，不能过分打扮，男性不应穿背心、拖鞋等。

（3）学术报告会中的行为举止礼仪

学术报告不是讨论会，应充分尊重报告者。在报告厅内应认真倾听报告者的讲座,如有不同看法不要明显地表现出来,可在散会后找机会与报告人进行交流。听报告时应尽量保持坐姿得体,即使是时间较长,也不能半躺在椅子上。

6.2.4　宿舍礼仪

宿舍是学生共同生活的主要场所,是学生共同的家,是反映学校风气、学生文明和礼仪修养的一个窗口。宿舍礼仪直接影响同学之间的关系。

1. 要保证个人物品的整洁

在宿舍应将自己的被褥、衣服鞋帽折叠和安放整齐;及时清理脏衣服并晾挂整齐;毛巾、脸盆等洗漱用具收放规矩;及时清洗餐具并摆放整齐。

2. 不影响他人生活

不随便使用、翻弄或移动他人的物品;要遵守学校作息时间,按时入寝、熄灯、起床等;不在宿舍里高声谈笑;使用音响设备时应尽量用耳机。

保持整洁

3. 爱惜公共财物

节约用电用水;养成开门关窗要轻的好习惯;不损坏宿舍的设施;不浪费粮食;保持宿舍卫生,使宿舍有一个优美、安静、舒畅的良好环境。

节约水电

4. 注意礼让

与宿舍的同学相处要注意礼貌、谦让。使用公物时要"先人后己",礼让三分。进出宿舍或上下楼梯要相互照顾和谦让。

5. 注意公共安全

不随便带外人进集体宿舍;出门要随手锁门;保管好自己的物品;要遵守学校用火用电的相关规定,注意用火用电安全。

礼仪与文化(第三版)

6. 不能随意进入他人宿舍

不能随意进入他人宿舍,特别是异性同学的宿舍。若确有需要,在进入他人宿舍前要打招呼,征得所进宿舍同学的同意后再进入。进入他人宿舍后不能随处乱坐,不能乱用别人物品,不能乱翻动别人的东西。在他人宿舍内讲话声音要轻,逗留时间要短,以免影响其他同学的正常作息。

7. 接待

接待亲友或外人来访时,进入前接待者应先向在室内的同学打招呼,以便同室的人有所准备。当客人进入房间后,接待者应主动向同学介绍客人。作为同室的同学,要礼貌地对待来访的客人,以示对客人和同学的尊重。

6.2.5 校园礼仪

学校是一个既严肃又活泼、既庄严又亲切、既紧张又文明的地方。校园礼仪,既是衡量一所学校文明素质的标尺,也是展现一个国家国民素质的重要社会窗口。

1. 注重建设校园文化

学校是培养人才的重地,校园文化建设得如何,直接反映出学校的校风、学风、教风及学校的人文精神。校园文化包括:学校的建设目标和人才培养方向、校风、校训、校刊、各种学生自办的期刊、各种宣传栏、各种广告、通知,以及团学活动、社团活动、体育活动、文艺活动、联谊活动等。在校园文化建设中,要特别注重活动内容是否符合社会公德规范和礼仪要求。否则,将直接影响学校的形象,影响人才培养的质量。

2. 注意体育锻炼中的礼仪

学生在进行体育锻炼过程中,产生冲突是难以避免的,特别是在进行有身体接触的足球、篮球等项目中,更是容易发生冲突。因此,在进行体育锻炼过程中,应相互关爱,互相谦让,互相理解,尽量避免冲突的产生。一旦发生冲突,要尽快进行"冷"处理,要高姿态对待冲突。

3. 注意校园风气

学校不是商场、不是娱乐场所。在校园里,不论教师还是学生都必须注意自己的身份和形象,特别是异性之间的交往要有分寸,要检点。在学校食堂用餐要文明礼让,不要拥挤和大声喧哗。

异性交往要检点

6.3　办公室礼仪

办公室是公共办公的场所,是为所管辖的区域服务的公共场所。即便是一个人一间的办公室,也避免不了要接待前来咨询、谈话、接洽等的各方来访人员,甚至还会有外籍来访人员。因此,办公室礼仪不仅代表一级组织、一个部门、一个团体,乃至一个国家的形象,同时也代表着在办公室办公人员的素质和修养。

6.3.1　办公室环境礼仪

1. 办公室内的环境布局和摆设

不同级别和不同行业人员的办公室环境布局和摆设应不同。例如,领导人员的办公室环境应简洁和庄重,除了办公家具和计算机外应插一面国旗;司法人员的办公室应肃穆而显公正,应挂一枚国徽;管理人员的办公室应让人感觉井井有条,对待工作一丝不苟;公司老总的办公室可稍显富贵大气,可摆设一些具有文化品位的工艺品;医护人员的办公室应整洁、干净,让人感到生命科学的严肃和白衣天使的伟大;教师的办公室更应考虑要给学生做出良好的榜样,可挂几张与学生在一起学习活动的照片、教学及科研成果的奖状;艺术家的办公室实际上也是他们的工作室,应该更有一种艺术和创作的氛围。除了办公室环境布局和摆设,个人办公区要保持办公桌位清洁、桌面码放整齐、非办公用品不外露。当下班或有事离开自己的办公座位时,应将座椅推回办公桌内,将台面的物品归位,锁好贵重物品和重要文件。

2. 办公室内不允许吸烟

办公室是公共的办公场所,工作人员及到办公室接洽工作的人都应自觉保持室内环境,不在公共办公区吸烟。

3. 办公室内不能大声喧哗

在办公室内工作、交谈都应保持严谨和安静的状态,不能大声喧哗,更不能有事无事地在办公室扎堆聊天。

4. 节约水电、爱护公物

进入办公室不能需要不需要都将灯打开,应该注意节约用电;饮水时,如不是接待来宾,应使用个人的水杯,减少一次性水杯的浪费。禁止在办公家具和公共设施上乱写、乱画、乱贴,保持办公区域的卫生间清洁。下班离开办公室前,应关闭门窗及室内所有电源。

5. 在指定区域内停放车辆

开车上下班及到办公区域洽谈工作的人员应自觉将车停放到指定地点,不得乱停乱放。

6. 不带非工作人员进入办公区域

未经允许不得擅自带非工作人员进入办公区,会谈和接待应安排在洽谈区域。

6.3.2　办公室仪表举止礼仪

1. 办公室工作人员的容貌礼仪

办公室人员必须仪表端庄、整洁。头发要保持清洁无异味和无头皮屑;男士的头发前边不能过眉毛,两边不能过鬓角,后边不能触及衣领;男士不能留胡须。女士在办公室尽量不要留披肩发,前边刘海不能过眉毛;指甲应经常修剪,不能太长,指甲油也要尽量用淡色;女士职员应化淡妆上岗。办公室工作人员要随时保持口腔清洁,上班前不能喝酒或吃有异味的食品。

2. 办公室工作人员的服饰礼仪

无论是着职业工装还是其他服装的工作人员,服饰首先要清洁挺括,款式和色彩都要与所担任的职务和工作内容协调,以能体现其身份、声望和精明强干为宜。男士最适合穿黑、灰、蓝三色的西服套装并打领带,不要穿印花或大方格的衬衫;女士最好穿西装套裙、连衣裙或长裙,不宜穿过露、过透和过短的衣裙。

3. 办公室工作人员的举止礼仪

(1) 保持良好的站姿和坐姿

办公室工作人员工作时要保持良好的站姿和坐姿。会见来访人员或在长辈、上级面前,不得把手交叉抱在胸前;应尽量坐端正,不得傲慢地把腿向前伸或向后伸。要移动椅子时,应先把椅子放在应放的地方,然后再坐;在办公区的通道、走廊等区域行走时要放轻脚步。无论在自己的办公区域,还是到其他部门或单位造访时,在通道和走廊里都不能边走边大声说话,更不得唱歌或吹口哨等;在通道、走廊里遇到上级、老师或客户要礼让,不能抢行。

(2) 出入办公室的礼貌

进入办公室,应先轻轻敲门,听到应答允许后再进;进入后,回身轻轻将门关上,不得用力过大;进入办公室后,如对方正在讲话,要稍等静候,不要中途插话,如有急事要打断说话,也要看机会。而且要说:"对不起,打断你们的谈话。"

(3) 递交文件的礼仪

现代办公已基本实现无纸化,递交文件一般都是通过办公网络传递,但也应注意递交文件的上下级关系,注意递交文件时的用语和礼貌礼节。如是递交纸质文件,无论对应的是上级还是下级,都应保持正确的站姿或坐姿,双手递交和接收。

(4) 注意保密

每一位在办公室工作的人员都应有高度的保密意识,注意保密也是一种职业修养。例如,银行职员有为储户保密的义务;教师有为各类考试试卷、成绩等资料保密的责任;医生应为病人病历保密,不得随意外传和让无关人员翻阅;国家机关公务员的保密责任就更不用多说了,有为国家和人民的利益保密的高度责任;还有公司商业机密、科研部门的科学研究机密、企业的营销策略机密等。总之,在办公室内不能翻看不属自己负责范围内的材料及保密信息,更不能将无关人员带到存放有保密资料的办公室内。

4. 办公室内的语言礼仪

无论是在办公室工作还是到办公室去办事,都离不开语言的沟通和交往。同样的目的,如果说话的语气不对,或者是方式和用语不同,都会产生不一样的效果。

(1) 勇于表达自己的见解

作为一名工作人员,对待需要处理的事件或问题,都应该有自己的主见,应该勇于表达,陈述清楚。

礼仪与文化(第三版)

（2）不在办公室炫耀自己

在办公室应处处表现谦虚，即使自己有再过硬的本领，也不能夸夸其谈，应该多听取别人的意见。

（3）不在办公室谈私事

尽量不要在办公室谈论自己的私事，更不要把办公室当作诉说心事和自家隐私的地方。例如失恋、婚变之类的痛苦，工作中出现的危机，对领导和同事的看法等，都不应该在办公室里向人袒露。

（4）说话态度要诚恳

到办公室去办事或为别人作解释时，态度及语气一定要诚恳，不能出现任何不礼貌甚至是伤害人的语言。无论你是哪一级的干部，都不能以势压人，更不能用上级领导的话吓唬人。

（5）办公室电话礼仪

接听电话，是办公室工作的重要内容。电话形象在某种程度上代表了一级组织、甚至整个企业的形象。首先，听到电话铃响应该马上接听并问候对方，如果接听电话晚了应该向对方表示歉意，并用适合的语调和语音接听和答复电话中的询问或记录电话内容。有必要时应及时向有关领导或人员汇报或转达电话内容，不能误事；其次，因公务需要给对方打电话时，应该首先自报家门，并用谦虚诚恳的态度说清电话内容，耐心聆听对方回答后表示致谢和再见；最后，在办公室内不可用手机长时间聊天，更不可占用公务电话私聊，如有急事应离开办公区处理。

5. 办公室同事相处礼仪

办公室的同事朝夕相处，礼仪到位能促进工作，相反，不仅影响工作还会影响身心健康。

（1）真诚合作

同事之间相互尊重，只有真诚合作才能共同进步。例如，当同事暂时不在时，对其客户应积极热情代为接待等。

（2）相互帮助

在工作中应相互帮助，不要相互拆台。应将同事的困难当作自己的困难，主动询问，尽力帮忙。

（3）公平竞争

同事之间竞争是正常的，但要公平竞争，不能在背后耍心眼，做损人利己的事情。

（4）以礼待人

同事之间经常相处，一时的失误在所难免。如是自身原因造成的失误，应主动向对方道歉,征得对方的谅解;如是对方无意造成的失误,也不可小肚鸡肠、无理取闹。

6. 办公室用餐礼仪

现代工作节奏很快,不可避免地会在办公室中用餐。在办公室与同事一起进餐是很愉快的事,但也需注意礼节,树立自身良好形象。在办公室用餐的时间不要太长;嘴里有食物时最好不要说话;吃完的饭盒、开过口的饮料罐应尽快处理干净,不能堆放在办公室的任何位置;不要在办公室吃有刺激性气味的食品;用餐完毕应及时漱口并将嘴巴擦干净,以免工作时散发出不受欢迎的气味。

6.4　交通礼仪

现代社会,人们每天都要与包括公交车、自驾轿车、火车、轮船、飞机等在内的各种各样的交通工具打交道。在乘坐交通工具时,人们必然要与陌生人联系在一起,因此,了解、掌握、注意交通礼仪,并按交通礼仪的要求来约束自己的行为是非常重要的。

6.4.1　乘车的礼仪

1. 乘火车(动车、高铁)的礼仪

(1) 遵守乘车的安全卫生要求

乘坐火车、高铁和动车应遵守乘车安全要求,不能携带易燃、易爆、有毒及刀具等危险品上车,要主动配合安检人员查验和询问;如有感冒、咳嗽等身体不适症状,进入车厢要戴好口罩或等身体恢复健康后再出行。

(2) 有同行者出行

若有同行者时,男士或年轻者应先上车,找好座位,放好行李后帮助女士或年长者上车。若碰上找不到座位的情况,应站在女士或年长者旁,以便照顾。

(3) 根据车票对号入座

国内火车分硬座、软座、硬卧、软卧,

顺序上车

动车、高铁有特等座、一等座和二等座。国外火车分一等车厢和二等车厢,不同类别座位的票价差距很大,因此要根据车票对号入座。在有空位、可以不对号入座的

对号入座

情况下,在就座前应礼貌地征得旁边乘客的同意,然后入座。不能不打招呼,见座就坐。

（4）注意行为举止

入座后应向邻近乘客点头致意,并尽快将自己的行李收拾妥当。行李的摆放要以不妨碍他人为原则。与邻近乘客交谈,应尽量放低谈话的声音,不妨碍他人。使用电子设备观看音视频时要佩戴耳机,切勿外放。在身旁旅客看书、看报、闭目养神或睡觉的情况下,要停止与他人的交谈,或把说话声降至尽量小。如对他人所看的书、报感兴趣,在未经允许的情况下不要随意取阅,也不要悄悄凑过去看别人手中的书、报,应在别人不看时借阅。开窗、关窗要尽量照顾到别人的感受,不能只考虑自己的需要,以免引起不快。下车时应向身旁旅客道别。

哈哈哈……

不应影响别人休息

（5）注意仪表

车厢是一个特殊的公共场所,乘客们要在车厢里共同度过几个小时甚至几个昼夜,因此在车厢里一定要注意自己的仪表,不可太随便。在车上,男士不能只穿背心或光脊梁;不要脱鞋,或将脚伸到对面座位上。如坐车时间较长,可提前为自己准备一双拖鞋,换上拖鞋后将原来穿的鞋妥善放好,以免鞋的气味影响他人。

要注意仪表

（6）讲究卫生，维护公共环境

车厢内人们的活动空间很小，一定要讲究卫生，维护公共环境。不能将废弃物随意扔在车厢内，也不能将废弃物装在塑料袋里扔到窗外；在车厢内不能吸烟；带孩子的乘客一定要注意管理好孩子，不要让孩子乱走动、喊叫、乱扔垃圾、随便动别人的东西。

禁止吸烟

（7）车票应随身带好

乘火车应将车票或上车后换的车牌随身带好。中途下车的旅客，要记清楚下车时间，提前做好下车准备。下车时带好自己的随身物品。

2. 乘轿车的礼仪

（1）轿车的座次

轿车的座次是有讲究的。其一，如是专职驾驶员开车，车上较尊贵的座位是后排与司机座位成对角线的座位，即后排右座，依次为后排左座、后排中座、前排右座；其二，在交流过程中如是由主人亲自驾驶车辆，前排的副驾驶座为上座，表示与开车的主人同甘苦、共患难；其三，家庭外出时，轿车应由男主人驾驶，女主人应坐副驾驶座位，其他人依次坐后排座位。如果主人夫妇开车接送客人夫妇，则男女主人的座次应如前面一样，客人夫妇应当坐在后排。若主人一人开车接送一对夫妇，则男宾应坐于副驾驶座上，其夫人则坐在后排。

（2）交际活动中的入座礼节

专职驾驶员开车，宾主同车，应先请客人上车，入座后排右座，随后主人上车在后排左座，随同人员最后上车，坐前排右座；在主人自己开车，而客人只有一人的情况下，可请客人坐前排右座。

（3）平时乘轿车礼节

专职驾驶员开车，如一人乘车，可坐后排；若两人或三人乘车，且是同性，可以同坐后排；若一男一女乘车，应安排女士坐后排右座；若三人两男一女，则可安排女士居中，也可女士坐后排右座，其中一男士坐前排右座；若两女一男三人乘车，可排两女士坐后排右侧，男士坐后排左侧，也可安排男士坐前排右侧，两女士坐后排。

（4）女士上下轿车的礼节

女士上车时，不应先伸进一条腿、再伸进另一条腿，应先轻轻坐在座位上，然后把双腿一同收进车内，下车时要双脚同时着地，不可一先一后。

3. 乘公交车的礼仪

公交车是普通大众使用最广泛的交通工具，上下班及外出多乘坐公交车。公交车有面向市场服务的公交车和单位内部为职工上下班而开的公交车两种类型。

乘公交车的特点是：公交车上相互之间面对的时间比较短，但车内空间小、乘客之间的距离近。因此，乘坐公交车必须注意有关礼节。否则，很容易产生误会。

（1）遵守秩序

乘客应在车辆停稳后按前门上后门下的规定顺序上、下车。上车后按规定投币或刷卡刷码。切不可因逃票而失去人格和尊严。

自觉刷卡

（2）互相谦让

进入车厢后要向里走，不要堵在门口，不要占座位，要相互谦让和照顾。与其他旅客要互相礼让，碰上老弱病残孕应主动让座。不小心碰着别人要表示道歉。

（3）车内不要吸烟和吃零食

公交车禁止吸烟。在车上吃零食不仅不卫生还会产生各种杂物，所以在车上不要吃零食，以免破坏车内卫生。

车内禁止吸烟　　　　　　　　　　　**车内禁止进食**

（4）养成乘车佩戴口罩的良好习惯

公交车上人员密度大，空气也不够流通，养成上车佩戴口罩的好习惯很有必要。

(5) 保管好自己的物品

上车后应保管好自己的物品。如带有大件物品,要注意不要挤压到其他人。雨天乘车要收好自己的雨具,以免弄湿其他人。

6.4.2 乘飞机的礼仪

1. 提前到达机场,办好登机手续

一般来说,乘国内航班应当提前 1 小时到达机场,乘国际航班要提前 1～1.5 小时到达机场,以便留出充足的时间来办理登机手续。

2. 乘飞机的行李要尽可能轻便

登机时,手提行李一般不要超过 5 公斤,体积不能超过规定大小。否则,应将行李随机托运。目前,国内航班(除特殊航空公司外)一般允许每人托运不超过 20 公斤的行李;国际航班(除特殊航空公司外)一般允许每人托运不超过 30 公斤的行李。如必须携带较多的行李,超过规定范围的则要按规定缴纳行李超重托运费。

3. 通过安全检查门进入登机口

在通过安全检查门时,乘客应将自己的机票、登机牌、有效身份证(护照、军官证、警官证、台胞证等)主动交安检人员检查,并站在规定的黄线外等待检查。检查通过进入候机厅入口时,要将随身物品及行李放入传送带检查,检查完后注意将自己的机票、证件等物品收好,以免遗失。登机时应主动出示登机牌。

4. 应向乘务员致意

上、下飞机时,均有空乘人员站立在机舱门口迎送乘客。他们会向每一位通过舱门的乘客微笑问候。作为乘客也应礼貌地向乘务员点头致谢。

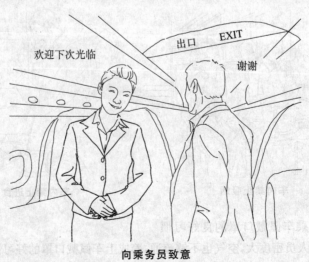

向乘务员致意

5. 主动配合检查和询问

乘机时,应遵从乘飞机的相关规定,不携带易燃、易爆、易污染及刀具等危险物品登机,要主动配合安检人员的检查和询问。

6. 不能使用手机等电子设备

飞机舱门紧闭准备起飞到飞机落地舱门开启之间的飞行时间内,不能使用手机及带有无线功能的电子设备。

7. 不要影响他人休息

飞机机舱内说话音调要低,动作要轻、要慢,以免影响他人休息。

8. 注意保持机舱内的清洁卫生

乘机期间用餐后的垃圾等废弃物要收纳到垃圾袋内交由乘务员收走,不能随意乱扔乱放,更不能没礼貌地呼喊乘务员收垃圾。

6.4.3 乘客轮的礼仪

人们出差、旅行或经过江河湖海时,都可能乘坐客轮,有的时候还专门乘坐游览客轮观光游览。与飞机相比,乘坐客轮时间一般较长,客轮的活动空间较大,乘客较为舒适和自由。这也就更需要乘坐客轮的旅客讲究礼节。

1. 必须按舱位对号入座

客轮船票是按舱位等级、铺位号销售的。乘客乘船时,应提前买票,对号入铺。

2. 乘客轮时要注意公共场所的礼仪

客轮上有餐厅、阅览室、娱乐厅、歌舞厅及录像厅供乘客就餐、娱乐及消遣。风平浪静时乘客还可到甲板上散步,享受浪漫的诗情画意。在客轮上不论参加何种活动都要注意礼节。

(1)到甲板散步时,碰到风浪大时要注意安全,防止摔倒,有小孩的乘客要看好自己的孩子。

(2)吸烟的乘客不要在禁烟区吸烟,即使在吸烟区域吸烟也要特别注意烟火,严防火灾。

(3)不要在船头及甲板上舞动丝巾,晚上不要用手电乱晃,以免被其他船误认为是在打旗语。

(4)不能在船上相互追逐,碰到景点需要拍照时不能乱挤。

 禁止吸烟

禁止吸烟

（5）在客轮上不要大叫大嚷，不能将收音机的音响开得太大。

（6）在船上要注意船上的忌讳，谈话时不要谈及翻船、撞船之类的话题，也不要说"翻了""沉了"之类的话，吃鱼时忌讳说"翻过来"等。

禁止乱晃手电

（7）客轮上扶梯较陡，上下时应相互谦让和照顾。

（8）晕船呕吐时尽量进卫生间，如可能晕船，最好准备垃圾袋备用。

上下楼梯要相互照顾

6.4.4　行路的礼仪

出门行路是人们每天都要进行的活动，尽管天天都要走路，但还是有人不知道怎样使自己在路上的言行举止得体。

1．不要左顾右盼

一个人在街道上走，切莫在行进中左顾右盼、东张西望。

2．要懂得照顾长者、女士和儿童

在行走过程中应懂得照顾长者、女士和儿童。例如，在人行道上行走时，由于人行道内侧是安全的位置，所以应将道内侧让给女士和长者。在街道上，如夫妻或恋人挽手同行，要注意挽手的姿势，即女士挽着男士的手，而不是男士挽着女士的手。带儿童在街道上走，应始终让儿童靠自己的右边，这样比较安全。

3. 注意靠右行进

无论道路宽窄,在街道上都要靠右行走,并走在人行道上。在较窄的道路上,对行双方应相互礼让。

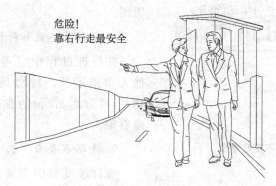

危险!
靠右行走最安全

靠右行进

4. 路上切忌高呼狂叫

路遇街对面的朋友,可以点头致意,切忌高呼狂叫,惊扰他人。女士在路上遇到交往不深的男士,应以点头为礼,过分热情和一脸冰冷,都是不合适的。

5. 不要在大街上聊天

路遇朋友,可另约时间见面,不要站在人来人往的大街上长时间交谈。

不要在大街上聊天

6. 走路不要吃零食

走路时不要吃零食,这样既不卫生也不雅观,实在想吃,可在食品店吃完再走。

走路不要吃零食

7. 尽力帮助他人

在路上,遇到游客问路或他人的求助,应尽力给予帮助,否则应婉言说明原因。

8. 要注意不能妨碍他人

在行进过程中应考虑到是否会给他人带来不便。特别是在携带有大件物品,或带水、带油的食品时,注意不要碰着他人。

9. 走路不要看手机

在行进过程中不要低头看手机,边走边看手机很不安全,容易发生意想不到的事故。如有急事需要处理,应先停下脚步,靠边看完后再走。

帮助别人

不要妨碍他人

6.4.5　行车的礼仪

无论在什么年代,一个城市的道路是否拥堵,车辆行驶是否按规则、有礼貌等现象,都是一个城市管理水平的体现,也反映出这个城市市民的修养和文明程度。现代社会,城市街道、高速公路、乡间小道、住宅小区道路等,各处都有数不清的各种车辆在来回穿梭,行车礼仪在日常生活中占有非常重要的位置。

1. 自驾轿车礼仪

（1）行车时要遵守交通规则

自驾轿车的前提条件是按规定认真学习驾驶，通过考试获得驾驶资格后再上路开车。新手驾车最好有老驾驶员陪驾一段时间，并严格遵守交通规则，礼貌行车，以养成良好的驾车习惯。

（2）行车时要相互礼让

"车让车，让出一份文明；车让人，让出一份关爱；人让车，让出一份安全。"这段广告词生动地阐明了行车的礼让礼仪。行车中的礼仪能反映出一个人的道德修养程度。例如，虽然是绿灯，车子可以前行，但有行人通过，驾驶员应耐心等让，不能拼命按喇叭。

不相互谦让容易造成事故

（3）停车时要为别人着想

城市拥挤、道路狭窄、空间有限是目前城市中最大的困惑。因此，除了在行车途中要相互礼让外，停车时也要充分为别人着想，不能只为自己方便，停一辆车占用两辆车的车位，使后来者无法停车。另外，车不能停靠在路口、门口，以免给别人带来不便。需要临时停车时，也要停靠在允许停车的地点，不能乱停乱放。离开停车场时要自觉交纳停车费。

（4）夜间行车用灯礼仪

夜晚行车，要特别注意安全。夜间行车，驾驶员可以用远光灯照明，但如果遇到会车情况，应该及时调整，将远光灯照明调至近光灯照明上，避免强光晃眼给对面车辆造成驾驶障碍。

（5）严禁酒后驾车

《中华人民共和国道路交通安全法》第九十一条也有关于严禁酒后驾车的规定，但目前还存在酒后驾车的现象，这说明驾车人的法律意识和修养需要加强。

泊车不要堵通道　　　　　　　夜间行车注意调灯

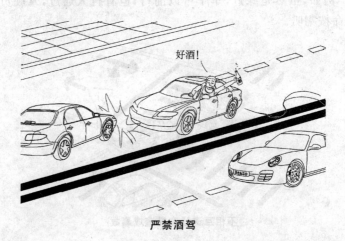

好酒！

严禁酒驾

（6）合理使用汽车喇叭

如果驾驶员和行人等都遵守交通规则，一般是不需要按汽车喇叭的。无端地鸣笛会给城市制造噪声，特别是在夜间、在进入市区和居民住宅区时，在通过学校、机关等学习和办公区域时不能随意鸣笛。随意鸣笛是一种不良的行车习惯。

（7）尊重交警和管理人员

城市的交通是要靠大家一起来维护的。驾驶员应自觉服从交警和交通管理人员的指挥。

2. 驾驶摩托车的礼仪

摩托车是一种小型、轻便、高速的机动车，非常受年轻人的喜爱。但由于摩托车车速较快，驾驶员基本没有保护，安全系数较低，因此，驾驶摩托车时要特别注意遵守交通规则和注意行车礼仪。

在市区驾驶摩托车，一定不要与汽车抢道，应行驶在低速车道上。行驶时，不要只图刺激左右绕着弯行驶，要按照前进方向保持直线行驶，特别不能在市区道路上"飙车"。驾驶摩托车不能在慢车道与自行车抢道。摩托车噪声很大，行驶过程中不要有意踩油门制造噪声,特别是夜间进入住宅小区时应降速减小噪声,不要鸣笛。

驾驶摩托车注意车速

3. 骑自行车的礼仪

在中国,自行车是目前使用率非常高的交通工具。自行车应在自行车道上行驶,即便骑的是电动车,也千万不能与机动车抢道,否则很危险。骑自行车应做到按顺序行驶,相互谦让,不抢道,不搭肩并排行驶。

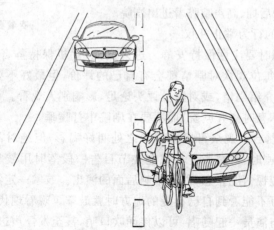

自行车不能与机动车抢道

6.5 公共场所礼仪

公共场所主要包括娱乐场所、体育锻炼场所、参观游览场所、网吧以及上面谈过的学习场所等。公共场所最大的特点就是人不仅多而且复杂,因此,注意在公共场所的礼仪是必不可少的。

6.5.1 娱乐场所中的礼仪

1. 剧院礼仪

在剧院的基本礼仪准则是:不干扰演员的演出,维护娱乐场所的气氛,不干扰观众观看节目,遵守戏剧舞剧院秩序。

(1) 剧院中的着装礼仪

到剧院观看剧目,大都在晚上,虽然对着装没有特别的规定,但衣着整洁得体是最基本的要求。如是作为被邀请的嘉宾或其他原因坐在票价高的座位上观看,衣着要讲究、华丽一些,一般来说应穿晚礼服。

衣着要得体

(2) 剧院的入场礼仪

观看戏剧应安排好自己的时间,最好提前5~10分钟进入剧院,特别是观看歌剧、芭蕾舞剧时一定要提前进入剧院。如已迟到,则应在外等候,待到中场休息时进入剧场。进出剧院时,应保持安静,不要前呼后拥、高声喧哗着进出剧院。

(3) 剧院中的行为举止礼仪

① 观看戏剧时要注意保持安静。进入剧院,手机保持静音状态,不要随意接听电话。虽然每位观众对剧情都会有自己的评价,但最好不要在观看过程中充内行地给别人介绍剧情,或对演员评头论足,影响别人观看。如对剧情不感兴趣,可以在中场休息时离开剧院,而不要在剧院中打瞌睡。

② 观看京剧,台下观众可以在精彩之处叫好喝彩,但绝对不能吹口哨。观看歌剧及芭蕾舞剧时,对精彩之处只能在节目告一段落时用鼓掌的方式表达自己的情感,鼓掌应视情况止息,以免影响后面的演出。鼓掌一定注意剧目所需要的优雅环境,万万不能看到自己喜爱的地方时就鼓掌。观看现代爵士乐、摇滚乐队的表演,可以与演员一起随唱,可以伴随吹口哨,甚至发怪声进行喝彩。

③ 由于幼儿不一定能理解剧目内容,自控能力有限,万一哭闹起来,不仅自己不能观看节目,还影响了其他人观看节目,因此最好不要带幼儿进入剧院。另外,到剧院观看节目前不要吃大蒜、韭菜等带刺激性气味的食物,在剧院观看节目不要吸烟和吃零食。

2. 影院中的礼仪

电影院是一个大众娱乐场所,各阶层、各年龄段的人都会到电影院观看电

今天的戏剧好看吗?

影。虽然电影院的礼仪要求不是很高,但言行举止也要文明高雅。

① 进出影院时要按顺序进出,不能乱挤。

② 进入影院时要主动出示电影票,并对号入座。

③ 着装要整洁,不能赤膊和穿拖鞋。

着装要整洁

④ 在影院中不能吸烟。

⑤ 看电影时不能大声交谈和叫好。看电影过程中不要进行评论,以免影响他人观看。评论电影应在电影结束后进行。

⑥ 情侣一起看电影时,不要在影院中有过分亲密的举止。

不能吸烟

3. 音乐会的礼仪

出席音乐会的人一般是有一定的文化层次和音乐素养的人。西方人将出席音乐会、特别是交响乐音乐会视为一件高雅而庄重的重要活动。

(1) 音乐会的着装礼仪

出席音乐会,应特别注意个人卫生及整洁,身体、头发及口腔都不能有异味。男士要着西装、打领带,女士要穿礼服,并要适度化妆,衣冠不整是不能进入音乐厅的。进场时,同去的男士应为女士找座或由引座员引座,照顾女士入座后男士再入座。女子入座动作要轻盈、优雅。

(2) 音乐会的入场礼仪

听众应提前进入音乐厅,并按票对号入座。进入音乐厅前,可将随身带的物品,如皮包、不需要穿的大衣等寄存在"小件寄存处",不要抱着大衣等物品进入音乐厅。演奏开始后到达的听众,不能中途入场,要等到中场休息才能进入音乐厅。音乐会中不允许中途退场。

××音乐厅

这些东西放哪里?

物品要寄存

(3) 音乐会中的行为举止礼仪

① 听众走到音乐厅入口处应停止说话,手机置静音状态,以保证音乐厅内的安静。在音乐厅内走动时脚步要放轻,无论演奏是否在进行中,任何惊动场内听众的言行都应避免。

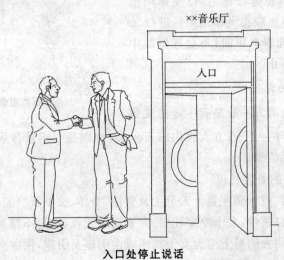

××音乐厅

入口

入口处停止说话

② 在每支乐曲演奏结束时,听众都应以热烈的掌声向演奏者致谢。但乐曲未结束以及乐章之间不应鼓掌。对特别精彩的演奏,听众可以热烈的掌声来要

求演奏者返场再演奏一曲,但不宜连续多次。

③ 应保持音乐厅的安静,严禁在音乐厅中吸烟及吃零食。

××音乐厅

保持安静

④ 除特殊情况外,不要在演奏中途登台献花,以免影响演奏者的演奏情绪。

⑤ 演出结束时,听众不应马上起身离开音乐厅,而应在座位上停留几分钟,等待演奏者出场谢幕。演奏者出场谢幕时应起立热烈鼓掌,以示对演奏者的尊重,然后有秩序地退场。

⑥ 到"小件寄存处"领取寄存的物品时,要按顺序领取。

4. 歌舞厅的礼仪

(1) 歌舞厅的服饰礼仪

歌舞厅的活动主要在晚上。去歌舞厅所穿服装可艳丽一些,女士可化浓妆,但一定要根据自身的身份和角色来选择服装和进行化妆。参加歌舞厅活动前不吃带有刺激性气味的食物,以免体内发出异味,有失体面。

(2) 歌舞厅的行为举止礼仪

① 到歌舞厅参加活动要注意用语文明、行为得体,对服务员和演员要尊重。

② 男士应尽可能多地邀请一同前往的女士跳舞,但不能总是邀请一位女士。女士对客人的邀请,应表示出乐于陪同、礼貌迎合。

③ 歌舞厅中可以喝饮料、吃点心,但不能酗酒、吸烟,也不能在歌舞厅中大声说话和吵闹,以免破坏歌舞厅中的优雅环境。

6.5.2 体育运动场所中的礼仪

1. 观看比赛的入退场礼仪

(1) 服饰礼仪

观看体育比赛着装可随意些,但要做到整洁大方,并与自身的身份相匹配。

（2）入场礼仪

观看体育比赛应准时到场。入座时不要妨碍别人观看，不能用脚踩着座位观看比赛。

（3）退场礼仪

体育场一般观众较多，比赛结束时观众也较容易激动，所以特别要注意退场秩序。退场时要顺序退场，相互照顾，不要拥挤，以免发生意外。

2. 观看比赛时的行为举止礼仪

（1）遵守秩序

观看体育比赛时要讲文明。可以为自己所喜爱和支持的运动队或队员助威呐喊，但不能辱骂对方的队员，破坏场内秩序。更不能因对赛况不满而向场内投掷杂物和攻击裁判。

（2）照顾他人

在比赛过程中，注意不要频繁进出观看台、影响周围人观看。球迷队、啦啦队的助威呐喊不要使比赛受到影响。

3. 到体育运动场所参加锻炼的礼仪

（1）遵守比赛规则

群众性的体育运动虽不同于正规比赛，但大家仍应自觉遵守各种比赛规则，尊重和支持裁判员的工作，这样才能使运动和比赛有秩序。

（2）讲求运动道德

运动健身不仅具有强身健体的作用，还有社交、陶冶情操等功效。在活动中要注意讲道德，赛前赛后应握手或拥抱致意，言行得体，不可讽刺和挖苦对方，尽量避免与对手产生冲突，在运动中应适当照顾对手的情绪。

（3）保证安全

现代人对一些以猎奇、惊险和一定冒险内容为乐趣的体育活动更有兴趣，例如打猎、赛车、登山、探险旅游等活动。参加这些活动之前应了解相关项目所需器械的功能，充分掌握器械的使用方法，并了解国家相关规定和政策。参加这些活动，一定要做好充分准备，以确保人身安全。

4. 到健身房锻炼的礼仪

（1）举止文明，不大声喧哗

到健身房锻炼，着装及行为举止都要文明礼貌，不失身份。无论是进出健身房还是锻炼过程中，都不能大声喧哗或制造噪声而影响他人。

（2）不能霸占运动器械

到健身房锻炼，主要是依靠器械做运动项目，但也不能长时间占用一种器械,影响他人的锻炼,应配合管理人员,按时更换锻炼器械。

(3)爱护公物和公共卫生

健身房也是一个井然有序的公共场所,用完的小型器械应归回原处,轻拿轻放;擦汗的纸巾,喝完水的瓶子等垃圾要扔到垃圾桶内,保持健身房的整洁卫生。

(4)不吃零食

在健身房内不要吃零食。

6.5.3 参观游览礼仪

1. 自行旅游的礼仪

(1)旅游准备

决定旅游后应制订一个旅游计划,内容主要包括:安排好旅游的地点、出行时间、住宿、旅游路线以及乘坐的交通工具等,如不是自己驾车出行,可买好返程票。出行前要检查好应带的证件,如身份证、护照、信用卡以及相关证明资料。出行前还要安排好工作、家务,并将自己外出的联系方式提供给同事、家人和朋友,以便有事可以随时联系。

(2)旅游食宿礼仪

出行前最好预订好住宿,以免到达目的地时为住宿着急,影响情绪。到达住宿地点后应先办好入住手续。进出房门要轻开轻关,以不影响到别人休息为原则;不要在房间里吸烟、喝酒、大声说话;当不希望被打扰时,可在门外挂上"请勿打扰"的牌子;客房中可以穿睡衣,但不能将睡衣穿到大堂、餐厅,不应穿睡衣在过道聊天等。在旅店住宿会碰到许多陌生人,应礼貌相待,不能窥视陌生人的房间。旅游期间经常会吃自助餐,取食要量"力"而行,不要浪费食物。

(3)旅游观光礼仪

① 要爱护生态环境。进入旅游观光景区,不要随地乱扔杂物;不要让自己的小孩随地大小便;在不允许野餐的地点不能野餐,即使在可以野餐的地点,野餐后也要打扫干净,恢复景点原来的面貌,维护景点环境。

② 要爱护公共财物。旅游观光地区的建筑、设施、花草树木、文物古迹都是国家的宝贵财产。旅游者一定要文

真美

这样的行为有损环境

明旅游,不可乱涂乱画,肆意破坏。

不要乱涂乱画

③ 要注意言行举止礼仪。游览时的交谈要注意语言文雅、风趣。情侣一同游览时,要注意举止端庄大方,体现热情、愉快、稳重的风度。总之,行为举止要符合当地的风俗习惯,以不引起旁人诧异为原则。

④ 要注意礼让他人。游览胜地往往人比较多,行走、观景、拍照时,要相互关心、谦让,不要强行抢道。

2. 参观博物馆和美术馆的礼仪

(1) 着装礼仪

博物馆和美术馆一般没有严格的着装规定,但前去参观时应考虑到着装整洁,符合身份要求。进入展馆参观之前应将携带的杂物、不穿的大衣、帽子以及食品等放在小件寄存处,参观时不允许吃零食,有些博物馆规定,即使是矿泉水也不允许带入馆内。

(2) 行为举止礼仪

① 博物馆和美术馆都具有良好的学术氛围。进入后要保持安静,认真聆听讲解员的讲解。遇到不解的问题可以提问,但也不要问个没完,以显示自己的学问,让人生厌。

认真聆听讲解

② 如自己的时间紧,不能按顺序听讲解员讲解,要放轻脚步自行参观。不能乱窜,不能因与他人交谈而影响他人参观和听讲。

184

不要交谈

　　③ 如对某件作品特别欣赏，可以多看一会儿，但不能妨碍他人参观。如发现对他人有碍时，应轻声说一声"对不起"。

　　④ 参观时要爱护展品，不能用手去触摸展品，以免损坏。要特别注意不要损坏展厅内的设施。

　　⑤ 在博物馆和美术馆参观时，要遵守参观规则。博物馆内的藏品一般都是珍品，是不允许拍照的，特别是禁止使用闪光灯，在参观时要注意遵守。有的美术馆可以拍照，但要注意不影响他人参观。

××美术馆

遵守规则不乱拍照

6.5.4　电话及网络礼仪

1. 电话礼仪

现代通信发展迅猛，除了问候老人，发贺信、贺电，以及写情书等场合以外，一般的书信来往已经逐渐被电话及网络通信所代替,其中,电话是现代人相互联系、交往的重要工具。电话中的交往,不需要面对面,因此,有的人不在意,随随便便。而事实上,热情还是冷漠,诚恳还是虚伪,有教养还是粗陋,都能够通过小小的话筒感受到,有时比面对面交谈的感受还真切。

(1)接听电话的礼仪

接电话的用语很多,但基本原则是,拿起话筒后用一些礼貌用语与对方沟通,例如说:"您好! 请问您找谁?""您好! 这里是……,请问您找谁?"等。如果对方要找的人不在,而对方又不愿意留下自己的姓名,也没有请你转达什么话的意思,接话方不应继续追问对方。

(2)打电话的礼仪

打电话的人,应不等对方问话,就主动报出自己的姓名或单位,如"您好,我是××公司的××,能请××接一下电话吗? 谢谢您!"等。在不想让别人知道自己是谁,接电话的人又不是自己要找的人的情况下,应该客气地谢谢接话人,不要什么也不说就放下电话。

(3)通话中的礼仪

通电话的时候,虽然彼此双方无法见面,但双方的情感却可以通过语调、用词等来传达。因此,在电话中谈话,应掌握一种适合打电话的节奏和速度,调节音量,这样,语调才能达到柔和亲切的效果。

(4)通话结束的礼仪

通话结束时,双方应使用"再见"等用语来表示通话结束。正常情况下,先挂断的应是拨话方,接话人不应抢先挂断电话;与长辈通话,则不论谁拨的电话,都要等长辈放下话筒后才能挂机。

2. 网络交流礼仪

随着信息技术的飞速发展,网络已经成为日常生活中不可或缺的信息传递媒介。网络具有方便快捷、信息量大、覆盖面广等特点,但在极大地开阔我们的眼界、丰富我们的知识结构的同时,网上也出现了一些不良行为,网络骂架、约架等现象屡见不鲜。究其原因,就是因为大家没有遵循一定的礼仪规范,没有很好的自我约束。网络礼仪是指在网上交往活动中需要遵循的礼节和仪式,互联网使用者必须懂得并遵守这些规则。

网络具有方便快捷、信息量大、覆盖面广等特点,与电话相比更具有优越性。网络同时也像一个杂货铺,什么都可以往里装,既能促进发展、加强交流,同时又存在着许多不可避免的问题。网络使用中的礼仪是十分重要的。

(1)正确使用网络工具

网络是一个内容庞杂、覆盖面广的信息共享平台,人们可以通过网络浏览新闻、查阅资料、下载数据和软件。但由于网络上不可避免地存在一些虚假、低级庸俗的内容,因此应提高鉴别善恶美丑的能力,自觉不涉足不良网站,不浏览不良内容。

(2) 注意网络交往中的礼仪

网络已成为人际交往的媒介和工具。人们可以通过网络发邮件,参与实时QQ及微信聊天、召开视频会议、进行网上交友等;在网络交往中,应做到诚实无欺、不侮辱诽谤他人、不参与网络色情游戏、不参与网络赌博、不传播网络谣言及危害国家民族利益的信息、杜绝网络诈骗等活动;要尊重他人的网上著作权,不要有网络抄袭、剽窃、盗版等侵权行为。在网络交往中还要有自我保护意识,不要轻易将自己的信息资料上传,以免被坏人利用;也不要轻易相信和约会网友,避免上当受骗;不要参与攻击网站网页和制造、传播网络病毒等有碍网络系统的活动。

(3) 培养网络自律习惯

网络的虚拟性限制了网络监督和管理职能的发挥,使道德和礼仪规范的约束作用明显降低。此外,网络并不完全是虚拟世界,而是现实世界的另一种载体或是延伸,由于使用者的社会阶层、民族特点、文化背景、经济状况、教育程度的巨大差异,更需要大家养成网络礼仪的自律习惯,否则不仅会对别人造成骚扰,也会给自己造成不必要的麻烦甚至受到法律的惩戒。因此,个体的礼仪道德自律就成了维护网络礼仪道德的基本保障。人们应在缺少外在监督的网络空间里,自觉培养自己的礼仪道德自律习惯,共同维护网络交流环境。

(4) 自觉避免沉迷网络

由于网络的信息量大、覆盖面广,特别是有各种能引起人好奇心的内容。人们往往不能很好地控制自己,而长时间沉迷在网络中,影响学习、影响工作,甚至影响正常的生活。因此,应学会以意志来战胜诱惑,合理地安排好自己的学习和生活,避免沉迷于网络中。

(5) 规范网络用语

网络交流中要礼貌用语、文明交流,不要诽谤、侮辱他人。不能因为网络是无形的,就因观点不同而随意谩骂对方、发布虚假信息、散播谣言。

思考题

1. 什么是公共礼仪? 在你自己的生活中,哪些方面涉及公共生活,你是怎样处理的?

2. 怎样理解现代社会的师生关系? 在你的理解中,尊敬老师应体现在哪些方面?

3. 你自驾车吗? 怎样理解和规范自驾车的礼仪?

4. 你认为应怎样维护和规范虚拟网络世界中的公共道德礼仪?

5. 举例说明办公室礼仪的重要性和必要性。

第 7 章　餐饮文化与礼仪

餐饮礼仪是餐饮文化中的重要内容。随着时代的变迁和人类的进步,随着餐饮文化的不断发展和成熟,最终形成了具有各国、各民族、各地区特点的餐饮礼仪文化。本章主要介绍中西餐基本知识、酒文化、茶文化、中西餐的进餐礼仪、饮酒礼仪、饮茶礼仪以及饮咖啡礼仪等内容。

7.1　中餐基本知识

我国的烹调技艺和菜肴面点如同古老的中华文明一样源远流长,是我国文化遗产的重要组成部分。《古史考》上有这样的记载:"古者茹毛饮血,燧人钻火,而人始裹肉而燔之,曰炮。及神农时,人方食谷,加米于烧石之上而食之。及黄帝,始有釜甑,火食之道成矣。"由此可知,早在五千年前的黄帝时代,烹调技艺就在中国开始萌芽。中国的菜肴逐步形成菜系是在先秦时期,到战国时期,中餐菜系的南北风味已初见端倪。例如,屈原的《楚辞·招魂》和《吕氏春秋·本味篇》中记载了南方菜系的口味特点和用料品种。随着历史的发展和进步,南北两种菜系都得到了不断发展,最终发展成以川、鲁、苏、粤、浙、闽、徽、湘为代表的八大菜系。现代社会,菜系种类繁多,已远远超出以上的八大系类。

7.1.1　中餐菜肴的特点

由于我国多数人在饮食上受宗教的禁忌约束较少,特别是近现代社会,在饮食上又喜欢猎奇,所以中餐菜肴以其品种多样、烹调特别、调味丰富、选料讲究等特点,饮誉全球。凡品尝过中餐菜肴的人,无不赞不绝口。

1. 菜肴品种丰富

品种丰富多彩是中餐菜肴的一大特点。有史以来中餐菜肴就以菜肴风格各异、品种繁多享誉世界。从风味来讲,有珍品罗列的宫廷风味、制作考究的官府风味、各具特色的地方风味、各民族的独特风味以及民间家肴风味;就菜式品种而言,有精彩纷呈的宴会菜式、具有乡土气息的民间菜式、经济方便的大众菜式以及能疗疾健身的药膳菜式等。中餐菜名的命名方式十分讲究,且特点鲜明。有用原料名称、刀法与烹制方法或盛菜器皿等来命名的,例如辣子鸡丁、香爆芹菜鱿鱼丝、干锅鸡等;有用菜肴的创始人、发源地或历史典故等来命名的,例如东坡肘子、北京烤鸭、麻婆豆腐等;有用菜肴的色香味等特色来命名的,例如翡翠虾仁、香酥鸡块、雪花蛋羹等;还有用比喻夸张手法命名的,例如红烧狮子头、龙凤呈祥、全家福、卤凤爪、红烧猪手等。据有关资料查证:中餐菜肴中,不同风味的地方菜、风味名菜多达五千多道,花色品种上万。不论是用料、烹调方法还是菜名都反映出中华民族特有的传统饮食文化。

2. 烹调方法多样

中餐菜肴的烹调方法很多,历史源远流长。周代的"八珍",就是当时厨师发明的八种珍贵烹调技术。发展到今日,中餐菜肴的烹饪方法已经多到:煎、蒸、煮、煨、炸、焗、炒、烤、炖、煲、烧、烩、熘、捞、扣、卤、拌等数十种方法。在众多的烹调方法中,热烹、冷制、甜调是各菜系中较集中使用的三类烹调技术,每类烹调技术中又分各种不同的烹调方法。

3. 选料讲究

选用好的原材料是烹制出美味佳肴的必备条件之一。选料不当,再精湛的烹调技术也无法做出美味佳肴,因此,选料是中餐菜肴中非常重要的一道程序。选料考究是历代中餐菜肴的传统,古今厨师对待选料都极其严肃认真,从不马虎。中餐选料广泛、精细,不仅讲究时令,而且讲究鲜活,不同的菜肴有不同的选料要求。

4. 刀工精细

中餐菜肴对原材料的加工十分讲究,要求加工后的原料大小、长短、厚薄要一致,以保证在烹制时能使原材料受热均匀。因此,对菜肴的制作来说,刀工是一道非常重要的环节。中餐菜肴的刀工有直刀、斜刀、花刀、平刀等多种刀法,根据菜肴的制作要求,用不同的刀法将原材料切成丝、片、条、块、丁、段、粒、茸、末等各种形态,不仅要求整齐划一,还要求干净利落,不能粘连,使菜肴外形达到便于烹调和美观的目的。

5. 配料巧妙

为了使制作出来的菜肴种类丰富多彩、滋味调和独特,中餐菜肴除选好主要原材料以外,还要求选好各种配料来辅助拼配。

6. 善于调味

为达到去除异味、增加滋味、丰富口味的目的,中餐菜肴历来重视原料相互搭配、交互融合。因此,善于调味是中餐菜肴烹饪的一大特点,也是形成丰富多彩的中餐菜肴的重要因素之一。

中餐厨师不仅能够用改变调料配比的方法来调出各种美味,还能巧妙地使用不同的调味方法来调制口味。例如,有的在加热前调味,有的在加热中调味,还有的在加热后调味。采用不同的调味方法调出不同的口味。

7. 善于运用火候

善于运用火候是中餐菜肴风味各异、千姿百态、回味无穷的重要原因之一。中餐菜肴的各种烹饪方法对火力、火势、火时、火度等因素均有讲究。例如,要使菜肴鲜嫩,就要求旺火,即大火力、高火度、广火势、短火时;煨煮的菜肴,要求小火力,文火。烹制有些菜肴,要求开始使用旺火,之后使用文火。

8. 盛装器皿讲究

古话"美食不如美器",说的就是菜肴要与盛装器皿完美结合,这是中餐菜肴绚丽多彩的重要因素之一。盛装器皿与菜肴的完美结合主要从以下四个方面体现。

(1) 色调和谐

菜肴与器皿的色调和谐,因菜选皿,因盘盛菜,使之色调强弱合适、水乳交融,是中餐菜肴独具的特色。

(2) 形态的匹配

中餐菜肴品种繁多,盛装器皿也形态各异,因此,菜肴种类与盛装器皿的恰当匹配、相互衬托,是体现菜肴多姿多彩的重要手段之一。

(3) 大小相称

器皿大小的选配,应与菜肴相称,最好是菜量不超过盘沿,汤菜以八成满为宜。

(4) 美食美器

中餐菜肴盛装器皿品种繁多、形式多样。例如瓷质餐具有如冰似玉的白瓷,有蓝如天、明如镜的青瓷,有紫红发亮的朱砂陶瓷,还有体现着饮食企业文化的各种专用器皿等。

7.1.2　中餐菜肴简介

中餐菜肴是一个复杂庞大的体系,由宫廷菜、官府菜、地方菜、少数民族菜等组成,其具有悠久的历史传统和明显的民族文化特色。

1. 宫廷菜

中餐宫廷菜源于供帝王享用的菜肴,至今已有三千多年历史。宫廷菜的主要特点是,"稀贵、珍奇、古雅、怪异"。烹饪工艺要求选料严格、制作工艺精湛、盛装器皿考究、菜肴形色美观。总之,宫廷菜在各个方面都充分体现皇室贵族雍容

礼仪与文化（第三版）

华贵的气质。由于宫廷菜有史以来都仅限于宫廷之中,烹饪技术很少在民间流传,因此限制了宫廷菜烹饪技术的发展。由于掌握宫廷菜肴烹饪技术的厨师不多,因此只有少数饭庄能制作地道的宫廷菜。

2. 官府菜

官府菜是中国历代王朝文武官员享用的菜类。官府菜虽没有宫廷菜那样雍容华贵的气质和考究的器皿,但官府菜也颇具特色。许多传世的烹调技艺和名贵菜肴都来自官府菜,地方菜系中也有许多名菜来自官府菜。

3. 地方菜

地方菜是中餐菜肴的主体,是各个地区的民间菜。地方菜具有浓厚的地方特色,例如,北京烤鸭、西湖醋鱼、云南汽锅鸡、重庆火锅等。

4. 少数民族菜

中国有 56 个民族,各个民族都有自己独特的烹饪方法和别具风味的传统菜肴。早在六百多年前,少数民族菜就在中餐菜系中占有一席之地。随着历史的发展、各民族杂居现象逐渐扩展,各民族文化相互影响和交融,许多少数民族菜也逐步被其他民族包括汉族所接受,例如,回族菜系已基本被汉族接受;蒙古族的烤羊肉、维吾尔族的羊肉串,还有云南的傣家菜、贵州的苗家菜等深受其他民族的欢迎。

5. 素菜

素菜是指以植物类及菌类为原材料烹饪而成的菜肴。素菜是中餐菜系中的重要组成部分,也是中餐菜系烹饪方式的一大流派。素菜的用料特殊、制作精致、品种繁多,对烹饪技术要求高,口味清鲜爽口,在中餐菜系中独树一帜。素菜主要有寺院素菜、民间素菜和市肆素菜三大类。

素菜营养丰富,含有大量的维生素、植物蛋白、有机盐类、矿物质等营养素,并且脂肪及胆固醇低,具有一定的医疗保健作用,深受人们的喜爱。古人就对素菜赞不绝口,有"素菜之美,能居肉食之上"的说法。

(1)寺院素菜

寺院素菜一般是指道教、佛教寺庙中烹制的素菜,受道教和佛教文化影响较大。寺院素菜对原材料的选用和烹制方法都有一定的寺院规矩。

(2)民间素菜

民间素菜一般是指家庭烹制的素菜,主要以新鲜时令蔬菜、豆制品、面筋、菌类和地方特产植物等为原材料。民间素菜制作工艺简单、实惠。

(3)市肆素菜

市肆素菜主要是指都市中素食馆烹饪经营的风味素食。市肆素菜制作讲究、品种繁多,烹饪时注重形态和色彩,颇具地方特色。

6. 地方小吃

地方小吃是中餐中的一个重要组成部分。小吃既可作为菜肴品尝,又可作为主食食用,是餐桌上必不可少的一部分。各地的小吃各具特色,例如,四川的担担面、红油抄手,云南的大救驾饵丝、小锅米线,北京的门丁肉饼、爆肚,开封的灌汤包,湖南的口味虾,台湾的盐酥鸡,镇江的鸭血粉丝汤,上海的小笼包等。

7.1.3　中餐菜系及其特点

在选料、加工、烹饪、调味等方面独具特性,有浓厚地方色彩,并构成了一个较完整体系的菜肴系列被称为菜系。有一定代表性的、著名的中餐菜系主要有四川菜系(川菜)、江苏菜系(苏菜)、山东菜系(鲁菜)、广东菜系(粤菜)、福建菜系(闽菜)、浙江菜系(浙菜)、湖南菜系(湘菜)、安徽菜系(徽菜)、北京菜系(京菜)、上海菜系(沪菜)、湖北菜系(鄂菜)等。过去,一般只称前八种为中餐中的著名八大菜系,随着各地区饮食文化的不断发掘和发展,目前形成菜肴系统的已远远不止这些,例如滇菜系(云南)、东北菜系等,本章只对部分菜系作简单介绍。

1. 川菜

川菜历史悠久,盛名中外。川菜主要由成都菜和重庆菜组成。

由于四川境内气候为夏季潮热、冬季潮冷,人们的饮食习惯和口味就多以麻、辣为主,其体现了巴蜀文化的内涵。川菜的烹调技术博大精深,调味品纷繁复杂并富有特色。川菜形成的菜系素有"一菜一格、百菜百味"的美誉,主要名菜包括:夫妻肺片、鱼香肉丝、红油兔丁、宫保鸡丁、灯影牛肉、麻婆豆腐等。川菜口味多样,菜品有三千多种,麻、辣、酸、香、鲜、嫩、脆、咸、甜等味味具备。

2. 苏菜

苏菜菜系包含苏州菜、南京菜和淮扬菜三大流派。

苏州菜主要包括苏州和无锡两地的菜肴,其特点是:做工精细、用料考究、口味浓中带甜,侧重酥烂鲜香,例如,叫花鸡、松鼠鱼、无锡酱排骨都是苏州名菜。

南京菜主要以烹制鸭子闻名,其特点是:滋味柔和、原汁原味、咸淡适度、酥嫩鲜香,其中有南京盐水鸭、南京扒鸭、煨三鸭、清炖八宝鸭等最具特点。

淮扬菜包括镇江、淮安及扬州一带的菜肴,其特点是:以油重味浓为主,烹饪时很少用酱油,力求保持原汁原色,菜肴浓而不腻。淮扬名菜有扬州锅巴、清蒸鲥鱼等。

3. 鲁菜

鲁菜菜系主要由济南菜和胶东菜组成。华北、东北等地区的菜肴均受鲁菜的影响,因此鲁菜菜系是中餐北方菜系的代表。最有名的济南菜是以清汤和奶汤调制的菜。其中,清汤调制的菜,汤清色亮;奶汤调制的菜,汤白味醇。胶东菜主要以烹饪海鲜类出名,菜肴味鲜色美、原汁原味。鲁菜中的油爆双脆、德州扒鸡、锅烧肘子、糖醋黄河鲤鱼是最受欢迎的名菜。

4. 粤菜

粤菜菜系包括广东、潮州和东江三种地方菜。粤菜以用料广泛、新奇著称,蛇、狗、猫、猴等动物都能被烹饪为美味佳肴。自从生态环境保护被列入国家重大保护项目后,这些美味佳肴已被豆制品等原材料替代。粤菜菜肴主要以清淡、生脆、爽口为特点,其中烤乳猪、白切鸡、东江盐烧鸡、龙虎斗等是传统的粤菜名菜。

5. 闽菜

闽菜主要由福州、泉州及厦门等地方菜组成,其中福州菜最有代表性。闽菜烹饪的原料主要为海鲜类,菜肴特点体现为味鲜而清淡、咸中略带酸甜,同时色彩绚丽。代表性的名菜有:佛跳墙、福寿全、太极明虾、鸡汤氽海蚌等。

6. 浙菜

浙菜主要由杭州菜、绍兴菜及宁波菜组成,其中以杭州菜为代表。

早在南宋时期,杭州菜就已基本形成菜系,菜肴制作要求刀工讲究、制作精细。杭州菜的口味特点是清淡、细嫩和香脆,其中,西湖醋鱼、杭州酱鸭、龙井虾仁是脍炙人口的名菜。

绍兴菜主要以烹制河鲜、家禽出名。绍兴菜肴极富乡土气息,香酥绵糯、滋味浓重的口感是绍兴菜的特点。

宁波菜以海鲜类为主,菜肴的特点是鲜香、清淡、酸甜。宁波名菜有丝瓜卤蒸黄鱼等。

7. 湘菜

湘菜至今已有两千多年的历史,主要由长沙地区、湘西区和洞庭湖区的地方菜组成。

长沙地区菜由长沙菜、衡阳菜和湘潭菜组成。在中国历史上,长沙一直是官府衙门的集中地,也是名人荟萃、商家云集的地区,湖南的官府菜也发源于长沙,由此,长沙菜成为湘菜的代表。

湘西区地方菜主要以烹饪山珍野味、各种菌类菜肴及烟熏腊味为主。洞庭湖区地方菜以常德、岳阳两地方菜为主,以烹制河鲜为主。

湘菜历史悠久,名菜很多。例如,相传在清代同治年间,长沙人就开始烹制的麻辣仔鸡,其具有麻辣香鲜、外焦内嫩的独特风味。又如,发丝百叶,其特点是:精工细做,选料精良,刀工精细,使百叶细如发丝、白如银丝,烹饪时配以冬笋、红辣椒丝和韭黄,使之色泽鲜艳、脆嫩、香辣、微酸的口感,极为爽口。

8. 徽菜

徽菜发源于安徽的徽州,以擅长烹制山珍和各种河鲜为名,其口味特点是:重油、重色、重火功。葫芦鸭子、雪冬烧山鸡、蟹黄虾盅是最有特色的徽菜名菜。

9. 京菜

京菜是由元、明、清等朝代的宫廷御厨和王府家厨逐步演变而来的。京菜选料广、刀法精、造型美观、烹调讲究。口味以咸为主,其他口味相应配合。京菜菜名朴实、经济实惠,重视色、质、味、器的相互协调。北京烤鸭、北京涮羊肉、京酱肉丝等是相传至今的名菜。

10. 沪菜

沪菜起源于上海,至今有两百多年历史。由于上海一直以来都是中国最大的工商和进出口重镇,南来北往,中外人士云集,因此,沪菜除有上海菜本地特色外,还融汇了西餐菜肴风味而自成体系。上海菜的口味特点是:重视原味、汤卤淳厚、雕刻华美。上海特色菜有炒毛蟹、双色鸡片、椒盐蹄髈、茄汁虾仁等。

11. 鄂菜

鄂菜主要由武汉、荆州和黄冈三种地方风味菜组成。鄂菜汁浓、芡稠、口重、色纯,鄂菜重刀工、重造型、善配色,菜肴有浓厚的乡土气息。武昌鱼、糖醋麻花鱼、双黄鱼片、粉蒸肉为鄂菜名菜。

7.1.4 中餐面点

中餐面点是指以面粉、米粉等粉料为原料,调制成面团而制成的面食小吃或点心,中餐面点也可以泛指那些以各类米、麦、豆等杂粮作物的粉为主要原料,将其调制成面团,在面团内以果品、鱼虾及土豆、莲藕等根茎菜原料为馅心而烹制成的小吃和点心。中餐中的面点是人们日常生活中不可缺少的食品,也是一种调剂口味的补充食物。中餐面点是中餐酒宴上不可缺少的食品。

1. 中餐面点的起源与发展

中餐面点与中餐菜肴一样,历史悠久,源远流长,早在三千多年前的奴隶社会时期,人们就开始学会种植麦谷,并将其作为食物。春秋战国时期,随着人们对食物的要求不断提高,面食制作开始萌芽;到了汉代,人们已学会并掌握了面粉发酵和制作工艺;进入唐代,面食制作技术有了较大进步,出现了点心,并由此逐步奠定了中餐中独具风格的面点;清代是中餐面点技术发展的鼎盛时期,传说在嘉庆皇帝的"光禄寺"曾做过一桌面食宴席,仅面粉就用了六十多公斤。

随着社会经济的发展和人民生活水平的提高,中餐面点在继承传统的基础上,已逐步形成了南、北两大风味,京式、广式和苏式三大特色的中餐面点,面点制品也向着越来越精细的方向发展。其中,京式面点是指以北京为代表,包含华北和东北地区制作的面点,京式面点具有口感鲜香、松软柔嫩、咸甜适宜的特点;广式面点,以广东为代表,其包含珠江流域和南部沿海地区制作的面点,广式面点以讲究点心的花样、形态和色泽著称;苏式面点泛指浙江一带的面点,其以江苏为代表,具有口味淳厚、色泽深浓、略带甜味的独特风格。

2. 中餐面点的分类

中餐面点品种繁多、类别复杂。按加工原料划分,可将其分为麦类制品、米类制品、杂粮制品等面点;按制作方法划分,可将其分为蒸、炸、煮、烙、烤、煎以及综合制法等方法制作出的面点;按面点形态划分,可将其分为糕、团、包、饺、粉、羹等面点;按馅划分,可将其分为荤馅、素馅面点;按口味划分,可将其分为甜味、咸味以及甜咸味等面点。本节主要介绍按原料分类的面点。

(1)麦类面点

麦类面点是指用麦类(主要为小麦)作为原料制成的面点。在中餐面点中,麦类面点所占的比重最大、制法最多、花样最繁、口味最丰富。麦类面点的制法主要是将水或油以及鸡蛋等添加物掺入面粉中,调和成团,再加入(或不加)不同口味的馅心,经过多道加工程序,制成各种各样不同形态、不同口味和风格的面点。主要面点有水调面团制作的各种饺子、烙饼等;膨松面团制作的各种馒头、花卷、蒸饼、包子、面包、蛋糕、银丝卷、油条、麻花等;油酥面团制作的各种油炸酥、千层酥等。

(2)米类面点

米类面点是指将大米或糯米磨成粉状,再调制成团而制成的各类食品。中餐中的米类面点种类之多,不亚于麦类面点,例如,松糕、汤团、圆子、米粉等。还有直接用米制成的点心类食品,例如粽子、八宝饭等。

(3)杂粮面点

杂粮面点主要是指用杂粮、豆类、薯类为主要原料,再配上果类等制作成的点心。这类面点的特点是配料讲究、制作精细、风味独特,例如豌豆糕、马蹄糕、绿豆糕、果冻等。

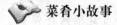 **菜肴小故事**

云南过桥米线的传说

在云南,米线是各族人民喜爱的风味小吃,真可谓风靡全省,遍及城乡。米线选用优质大米通过发酵、磨浆、澄滤、蒸粉、挤压等工序制成线状,再放入凉水中浸渍漂洗后即可烹制食用。米线细长、洁白、柔韧,加料烹调,凉热均极可口。

传说云南省蒙自县城有一书生,英俊聪明,但特别喜欢四处游玩,不愿下功夫读书。他有一个美丽的妻子和一个年幼的儿子,夫妇之间感情很深。但妻子对书生喜游乐、厌习字读书深感忧虑。有一天,妻子对书生道:"你终日游乐,不思上进,不想为妻儿争气吗?"闻妻言,书生深感羞愧,决心用功读书,给妻儿争气。书生选择了城中南湖中心的一个书斋,独居苦读,每日三餐均由妻子做好送到书斋。天长日久,生学业大进,但也日渐消瘦。妻子看在眼里,很心疼。一天,妻子宰鸡煨汤,切肉片,备米线,准备给书生送早餐。儿子年幼,戏将肉片置汤中,妻子怒斥儿子的恶作剧,速将肉片捞起,视之,已熟,尝之,味香,大喜。即将汤置于罐中给书生送去。途中,妻子因每日操劳家务、做饭送餐,操劳过度晕倒在南湖桥上。书生闻讯赶来,见妻已醒,汤和米线均完好。书生见汤无一丝热气,想汤已凉,就用手掌去捂汤罐,感到灼热烫手,且米线肉鲜味美,非常可口。书生备感奇怪,详问妻制作始末,妻一一详道。良久,书生说道,此膳可称为"过桥米线"。书生在妻子的精心照料下,考取了举人,此事被当地群众传为佳话。从此,过桥米线不胫而走,竟成云南名膳。

西湖醋鱼的传说

相传在南宋时期,有宋氏兄弟两人,满腹文章,颇有学问,但他们都不愿为官,因此隐居在西湖,靠打鱼为生。当地恶棍赵大官人有一次游湖,路遇一个在湖边浣纱的妇女,见其美姿动人,就想霸占。派人一打听得知是宋兄之妻,便施阴谋害死了宋兄,欲霸占宋嫂。宋家叔嫂祸从天降,悲痛欲绝。为了报兄仇,叔嫂一起到衙门喊冤告状,哪知当时的官府与恶势力一个鼻孔出气,告状不成,反遭毒打,把他们赶出了衙门。回家后,嫂嫂只有含泪让弟弟远逃他乡。叔嫂分手时,宋嫂用糖和醋特为弟弟做了一盘鱼,对兄弟说:"这鱼是你打上来的,我做的。它味有酸有甜,望你有出头之日,勿忘今日辛酸。"宋弟不解。嫂嫂说:鱼有甜有酸,我是想让你这次外出,千万不要忘记你哥哥是怎么死的,你的生活若甜,不要忘记老百姓受欺凌的辛酸,不要忘记你嫂嫂饮恨的辛酸。弟弟听了很是感动,吃了鱼,心里牢记着嫂嫂的心意而去。后来,宋弟在外抗金卫国,立功回到西湖,惩办了恶棍,但一直为查找不到嫂嫂的下落而郁闷。一次外出赴宴,席间品到此菜,经询问方知嫂嫂隐姓埋名在这里当厨工,由此始得团聚。于是,"叔嫂传珍"的传说和美菜迅速在民间流传开来。

据说,清人方恒泰后有诗《西湖》——"小泊湖边五柳居,当筵举网得鲜鱼。味酸最爱银刀脍,河鲤河鲂总不如。"道出了西湖醋鱼的美味。

7.2 中餐礼仪

中餐礼仪是中国饮食文化的一个重要组成部分。据记载,中餐礼仪始于周公,经过千百年的演进,终于形成现今大家都能普遍接受的一套中餐礼仪体系。中餐礼仪既是古代饮食礼制的继承和发展,也是现代社会交流和沟通的需要。中餐礼仪包括进餐礼仪、宴请礼仪、赴宴礼仪等内容,这些内容不仅存在于上层社会的社交活动中,同时也存在于民间的日常生活中。

7.2.1 个人进餐礼仪

进餐是个人生活中不可缺少的活动。通常情况下,工作时间,人们多在食堂或小餐馆进餐,有时也会在办公地点与同事们一起吃快餐,下班或假日,一般都回家用餐。无论在哪里用餐,行为举止都要文雅和礼貌。

1. 到食堂、餐馆进餐要遵循公共场合的礼仪

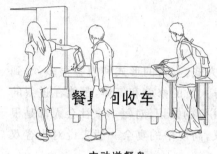

主动送餐盘

在食堂和餐馆用餐,用餐者首先要懂得尊重服务人员。例如,使用餐盘的用餐者,餐后要主动将餐盘送回指定地点,不要吃完就走;使用一次性餐盒用餐者,用完后要将废弃餐盒放到指定地点。到食堂用餐的用餐者应相互尊重,用餐人多时,要排队按顺序购买食品,相互谦让,不要拥挤。

2. 进餐时要有正确的坐姿

不论是在食堂、餐馆还是在家中吃饭,都应养成良好的坐姿习惯,不能出现趴在饭桌上、蹲在凳子或椅子上、一只脚跷在凳子或椅子上等姿势。

3. 用餐时不能乱吐残渣

进餐时,一般不能将进口的食物再吐出来,如有骨头、鱼刺、菜渣等需要处理时,不能乱吐,用餐者应将骨头等残渣放在食堂或餐馆提供的备用残渣碟里。

4. 进餐时不能发出响声

无论是吃东西,还是喝汤或酒水饮料都要尽量做到不发出响声。进餐的良好习惯要在平时培养,如果认为没有旁人在场可以无所谓,碰到社交场合也将很难控制自己进餐的行为习惯。

不雅坐姿

5. 进餐时不能狼吞虎咽

进餐要文雅,不能狼吞虎咽。特别是女士,每次进口的食物不宜过大,应小块、小口地吃,以食物进口后不会使自己嘴巴变形为原则。

不要含食物说话

6. 进餐时不要喝水

不要一口饭、一口水地用餐。这种习惯不仅对消化不好,影响身体健康,同时吃相也不好,使人有狼吞虎咽的感觉。

7. 口中有食物时,勿张口说话

当口中有食物时,不要说话。含着食物说话,食物容易从口中喷出。如适值旁人问话,可等口中食物咽下去后再回答。

8. 在公众场合用餐,不可以吸烟

7.2.2 中餐宴请礼仪

中餐宴请,是我国社交中最普遍的交流方式,宴请的形式和内容很多,小到家宴,大到国宴。在宴请的过程中,主客双方人员的修养和气质,都能在进餐的整个过程中充分体现,因此,了解中餐宴请礼仪的知识,对每一个社会人都是很重要的。本节主要介绍一般中餐宴请的礼仪,高规格的宴会一般来说对主客双方都会有明确的礼仪要求,本节中不再赘述。

1. 中餐宴请时的座次

座次是中餐礼仪中最重要的组成部分。在中餐礼仪中,座次有着一定的暗示作用,通过座位的分配,可暗示出各人在宴会上的名分和地位。从古到今,用餐桌具不断演进,座位的排法也相应有所变化。总地来讲,座次是"尚左尊东""面朝大门为尊"。

正式宴会,一般都事先安排好座次,以便参加宴会者入席时井然有序,非正式的宴会不必提前安排座次,但通常就座也要有上下之分。安排座位时应考虑以下几点。

一是以主人的位置为中心。如有女主人参加,则以主人和女主人为中心,以靠近主人者为上,依次排列。二是要把主宾和夫人安排在最主要的位置。通常是以右为上,即主人的右手是最主要的位置。离门最远的、面对着门的位置是上座。离门最近的、背对着门的位置是下座,上座的右边是第二号位,左边是第三号位,以此类推。三是在遵从礼宾次序的前提下,尽可能使相邻者便于交谈。四是主人方面的陪客应尽可能插在客人之间,以便与客人交谈,避免自己的人坐在一起而冷落了客人。

较大规模的宴会,桌次是有讲究的,台下最前列的一两桌一般都是主人和贵宾的。其他每一桌中都应有一位主人或招待人员负责照应,其两侧的座位一般是留给上宾的,未经邀请不要贸然入座。

家宴中,首席为辈分最高的长者,末席为最低者;家庭宴请,首席为地位最尊的客人,主人则居末席。圆桌正对大门的为主客,左手边依次为 2,4,6,右手边依次为 3,5,7,直至会合。

2. 宴请主人的礼仪

（1）主人应在门口迎接宾客

宴会开始前,作为主人应将一切准备妥当,着装得体大方,保持一定的风度,站立于门前迎接宾客。主人应分别依次招呼每一位来宾,并安排固定人员为宾客引座,座次应按照宾客的职务和辈分的高低提前安排好,不可疏忽。大部分客人到齐后,除留一两个人在门口接待外,主人应回到宴会场招呼和应酬宾客。

（2）热情对待每一位宾客

宴请主人应以热诚的态度对待所有宾客,不可厚此薄彼。例如,如果你正和某客人应酬着,碰到另一些客人进来,不能分身时,可先对原来的客人道歉,再抽身前去接待,千万不能因忙乱而怠慢了客人。一旦发觉有的来宾孤单无伴,就要找朋友为他们介绍认识,以免使客人感受到冷落,如请的客人较多,宴请主人应分坐到各桌间招呼客人。

（3）上菜前应为宾客先斟茶

在客人还没到齐前,应为先到的客人斟茶,或上一些瓜子之类的零食,不能上菜。特别要注意,每到一位客人,都应快速将茶斟上,不可有所怠慢。

（4）主人应主动向宾客敬酒

上菜后,主人应先向同桌的客人敬酒,说一些感谢光临的话,然后请客人"起筷"。在宾客较多的情况下,主人要亲自到每一桌去敬酒,并一一致意。

（5）主人应为宾客送行

席散后,主人应回到门口,等待客人离去,并一一握手送行。如是小型宴会,可让小辈送长辈和路远的客人一程,或给他们叫出租车,以示主人的情意。

（6）家庭宴请,主人应保持风度

如计划在家中宴请客人,首先应将房间打扫干净,并作适当布置,以体现主人的文化修养和内涵。在家中宴请客人,一般都是女主人亲自下厨,但在入席前,女主人应换上得体的服装再陪客人一起用餐,不要穿着在厨房烹制菜肴的衣服入席。男主人应在席间多应酬,还应适时地关照女主人,体现男士的绅

女主人不要着围裙入席

士风度,千万不能对女主人不管不顾。

3. 赴宴者的礼仪

(1) 赴宴者的仪表礼仪

宴会是一种社交活动,赴宴者应注重自己的仪表和形象。在接到请柬时,应先了解宴会的档次和内容,如是较高档次的宴会,男子就应穿得正式一些,如只是一般的应酬宴会,男子只需将自己打扮得整齐大方即可;而对于女子来说,无论是什么档次的宴会,都应穿得漂亮和华丽一些,外加适当的化妆,使之显出女子的秀丽。不管是男子还是女子,参加宴会时都要保证身上及口腔没有异味。另外,要修饰好头发和胡须。

(2) 赴宴者的馈赠礼节

当收到一张请柬时,最好先看清楚宴请的性质(寿酒、喜酒还是孩子满月酒等),在决定赴宴后,要考虑"送礼"的问题。送礼的多少,可以看你和主人相交的感情深浅如何,感情深的,礼自然就要厚一些;感情浅的,礼便可以轻一点。送什么礼物要根据宴席的性质而定。公务宴请,一般不用赠送礼物。

(3) 进入宴会场所时的礼节

赴宴者到了宴会地点时,见到主人首先要说一些祝贺或感谢的话。如一时未见到主人可先与相识的朋友交谈,或找座位静坐等候,千万不要到处窜着找主人。如看见主人在与其他客人交谈,可先示意让主人知道你的到来即可,不要勉强打断主人与他人的谈话。

(4) 参加宴会不能迟到

参加宴会,切记不要迟到。迟到是对主人和先到宾客的不尊重。万一迟到了,在坐下之前,要先向所有在场的人微笑打招呼,同时还要表示歉意。

(5) 按主人安排的座次入席

赴宴者应按主人指定的座位入座。在没有特殊安排的情况下,可不必拘泥这一点,入座前切记要用手把椅子往后拉一点再坐下。男士应主动为同去的女士将椅子拉好,女士不必自己动手拉椅子。入席后要坐得端正,双腿靠拢、两足平放在地上,不宜将大腿交叠,双手不可放在邻座的椅背上或桌上。

(6) 用餐前的礼仪

菜未上桌时,不可玩弄餐具或频频起立离座,也不可给主人添麻烦。进餐前,服务员送上的第一道湿手巾是擦手的,不要用它去擦脸;菜上桌后,要等主人招呼后才能动筷。

4. 进餐时的礼仪

(1) 席间不宜高谈阔论

进餐时,不宜高谈阔论;吃食物时,尽可能将嘴巴闭合,不要发出声音。夹菜要文明,应等菜看转到自己面前再动手;一次夹菜不可太多;用餐时动作要文雅,不要将菜、汤弄翻;喝汤时不要发出声响。

进餐时不要高谈阔论

(2) 使用水盂要文雅

上龙虾、水果等时,会送上一只水盂,这不是饮料,是洗手的。洗手时只能两手轮流沾湿指头,轻轻刷洗,不要将整只手放进去。

(3) 不可对着餐桌打喷嚏

席间万一要打喷嚏、咳嗽,应马上掉头向后,拿餐巾或纸巾掩口。如果伤风、咳嗽,最好不去赴宴会。

(4) 主人致辞时应表示尊重

席间如有主人向宾客致辞,应停止进食,正坐恭听。主人致辞完毕应鼓掌致谢,这是对主人的尊重。在主人致辞时,千万不可交头接耳、左顾右盼或搬弄餐具。

(5) 注意席间的礼节

席间夹菜时,筷子不可在碟中乱翻或不顾及他人,大吃特吃自己爱吃的食品。进餐时,筷子和汤匙不能整段塞进嘴里,筷子夹菜送到牙齿,汤勺仅沾唇边即可。当菜掉到碟外后,只能将其夹来自己食用或放于残渣碟中,切记不可重放于原碟中。

(6) 席间忌脱衣服和挽袖管

参加宴会,切忌在席间脱衣服。如感到宴会厅里热,可在用餐前将外套脱了挂在椅背上;也不可在席间将衣袖挽起,好像是要大吃一顿的架势,显得很没有修养。

(7) 席间不能吸烟

虽然中餐没有严格规定不能吸烟,许多餐厅的桌面上还放了烟灰缸,但从礼仪修养的角度来讲,无论是在公共场合还是在宴请席间都不应该吸烟,这也体现了一个人的文明修养。

(8) 不要中途退席

最好不要中途离席,若万不得已要先离去应向同桌人说对不起,同时还要郑重地向主人道歉。如有长辈在场,最好先后退两步再转身离去。

(9) 注意剔牙时的举止

用牙签剔牙应用手或餐巾纸掩住嘴巴,不要将自己的牙床全露出来,这样有失雅观。

（10）宴会告辞礼仪

宴会完毕告辞时，应走到主人面前握手、说一些感谢的话，话要简单、精练，千万别拉着主人的手说个没完，妨碍主人送客。

剔牙时不要牙床外露

7.2.3 中餐中的其他礼仪

中餐礼仪是中国传统文化的一个重要组成部分，内容非常丰富。除了上面描述的以外，还有中餐餐具的使用礼仪、上菜礼仪、使用筷子的礼仪等。

1. 中餐餐具的摆放

中餐餐具主要包括杯、盘、碗、筷、匙等。在宴会上，水杯放在菜盘上方，酒杯放在右上，筷子与汤匙则放在专用的座子上（也可放在纸套中），公用的筷子和汤匙最好放在专用的座子上。酱油、醋等佐料一桌可放数份，每桌备有牙签盒。如有外国朋友参加宴会，应准备刀叉。

2. 中餐的上菜顺序

中餐上菜顺序一般为先凉后热，先炒后烧，咸鲜清淡的先上，味浓味厚的后上，最后是甜品和水果。宴会上的桌数再多，每桌都要同时上菜。有一定档次的宴席，热菜中的主菜，例如燕窝、海参、鱼翅等应该先上，即档次较高的热菜先上。

3. 中餐中使用筷子的礼仪

使用筷子是中国人值得骄傲和推崇的科学发明。筷子在中国古时称为"箸"，使用前要先将筷子的两端对齐，然后右手执筷，大拇指和食指捏住筷子的上端，另外三个手指自然弯曲扶住筷子。有位名人曾说："中国人早在春秋战国时代就发明了筷子。如此简单的两根木棍，却高妙绝伦地应用了物理学上的杠杆原理。筷子是人类手指的延伸，手指能做到的事，它都能做，且不怕高热、不怕寒冻，真是高明极了。"

在长期的生活实践中，人们对筷子的使用形成了一些礼仪上的忌讳，用餐及安排宴会时要特别注意。

（1）忌敲筷

不管是在等待就餐还是在就餐中，任何时候都不能坐在餐桌边，拿筷子随意敲打。

（2）忌掷筷

在餐前发筷子时，要把筷子一双双理顺，轻轻放在每一位就餐者面前，不能随手将筷子掷在桌上。用餐者用餐期间或用餐结束时不能将筷子随意掷在桌上。

（3）忌叉筷

筷子不能两根交叉摆放，也不能相互颠倒摆放；筷子要放在碗旁边，用餐前不可将筷子放在碗上，用餐完毕，应将筷子整齐地摆放在自己碗上。

（4）忌插筷

在用餐中，中途有事需暂时离开时，要将筷子轻轻搁放在筷座上或餐碟边，不可将筷子插在饭碗中。

（5）忌挥筷

夹菜时，不能用筷子在菜盘里挥来挥去、上下乱翻，遇到旁人也夹菜时，要注意避让，谨防"筷子打架"。

（6）忌舞筷

在餐桌上说话时，不能拿着筷子在餐桌上乱舞；在请别人用菜时，不要把筷子戳到别人面前。

（7）忌嘬筷

用餐过程中不能将筷子的一端含在嘴里，用嘴来回去嘬，并不时发出"咝咝"的声响。这被视为一种没有教养的行为，再加上还发出声响，更是令人生厌。

（8）忌漏菜

往自己碗里夹菜时，切忌将菜汤流落到其他菜里或桌子上。这种现象被视为严重失礼，要注意克服。

（9）忌插菜

用餐时，有人会使用一只筷子去菜盘里将食物插起送到自己碗里，这种行为被认为是对同桌人的不尊重，也是没有教养的表现。

（10）忌落筷

用餐过程中，人和举止都要轻而慢，尽量不要发生筷子落地的现象，如不小心发生了，要说"对不起，不好意思"等抱歉的话。

 中餐礼仪小故事

一双筷子看人品

一位张先生周末请朋友到家中吃饭。席间，张先生的父亲很少说话，一直静静地边吃边听他们聊天。朋友走后，父亲对张先生说："你这个朋友，不可深交。""为什么，这个朋友，合作过几次，印象还不错啊！"张先生回答。父亲说："从吃相看，基本可以估摸出他是个怎样的人。他夹菜有个习惯性动作，总是用筷子将盘子底部的菜翻上来，划拉几下，才夹起菜。对喜欢吃的菜，更是反反复复地翻炒，就好比把筷子当成锅铲，在盘子里把一盘菜重新炒了一次。"张先生不以为然："每个人习惯不同，有的人随意一些，有的人细心一点，不可苛求。"父亲摇摇头说："如果一个生活困窘的人面对一盘盘美味佳肴，吃相不雅可以理解，可你这位朋友本是生意之人，物质生活并不困苦，如此吃相，只能说明他是个自私、狭隘之人。面对一盘菜，他丝毫不顾及别人的感受，用筷子在盘子里翻来覆去地炒，如果面对的是利益的诱惑，他一定会不择手段据为己有。"接着，这位父亲讲起他小时候的故事："我五岁时，你的爷爷就去世了，你奶奶带着我日子过得极为窘迫，常常食不果腹。有时去亲戚家做客，你奶奶会提前反复叮嘱我：'儿啊，吃饭时一定要注意自己的吃相，不能独自霸占自己喜欢吃的菜，那会被人耻笑的。我们家穷，但不能失了礼节。'母亲的话，我铭记于心，即使美味佳肴，我也绝不会失态。"最后，这位父亲意味深长地对张先生说："不要小瞧一双筷子，一个小小的细节，可以看出拿筷子者的修养和人品。"果然，后来张先生的这位朋友为了一点蝇头小利，做出了背叛朋友的事。

"吃相"的后果

某公司为促进合作、发展业务，决定与合作方搞一次联谊活动。联谊活动的最后一项是聚餐。公司全体成员在领导的带领下出席了聚餐宴会。宴会中，公司主管财务的一位科长为了在宴会上吃得畅快、显示自己的潇洒，开始用餐之后没多久，他先是松开领带，接下来又解开领扣、松开腰带、卷起袖管，到了最后，竟然又悄悄地脱去自己的鞋子。尤其令人感到不快的是，这位科长在吃东西时，总爱有意无意地咂巴其滋味，喝酒时也时常喝出声响，还不断地大声说话，十分令人生厌。

这位财务科科长在聚餐宴会上的举止，不仅令他身边的人瞠目结舌，而且也使他的同事们无地自容。大家纷纷指责他说："你的举止太没素质了，不仅你自己丢人，我们大家都很没面子。"一周过去了，合作方主管找到公司领导说："你们的员工素质太低，看来以后的合作我们还要重新考虑。"公司领导听了这句话以后，马上召开了全体公司员工会，会上语重心长地对大家说："从今以后全公司上下必须加强礼仪修养，重树公司形象！"

7.3 西餐礼仪

现代社会，国际交往日趋频繁，中西方文化不断交融，西餐文化也走进了中国和东方各国。要使自己在任何交际场合都能得心应手，必须了解和掌握西餐礼仪。本节主要通过介绍西餐文化知识，引导学习者学习和掌握西餐礼仪。

7.3.1 西餐文化简介

1. 什么是西餐

我们所说的西方，一般是指欧洲地区和国家，以及以这些地区和国家的人为

礼仪与文化（第三版）

主要移民的北美洲、南美洲和大洋洲的广大区域。西餐也主要是指以上区域的餐饮习惯和文化,是中国和其他部分东方国家及地区对西方国家菜点的统称。广义上讲,也可以说西餐是对西方餐饮文化的统称。

2. 西餐的特点

西餐主要分为两大类,一类是欧美菜,另一类是俄式菜。不论是哪一类西餐,都有共同的六大特点,也就是人们通常说的六个"M"。

(1) Menu(菜单)

当你走进西餐馆,服务员在引领你入座后,会马上送上菜单。菜单被视为西餐馆的门面,老板也一向重视。通常,菜单所使用的材质都非常好并印刷精美,有的甚至用软羊皮打上各种美丽的花纹。看菜单主要不是看菜的价格,而是看这个餐厅菜单上的传统和文化,这是吃西餐的一个必不可少的程序,是一种生活方式。吃西餐不看菜单,说明用餐者对西餐文化的了解浅薄。

(2) Music(音乐)

豪华高级的西餐厅,一般都有乐队演奏一些柔和的乐曲,一般的小西餐厅会播放一些美妙的乐曲。西餐厅中对音量有比较严格的要求,即音乐的音量要达到"似听到又听不到的程度"。也就是说,当用餐者集中精力和友人谈话时要听不到音乐,想休息放松一下时要能听到音乐。

(3) Mood(气氛)

吃西餐讲究环境雅致、气氛和谐。餐具洁净、透亮,餐桌摆放典雅,营造着浪漫、清雅的气氛。

(4) Meeting(会面)

在我国,与亲朋好友或趣味相投的人才会一起吃西餐。吃西餐主要是为联络感情,很少在西餐桌上谈生意,所以,西餐厅内一般没有面红耳赤的场面出现。

(5) Manner(礼俗)

这里的"Manner"也称之为"吃相"或"吃态"。"吃相"或"吃态"应遵循西方习俗,勿有唐突之举。特别在手拿刀叉时,若手舞足蹈,就会"失态"。西餐宴会,主人都会安排男女相邻而坐,讲究"女士优先"的西方绅士,都会表现出对女士的殷勤。中国人用西餐也应学习西方的礼节和礼貌,在西餐厅,无论男女都要格外注意自己的言行举止。

(6) Meal(食品)

一位美国美食家曾这样说:"日本人用眼睛吃饭,料理的形式很美;西方人是用鼻子吃,所以我们鼻子很大;只有中国人才懂得用舌头吃饭。"这说明了中餐是以"味"为核心的饮食,西餐的味道是无法与中餐相提并论的。

3. 西餐餐具简介

西餐宴会所需的餐具可分银器、瓷器、玻璃器皿、上菜盘和厨房用具五大类。这里主要介绍供用餐者使用的前三类。

（1）银器

银器包括大小刀叉、铲、夹、汤匙、布丁匙、咖啡匙等。在正规宴会中，上述器具是配套的。吃西餐，餐具中不可少的是一套分菜用的餐匙和一把锋利的切肉刀。这里要说明的一点是，西餐餐具中所谓的银器不一定是由金属银制作的。

① 刀。西餐中的刀分水果刀、奶油刀、鱼及生菜刀、肉刀等，各类刀长短不一，形状大小不等。用餐时，各类食品对应使用不同的刀具，不可混用。

② 叉。叉分肉叉、鱼及生菜叉、水果叉、蚝叉等，各类叉长短不等，叉齿不一，各有不同的用途。用餐时，使用叉来获取食物，要根据食品的类别来选用相应叉，叉不能混用。

③ 夹和铲。夹分方糖和冰块夹、硬壳果夹、田螺夹等，它们都是特定的夹子。铲分点心铲和派铲等，铲的作用是将点心之类的食品铲到用餐者盘中。

（2）瓷器

瓷器有餐盘、汤盆、汤碗、奶酪或色拉盘、咖啡壶、奶油杯、咖啡杯及杯托等，分大、中、小号。在正式宴会上，所有的瓷器都要配套，非正式宴会要求不严。

（3）玻璃器皿

玻璃器皿主要是指各类杯子。西餐用的酒杯很讲究，不同的酒类所使用的酒杯不同。所以，酒杯包括红酒杯、香槟酒杯、鸡尾酒杯、白兰地酒杯、啤酒杯、甜酒杯及水杯等多种类型。正式宴会，餐中一般使用红酒杯，餐后的甜酒用甜酒杯。

4. 西餐菜肴和面点

（1）西餐菜肴

西餐分为欧美式和俄式两大类，其中：欧美式西餐菜肴又以英国菜、法国菜、美国菜和意大利菜较为著名。

英国菜的特点是：油少、口味清淡，很少用酒做调料，调味品都放在桌上。著名的菜有：薯烩烂肉、薄荷沙司、烧鹅苹果沙司、圣诞节布丁、炸鳕鱼配炸马铃薯、烤牛肉配约克郡布丁等。

法国菜的特点是：选料广泛，用料新鲜，烹调讲究，花色品种繁多。法国菜的选料除一般原料外，还选用蜗牛、蘑菇、芦笋、鹅肝、椰树心、洋百合等。法国菜烹调用酒很重，食品一般只煮三四成熟即食用。法国名菜有：鹅肝冻、马赛鱼羹、红酒山鸡、法式洋葱汤等。

美国菜的特点是：口味咸里带甜，常用水果作为菜肴的配料。点心和色拉大多用水果制成，调料大都是用色拉油沙司和鲜奶油，一般不放辣味。美国名菜有：丁香火腿、蛤蜊浓汤、美式火鸭等。

意大利菜的特点是：味浓，以原汁原味闻名。意大利菜以炒、煎、炸、红烩、红焖等方法著称。饭和面条只烧到六七成熟就吃，这是区别于其他国家的一个明显标志。意大利特色名菜有通心粉素菜汤、铁扒干贝、红焖肘子、意大利浓汤等。

俄式菜的特点是：油大味重。肉类和家畜菜要烧到很熟才吃，咸鱼和熏鱼多生吃。多用酸奶油、奶渣、柠檬、酸黄瓜、小茴香等作调味品。著名俄菜包括青鱼饺子、冷菜果汤、烤羊肉串、酸黄瓜汤、果酱酸奶油汤等。

（2）西式面点

西式面点的品种较多，主要有吐司、三明治、布丁、蛋糕和面包等。

① 吐司：一种以面包片配上肉、鱼、蛋和蔬菜丁、泥，经过炸或烘烤而成的食物。

② 三明治：在两片面包中夹上其他原料的一种食品，夹心中用的是什么原料就称为什么三明治。

③ 布丁：用面粉、鸡蛋、水果、牛奶和糖为原料经调制后放入布丁盒内蒸制而成的一种食品，一般有面包布丁、水果布丁等。

④ 蛋糕：用鸡蛋、面粉和糖为主料，经认真调制后，放入各种形状的蛋糕盒内蒸制而成的一种点心。

⑤ 面包：以面粉为原料，配以鸡蛋、糖、盐等，经发酵后烘烤而成的一种食品，面包是西餐中的主食，有各种不同的形状和风味。

7.3.2 西餐桌上的礼仪

总体来说，西餐礼仪与中餐礼仪有很大区别。对于现代人来说，应了解和掌握西餐的用餐礼仪。

1. 西餐入席礼仪

参加西餐宴会时男女宾客都应穿戴整齐、美观，特别是女性，应稍做化妆，让人感觉清新和高雅。入席时，同桌的男士应先照顾女士入席，等女士和长者坐定，再入座。无论男女入座时应由椅子的左方入座，离席时也应由椅子的左方退出。坐姿要端正，脚不可任意伸直和交叠，身体与餐桌间应保持一定距离。

2. 餐具及餐桌上物品的摆放

西餐餐桌上铺有桌布，并以美观、清爽为原则。按传统，正式的宴会用白色的桌布。

餐具主要包含银器、杯具和盘具等。其中银器的摆放方法为：叉具放于左侧，刀具和匙放于右侧，用餐者应按上菜顺序，由外向里启用餐具。大多数西餐或西餐宴会上只饮一种酒，酒杯置于餐刀的正前方。在宴会中，酒杯的摆放不很严格，严格的是喝什么酒要用相应的杯具,所以,如有多种酒杯,则说明本次宴会中有多种酒。西餐中一般喝凉水或冰水,而没有茶,所以,餐具中包括水杯。在叉的左侧一般置有一白色托盘,当奶酪或菜送上后,用餐者可将盘挪到自己的正前方。

为了营造气氛,增添浪漫情趣,西餐餐桌上都放有小烛台。一般来说,蜡烛越长,使用的烛台越矮。餐桌上都放有一套调味品,用来盛装胡椒粉、白糖、芥末粉、盐等。西餐餐桌上一般不摆放烟灰缸。

西餐餐桌上的餐巾可以折叠成各种形状,例如"僧帽形""三角形""长方形"等。折好的餐巾可放在白托盘中。无论是正式宴会的大餐桌,还是一般的朋友会面的小餐桌,为了营造出一种浪漫的气氛,西餐桌上都放有短茎的鲜花。

3. 西餐餐具的使用方法

（1）右手持刀

使用刀具时,应将刀把的顶端置于手掌中,用拇指抵住刀柄的一侧,食指按在刀柄背上,其余三指顺势弯曲,稍用力即可切割食品。食指不可触及或按在刀背上。刀除了可以用来切割食品外,还可以用来帮助将食品拨到叉上等。

（2）左手持叉

与刀并用时,以左手持叉。持叉时,手应尽可能地握在叉柄的末端,叉柄依在中指上,中指以外部的无名指和小指做支撑,不要抓住整段叉柄。在不与刀并用时,叉齿可向上以铲的姿势取食品。与刀并用取食品时,正确的使用方法是:以右手持刀,左手持叉,叉齿向下,用叉固定食物,用刀切割,然后以左手用叉将食物送入口中。欧洲式的吃法是:切一块吃一块,每块不宜过大。美国式的吃法则是将食物切割好,将刀放下,右手改持叉,用右手将食物送入口中,甚至可以叉齿向上,将食物铲着送入口中。

（3）叉匙并用

右手持匙,左手持叉。叉匙并用取食时,叉的持法和刀叉并用时相同,叉齿向下。就餐时按刀叉顺序由外向里取用。

（4）中止用餐时刀叉（匙）的摆放

如暂停用餐或用餐完毕,刀叉或刀匙应交叉置于盘中,并注意叉齿向上。

总之,西餐餐具很多,关键是掌握好刀叉的使用方法,其他餐具使用频率不高,如碰上不会使用时,可先看看别人怎样使用后再动手。

4. 吃西餐的礼仪

（1）西餐座次

西餐的餐桌为长方形。宴请客人,主人应安排座次。安排座次的基本原则是男女宾客相邻交叉而坐,例如,一边将女宾置中间,两边各为男宾;另一边则将男宾置中间,两边各为女宾。这样每个人的左右对面都是异性,以便相互交谈。

夫妇一般不安排坐在一起。

（2）餐巾的使用

入座后，待主人先摊开餐巾，客人方可使用餐巾。餐巾应放在双膝大腿上，切勿挂在领口或其他地方。餐巾除起到防止在席间弄脏衣服的作用外，还可用来擦嘴，擦嘴时只能轻轻拭一下，不能用劲去擦。如中途要离席，切忌将餐巾随意放在桌上，因为那是表示你不再回来了。应将餐巾放在椅子上，用餐完毕后餐巾应大致叠好，叠餐巾时要将用过有污迹的一面叠在内侧，放在桌上或托盘中，切忌乱扔。

（3）用餐时的礼节

用餐时要注意刀叉的取用顺序。刀叉的取用顺序是先用摆在餐桌最外侧的，吃一道菜，用一副刀叉，刀叉用毕应并排放在盘中央。当盘中食物需要推移时，可用刀推移，切忌转动盘子。

咀嚼食物时，要闭嘴，不要发出响声。喝汤时，汤匙由内向外舀出，每次舀汤不宜过多，喝汤时不要出声，也不要用汤匙搅汤和用口吹，特别切忌端起碗来喝汤。面包不能用口咬着吃，要用手撕成小片吃，切忌用刀子切割面包。用餐过程中切忌将吃到口中的食物再吐出来。例如，吃鱼时要先在餐盘中将鱼刺剔除，吃有骨头的肉时也要先在餐盘中将骨头剔除，不能一边吃一边从口中将鱼刺等残渣吐出来，这样是没有教养的表现，同桌用餐的朋友也会十分厌恶。

（4）西餐水果的吃法

美国人习惯用手拿着水果吃，欧洲人则习惯用水果刀切开，用叉子叉着吃。不管什么习惯，在正式宴会中，是不能用手拿着整个水果啃着吃的。吃完水果后，应先在洗手钵中刷洗手指再用餐巾擦干，不要直接用餐巾擦。

（5）进餐中的举止

在进餐过程中，餐具必须随时保持整齐；身体不能紧靠餐桌，或把胳膊放在餐桌上；自己够不着的食品或餐具可请朋友帮助递一下，不可站起来俯身去取；不能随意脱下上衣、松开领带或把袖子挽起；如从大托盘中取菜，一定要用公用的叉子；手沾上汤汁不能用嘴去吸吮；敬酒以礼到为止，切忌劝酒、猜拳及吆喝；席间不可以吸烟。

来块大的尝尝

不要站立取菜

（6）离席时的礼仪

用餐结束离席时，应等男女主人表示离席后方可离席。离席时男子应帮助邻座的女士和长者拖拉椅子；离席时要向男女主人表示感谢。

西餐礼仪小故事

西餐桌上吃鱼

在德国做访问学者的李先生参加一个朋友的聚餐会,李先生看到自助餐上有鱼块,从小爱吃鱼的他,就取了不少鱼块,美美地享用起来。吃着吃着,他发现自己旁边的朋友们都端着盘子走开了,而且还用异样的眼光看着他,李先生感到莫名其妙,不知道自己哪里不对。这次宴会后,李先生感到一些德国朋友似乎对他冷淡了不少,可他不知其中的原因。一次,李先生去拜访教授,教授请他在家中用餐,餐桌上又有鱼,鱼炸得又香又脆,让他想起母亲也是这样炸鱼给他吃,他很感动,并和教授一家一边喝着红酒,一边吃鱼,相谈甚欢。吃着吃着,教授和家人全都看着他,最后,教授的妻子站起身来,脸上有些不快地走开了。

李先生不明白发生了什么,但还是把自己盘中的鱼吃完了。用完餐,教授看着他,用十分生气的语气对他说:"李,你太不文雅了,希望你在德国多学一点礼仪。"

李先生当时就蒙了,不知教授何出此言。李先生追问自己哪里做错了,教授说:"你吃鱼的时候,一边吃,一边吐骨头,这非常不礼貌。"李先生说他在中国就是这样吃鱼的,难道还有吃鱼连骨头和鱼刺一起吞下去的? 教授更加生气了。教授说:"在德国用餐时,你把吃进嘴里的东西再吐出来,让人觉得非常不卫生,也缺乏最基本的礼貌。"李先生这才恍然大悟。

之后,李先生认真学习了西餐的用餐礼仪,了解到在西餐食物中,如吃肉食,很少吐骨头、鱼刺。因为他们烹饪这些食物时,一般都会先行剔除骨头或鱼刺。即便没有先剔除骨头或刺,食用前也要先在自己的餐盘中剔除,否则,用餐时吃到骨头和刺,他们也不会吐出来,而是嚼碎了吞下去。他们认为在餐桌上不从口腔中吐东西,是一种最起码的教养。而不断地从口腔中吐出骨头、鱼刺等残渣,这对西方人来说,简直是一件不可思议的事情。

7.4 饮酒礼仪

酒是人类生活中的主要饮料之一,是一种以粮食、水果等含淀粉和糖类的物质为主要原料,经过发酵而制成的一种含酒精的饮料。在人类文化历史中,"饮酒"已不仅仅以一种客观物质形态和行为存在,更主要的是以一种特殊的文化象征存在于人们的生活中。

7.4.1 酒文化简介

酒文化是随着人类文明史的发展而发展起来的。古今中外,在人们生活中,

礼仪与文化(第三版)

酒文化从文学艺术创作、文化娱乐、饮食烹饪到养生保健等各方面都占有重要的位置,并以不同的传统文化形式存在于世界各国人民的生活中,几乎渗透到社会生活中的各个领域。

1. 酒起源的传说

(1)古猿人与酒的传说

相传在"猿"还没有完全变为"人"时,古猿人靠采集野果为生。将吃不完的野果囤积起来,当准备再吃时,发现果子因堆积而发酵,形成了酒。猿人吃了这种"果酒",晕晕乎乎,十分惬意,开始人为地堆积、发酵和收集这种饮料,于是就产生了酒。

(2)仪狄酿酒传说

相传夏禹时期的仪狄发明了酿酒。史书《吕氏春秋》中有"仪狄作酒"的记载。汉代的《战国策》又进一步阐述:"昔者帝女令仪狄作酒而美,进之禹,禹饮而甘之,遂疏仪狄,绝旨酒曰:'后世必有以酒亡其国者。'"(禹乃夏朝帝王)。

(3)杜康酿酒传说

传说酿酒始于杜康(亦为夏朝国君)。东汉《说文解字》中解释"酒"字为"杜康作秫酒"。传说杜康将未吃完的剩饭,放置在桑园的树洞里,剩饭在洞中发酵后,有芳香的气味传出,偶然间就发明了"酒"。这段记载在后世流传,形成了杜康酿酒的传说。

(4)黄帝时期的酿酒传说

传说大约在五千年以前的黄帝时代,人们就已开始酿酒。汉代的《黄帝内经·素问》中记载了黄帝与岐伯讨论酿酒的情景,《黄帝内经》中还提到一种据说是用动物的乳汁酿成的名为"醴酪"的甜酒。

(5)其他传说

"天有酒星,酒之作也,其与天地并矣",这一传说阐明了一种酒与天地并存的观念,说明在人类的生活中不能缺了"酒"。

这些传说尽管各不相同,但说明酿酒技术早在夏朝或者夏朝以前就存在了。考古学家于1987年就在山东莒县发现了距今五千多年的酿酒器具。这一发现也充分说明中国的酿酒技术早在五千年前就已经形成,而酒的起源则更早。

2. 酒的作用

古人将酒的作用归纳为"酒以治病,酒以养老,酒以成礼"三类。实际上酒的作用还包括:酒以成欢,酒以忘忧,酒以壮胆等。酒也会使人沉湎、堕落、伤身败体,古今中外的历史上有不少国君因沉湎于酒,引来亡国之祸。

有文人这样来描述酒:"酒,它好像是一个变化多端的精灵,它炽热似火,冷酷像冰;它缠绵如梦萦,狠毒似恶魔,它柔软如锦缎,锋利似钢刀;它无所不在,力大无穷,它可敬可泣,该杀该戮;它能叫人超脱旷达,才华横溢,放荡无常;它能叫人忘却人世的痛苦忧愁和烦恼,到绝对自由的时空中尽情翱翔;它也能叫人肆无忌惮,勇敢地沉沦到深渊的最底处,它还让人丢掉面具,原形毕露,口吐真言。"由于酒有这么多好的、诱人的和害人的特点,于是,有人因酒而高歌、有人因酒而堕落、有人因酒而成为挚友、有人因酒而大获成功等。

古今中外,人们往往把狂饮烂醉的人称为"酒鬼",讽刺讥笑,贬之又贬。但唐诗中却未曾有"酒鬼"这个词,而是称"酒徒""酒友"或"饮者"。杜甫则称他们为"仙"。"仙"与"鬼"虽然都是乌有之物,但"仙""鬼"之别,一在天上,一在地府。狂醉的人,也不认为自己是"酒鬼",例如:李白便自称"酒中仙"。在当时,你不能经商赚钱,不能一举成名,都不会有人笑话你,若不能饮酒,则受到亲友的"奚落"。

3. 酒的种类

(1) 中国酒

据有关资料介绍,在我国商、周时代,随着农业的发展,酿酒原料由以果类为主发展到以谷物为主;西汉时期,张骞出使西域,带回葡萄种植和酿酒技术,葡萄酒就开始在中国诞生了;宋、元时代我国已能酿造蒸馏酒,即白酒。随着社会的进步和科学的发展,我国的酿酒技术日趋完善,酒的品种越来越多,目前已拥有几十种名酒和优质酒,有的名酒已享誉全球。严格地说,地道的中国酒,只有白酒和黄酒,葡萄酒和啤酒都是从国外引进来的。目前的中国酒,可谓是名酒荟萃,享誉中外。

根据酿酒的方法,中国酒主要分为蒸馏酒(酒精含量较高),原发酵酒(酒精含量较低),及兑制酒(配制酒)三大类。在这三类酒中,根据酒精含量的高低又分为高度酒(40％vol 以上),中度酒(20％vol～40％vol)和低度酒(20％vol 以下)。

根据香型可分为酱香型酒、浓香型酒、清香型酒、米香型酒、兼香型酒五类。其中,茅台酒是典型的酱香型酒,目前已有近三百年的历史,早在 1915 年的巴拿马万国博览会上就被评为世界第二名酒,现在更是名闻遐迩、饮誉中华、名扬海外。五粮液是典型的浓香型酒,它是一种精心酿制的原发酵酒。浓香型酒入口后余香不尽,味纯净爽,风味独特。汾酒、小曲酒、董酒分别为典型的清香型,米香型和兼香型酒。

(2) 洋酒

洋酒是相对中国酒而言对所有外国酒的俗称。随着通信和交通的发展,国际的交流不断加强,各国各品牌的酒类不断进入中国,这些洋酒不但提供给在中国的外国客人饮用,同时也逐步被中国人接受,例如啤酒。

啤酒有"液体面包"之称,是销量最高的世界主要饮料之一,也是一种优良的营养饮料。啤酒分生啤酒(鲜啤酒)、熟啤酒和黑啤酒等几类。

洋酒中,葡萄酒的品种较多。按颜色可分为红葡萄酒和白葡萄酒;按含糖量可分为干葡萄酒、半干葡萄酒、甜葡萄酒和半甜葡萄酒;按酿造方法可分为天然葡萄酒和加强葡萄酒;按就餐的用途可分为饭前葡萄酒、饭后葡萄酒;还有一种以葡萄为主要原料,有起泡性的汽酒为香槟酒。其中,红葡萄酒颜色深红、味甜微酸、香浓;白葡萄酒颜色略带绿或浅黄,味有甜、酸、辣三种,具有怡爽、清香、柔和、健脾胃、去腥气等特色;香槟酒原产于法国,酒体清澈、颜色微黄、味道清香、气体充足,这种酒常在席间致辞后或宴会接近尾声时干杯使用。

洋酒中,除了白酒、葡萄酒和啤酒外,还有一种主要用于鸡尾酒会的酒,即鸡尾酒。鸡尾酒是一种混合饮料,其特点是"冷"。不论春夏秋冬任何季节都要用碎冰块来调节温度。鸡尾酒中配有水果、果汁和冰块等,因此度数较低,一般在 $15\%\text{vol}\sim20\%\text{vol}$。鸡尾酒一般是现配现饮,不能贮藏。鸡尾酒除作为鸡尾酒会上的主要酒品外,也是西餐上饮用的酒品。

7.4.2 中国饮酒礼俗

中国饮酒礼俗种类繁多,各具特点,不同的礼俗酒含义不同。这里仅举几个具有代表性的礼俗酒。

1. 节日饮酒礼俗

中国人一年中的几个重大节日,都有相应的饮酒活动。例如,端午节饮"菖蒲酒";重阳节饮"菊花酒";除夕夜的"年夜饭酒";丰收时的庆丰收酒等。又例如,江西民间,春季插完禾苗后,要欢聚饮酒;庆贺丰收时更要饮酒,酒席散尽之时,往往是"家家扶得醉人归"。

2. 民族民间饮酒礼俗

各民族都有各民族的饮酒礼俗。例如,古代汉族民间的"屠苏酒"。"屠苏酒"是以粮食酿造的酒,再以一定的中药材配制而成。新年伊始,汉族有合家饮"屠苏酒"的习俗,饮酒时,从年幼者到年长者依次饮用,据说饮此酒可以避瘟气。其他民族和地区也都有许多不同的饮酒礼俗。

(1) 朝鲜族的"岁酒"

"岁酒"是在岁首节饮的酒,岁首节相当于汉族的春节。"岁酒"以大米为主料,配以桔梗、防风、山椒、肉桂等多味中药材。

(2) 哈尼族的"新谷酒"

各家从田里割回一把即将成熟的谷把,倒挂在堂屋右后方山墙上部的一块小簸箕沿边,意思是求家神保护庄稼,然后勒下谷粒百十粒,炸或不炸,放入酒瓶内所泡制的酒就是"新谷酒"。每年秋收之前,按照传统习俗,居住在云南元江一带的哈尼族都要举行一次丰盛的"喝新谷酒"仪式,以欢庆五谷丰登,人畜平安。

喝"新谷酒"要选定一个吉祥的日子,家家户户置办丰盛的饭菜,全家老少都无一例外地喝上几口"新谷酒",这顿饭人人都要吃得酒醉饭饱。

（3）重阳节饮的"菊花酒"

"菊花酒"由来已久,《西京杂记》曾记载:"菊花舒时并采茎叶,杂黍米酿之,至来年九月九日始熟,就饮焉,故谓之菊花酒。"梁简文帝《采菊篇》中则有"相呼提筐采菊珠,朝起露湿沾罗襦"之句,亦采菊酿酒之举。直到明清,菊花酒仍然盛行,在明代高濂的《遵生八笺》中仍有记载,是盛行的健身饮料。

（4）南方的"女儿酒"

女儿酒最早记载在晋人嵇含所著的《南方草木状》中,说的是,南方人生下女儿便开始酿酒,酒酿成后,埋藏于池塘底部,待女儿出嫁之时取出供宾客饮用。这种酒在绍兴得到继承,发展成为著名的"花雕酒"。"花雕酒"的酒质与一般的绍兴酒并无显著差别,主要是装酒的坛子独特。这种酒坛还在土坯时,就雕上各种花卉图案、人物鸟兽、山水亭榭,待女儿出嫁时,取出酒坛,请画匠用油彩画出"百戏",如"八仙过海""龙凤呈祥""嫦娥奔月"等,并配以吉祥如意、花好月圆的"彩头"。

（5）民间喜酒

喜酒往往是婚礼的代名词,置办喜酒即办婚事。去喝喜酒,也就是去参加婚礼。

7.4.3　饮酒礼仪

饮酒是各种宴会上不可缺少的内容,尽管参加宴会的人各有不同,酒的品种各有千秋,宴会的中心话题多种多样,但基本的饮酒礼节要求是一样的。

1. 斟酒和敬酒的礼节

为客人斟酒时,要先为长者、远道客人或职务较高的人斟,或者按顺时针方向依次斟酒,斟酒时不要满得溢出来。

当主人来斟酒时,作为客人应起身或俯身,以手扶杯或欲扶状态以示恭敬。在宴会中,主人若有敬酒之举,会饮酒的客人应回敬一杯。敬酒时应面向对方,双腿站稳,上身挺直,热情大方,以双手举起酒杯,待对方饮时,再饮。不管是主人还是客人,敬酒都要适可而止。

2. 推辞敬酒的礼节

虽然自古以来就有"酒逢知己千杯少"和"一醉方休"的说法,但对于确实不会喝酒的人,不宜劝其饮酒。不会喝酒的人在宴会上可主动要一点果汁之类的饮料,说明自己不会喝酒和不能喝酒的原因,然后礼貌地拒绝并以果汁代酒。当主人向自己杯里斟酒时,可用手轻轻敲击杯的边缘,含义就是"我不喝酒,谢谢。"千万不要东躲西藏,或把酒杯翻过来放,杯里的酒可以不喝或沾一点以表示意思,但不能将酒悄悄倒掉。

3. 文明喝酒礼仪

饮酒前,应先有礼貌地品一下酒,欣赏一下酒的颜色,闻一闻酒的香味,同时可赞扬一下主人为大家准备的酒,待席间的气氛活跃起来后再有礼貌地相互敬酒。

4. 喝酒举止礼仪

喝酒时要注意自己的举止,不能随便就一饮而尽,避免酒顺着嘴角往外流;在正式的社交宴会中,一定要控制自己的饮酒量,喝多了会失言,甚至失态;饮酒的姿态要文雅,不要边饮酒边吸烟,也不要让旁人听到吞咽酒的声音;女士在接受别人的敬酒时,不一定非要举起自己的杯子,以微笑表示感谢即可,稍微喝上一点更好。

5. 祝酒词礼仪

一般来说,宴会中都有一个主题,祝酒时应围绕主题。祝酒词应凝练、简短,以能为大家助兴为原则,不要端起酒杯来说个没完,等大家的兴致都没了,这杯酒还没喝下去。

6. 喝酒禁忌

(1) 席间贪杯。宴会上,碰到需要举杯的场合,要大方得体,该举杯时则举杯,但切忌贪杯。

(2) 工作前喝酒。工作前不得喝酒,以免与人谈话时失言。休息时喝酒也要有节制。

(3) 社交酒宴粗俗无礼。交际酒会之间,与会者不要竞相赌酒、酗酒、喝酒如拼命、劝酒如打架,否则会把文明礼貌的交际活动变得粗俗无礼。

(4) 喝酒影响他人休息。公共场合不得猜拳行令、吵闹喧嚣、粗野放肆。家庭酒会一般也不宜划拳,这样会影响邻居休息。

(5) 喝酒没有节制。酒能麻醉人的神经,使人思绪紊乱,千万不能借酒发疯、胡言乱语,否则,丑态百出,有损自己的形象。

7.5 饮茶礼仪

茶是世界三大饮料之一,有着悠久的历史。茶叶的品种繁多,产量大,对人体健康也有很多益处,西汉年间的《神农本草经》中有这样的记载:"神农尝百草,日遇七十二毒,得茶(茶)而解之。"可见,远古时代,茶就已经被人们用作解毒的药物来饮用。饮茶礼仪随着茶文化的发展而逐渐形成体系,并形成了完整的茶艺、茶道等礼仪规范,本节将以茶文化为基础对饮茶礼仪作系统介绍。

7.5.1 茶与茶文化

茶文化是中国传统文化的重要组成部分。随着社会的发展与进步,茶不但是人们生活的必需品,而且对社会经济发展起了促进作用,茶文化体现了人类的精神世界,有益于提高人们的文化修养和艺术欣赏水平。

中国是茶的故乡,早在商周时期,茶就被用作祭品、药物、菜食等,并开始以茶为饮料。到了汉朝,饮茶风尚逐渐兴盛,茶也被当作皇室和达官显贵的"养生妙药"和珍贵的饮料。西汉王褒的《僮约》中就有"武阳买茶,杨氏担荷","脍鱼包鳖,烹尽茶具"的条款,可见,当时茶叶生产已有了一定规模。到唐朝中期,当时僧人坐禅均以茶提神、清心。一些文人雅士以尚茶为荣,如白居易、李白、杜甫等都是品茶的行家,而最著名的是被称为"茶圣"的唐人陆羽,其于公元 780 年撰写了世界第一部茶叶专著《茶经》三卷。《茶经》中系统地总结了种茶、制茶、饮茶的丰富经验,其极大地促进了人类种茶业的发展。

茶文化表现在社会生活的各个方面,是情感和文化的完美结合体,随着人类文明的发展而兴盛,茶文化不仅传递了"茶"的自然美,还传递着茶文化文学美和艺术美的意境,也彰显出了茶文化的美育内涵,影响着人们的行为意识和精神生活。

1. 茶与婚礼的关系

当盛行饮茶的时代开始时,我国婚礼中就有了直接用茶为仪的各种礼俗。现代婚礼实际是通过宴庆,为新郎、新娘举行的一次"招待会"。在结婚喜庆的一天,客至献茶,这样,婚礼也就自然而然地和茶结下了不解之缘。

2. 茶与诗词歌舞

我国是"茶的故乡",由茶叶生产、饮用为主体派生出来的茶文化很早以前就渗透进了诗词和歌舞之中了,例如,左思的《娇女诗》就是最早出现的茶诗,到现在已历时 1700 年。又例如,唐代卢仝的《七碗茶诗》:"一碗喉吻润,二碗破孤闷,三碗搜枯肠,唯有文字五千卷。四碗发轻汗,平生不平事,尽向毛孔散。五碗肌骨清,六碗通仙灵。七碗吃不得,唯觉两腋习习清风生。"从现存的茶史资料来看,茶叶成为歌咏的内容,最早见于西晋的孙楚《出歌》,其称"姜桂茶荈出巴蜀",这里所说的"茶荈",就是指茶。宋代,由茶叶诗词而传为茶歌的情况也很多,如熊蕃的十首《御苑采茶歌》等。

3. 茶与戏曲

"采茶戏"是流行于江西、湖北、湖南、安徽、福建、广东、广西等省区的一种戏曲类别。除此以外,各地区还将"采茶戏"冠以各地的地名来加以区别。如广东的"粤北采茶戏",湖北的"阳新采茶戏""黄梅采茶戏""蕲春采茶戏"等。其所体现的就是一种典型的茶文化。

4. 茶与楹联

茶联乃是我国楹联宝库中的一枝夺目鲜花。茶联字数多少不限,但要求对偶工整,平仄协调,是诗词形式的演变。在我国,凡是有"以茶联谊"的场所,诸如茶馆、茶楼、茶室、茶叶店、茶座的门庭或石柱上,茶道、茶艺、茶礼表演的厅堂墙壁上,在茶人的起居室内,常可见到悬挂有以茶事为内容的茶联。茶联不但有古朴高雅之美,而且有"公德正气"、情操高尚之感,还可以给人带来联想,增加品茗情趣。

5. 茶刊和茶书

人类悠久的茶业历史,为人类创造了茶业科学技术,也为世界积累了丰富的茶业历史文献。在浩如烟海的文化典籍中,不但有专门论述茶叶的书,而且在史籍、方志、笔记、杂考和字书类古书中,也都记有大量关于茶事、茶史、茶法及茶叶生产技术的内容。

最早的茶书,可追溯到传说中的神农氏之时的《神农本草经》,当时,茶主要是作药用,后把茶作为祭品、煮羹食用,而后煮水清饮直到泡饮。西周初期,我国就开始记载茶事,随后茶业文献不断出现,但大多是只言片语或断简残章。直到唐代中叶,陆羽撰写出世界上第一部茶叶专著《茶经》,才从根本上改变了这种状况,之后唐朝有《煎茶水记》(张又新)、《采茶录》(温庭筠);宋朝有《茶录》(蔡襄)、《大观茶论》(徽宗赵佶);明代有《茶谱》(朱权);现代有《茶树原产地考》(吴觉农)、《茶经述评》(吴觉农)、《制茶》(庄晚芳)等名著。

茶刊是指有固定名称的,介绍有关茶文化内容的,用卷、期或年、月顺序编号成册的连续性出版物。据不完全统计,我国有相关期刊二十多种。

6. 中国茶道与茶艺

中国"茶道"早在唐宋时期就传到日本,经日本人总结提高,形成了日本茶道。在中国台湾、中国香港等地,经过人们多年努力,又创出了具有地方特色的"茶艺",并开始在内地传播。目前中国内地的茶道也形成了自己的风格,其特点是体现中国传统礼仪中的中庸、明伦、谦和及俭德的境界和修养之道。

7.5.2　茶的种类

茶叶种类的划分方法有多种,其中按制作方法不同而对成品茶进行划分,可将茶分为绿茶、红茶、青茶、白茶、花茶及普洱茶等。

1. 绿茶

中国的绿茶生产历史悠久、产区辽阔,产量之高、品种之多,可称得上世界之最。绿茶的制作主要有杀青、揉捻和干燥三道工序。绿茶的主要特点是：干茶色绿，冲泡后汤清，并具有清香或熟栗香、甜花香等香味，滋味鲜醇爽口，浓而不涩。我国最著名的绿茶主要是杭州的龙井茶、太湖洞庭山的碧螺春茶、黄山毛峰、都匀毛尖、普陀佛茶等。

2. 红茶

红茶的制作方法与绿茶截然不同。制作过程是让鲜茶叶发酵，促进酶的活动，使茶多酚充分氧化，经进一步加工成为全发酵茶。世界著名的三大红茶为：中国的"祁门红茶"（Keemun）、印度的"大吉岭红茶"（Darjeeling）和斯里兰卡的"乌巴红茶"（Uva）。在中国，安徽的"祁红"、云南的"滇红"和广东的"英红"最为著名。

3. 青茶

青茶是我国特有的茶，冲泡后茶汤金黄清澈，既有红茶的浓香，又不乏绿茶的清鲜，还有一股诱人的兰花香气。最具特色的青茶为福建的"武夷岩茶""乌龙茶"以及安溪的"铁观音"茶。

4. 白茶

白茶，迄今已有八百多年历史。白茶属轻微发酵茶，是我国茶类中的珍品。白茶的主要产区为我国福建省的建阳、福鼎、政和、松溪等县（台湾省也有少量生产）。白茶的制作工艺包括萎凋和干燥两道主要工序，其中的关键工序是萎凋。白茶的工艺特点是：既不破坏酶的活性，又不促进氧化作用，能保持毫香显现，汤味鲜爽。白茶的主要品种有白牡丹、白毫银针。

5. 花茶

花茶又名香片，是一种独特的茶类。花茶集茶味与花香于一体，茶引花香，花增茶味，相得益彰，既保持了浓郁爽口的茶味，又有鲜灵芬芳的花香，令人心旷神怡。花茶不仅有茶的功效，而且花香还具有良好的药理作用，裨益人体健康。最常见的花茶有：茉莉花茶、玉兰花茶、桂花茶、珠兰花茶等。

6. 普洱茶

普洱茶的产地主要在云南省普洱和西双版纳地区，由当地境内古茶树的大叶种茶加工而成。传说在清乾隆年间，云南普洱城内有一大茶庄，庄主姓濮，祖传几代都以制茶卖茶为生。有一年的岁贡之时，濮氏茶庄的团茶被普洱府选定为贡品，并派濮家少爷与普洱府罗千总一起进京纳贡。这年春雨不断，毛茶没完全晒干，为了赶时间就急急忙忙压饼、装驮、上路了。当年从普洱到昆明的官马大道要走十七八天，从昆明到京城还要走三个多月。驮运茶叶的马帮从春天到夏天，总算在限定的日期前赶到了京城。

濮家少爷一行在京城的一家客栈住下之后，小心地打开箬竹茶包一看，糟了,所有的茶饼都因为霉变而变色了。一行人急得捶胸顿足,认为只有自杀谢罪一条路了。幸好,客栈的一个店小二喝了此茶,觉得滋味很好,于是一行人商量,决定冒险将霉变后的茶饼当作贡品呈上去。

乾隆帝是一个喜欢品茶的皇帝,这天,各地贡茶齐聚,乾隆帝像往年一样看着这些琳琅满目的各地贡茶,突然眼前一亮,发现有一种茶饼圆如三秋之月,汤色犹如红宝石一般明亮,显得十分特别。凑近一闻,醇厚的香味直沁心脾,喝一口,绵甜爽滑。乾隆大悦道:“此茶何名?滋味这般的好。”又问:“何府所贡?”太监忙答道:“此茶为云南普洱府所贡,不知何名。”“普洱府,普洱府……此等好茶居然无名,那就叫普洱茶吧。”故而得名“普洱茶”。普洱茶有生茶和熟茶两大类。熟茶指的就是发酵茶。普洱茶耐储藏,适于烹用和泡饮,其不仅能解渴、提神,长期饮用对降低血脂和胆固醇还有明显的作用。因此普洱茶又被赞誉为“窈窕茶”“美容茶”“益寿茶”。

7.5.3 饮茶的礼仪

茶是人们最喜欢的饮料之一。饮茶不仅是一种生活习惯,还是一种源远流长的传统文化。不管是在家里、办公室里还是在招待宴会上,包含中国、日本、韩国以及东南亚各国在内的东方人都喜欢用茶来待客。

1. 茶具

常用的茶具有四类。一是泥质茶具。泥质茶具以江苏宜兴的紫砂茶具为珍品。用这种茶具泡茶,优点是能保持茶叶原味,便于洗涤、传热缓慢、不会烫手、不会爆裂,还可在炉上炖茶。泥质茶具最大的特点是用的时间越久,泡出的茶香味越纯正。二是瓷质茶具。瓷质茶具以白为贵,优点是能反映出茶汤色泽,瓷杯传热保温适中。三是玻璃茶具。玻璃茶具透明度高,但传热快,不透气,茶香易损失。四是保温杯。保温杯虽能保温,但容易使茶叶泡熟,产生熟汤味,影响茶叶品质。

2. 沏茶的礼节

在为客人沏茶之前,手要洗干净;要将茶具洗净,特别是玻璃茶具和瓷质茶具,不能让客人看到有茶锈余留;要检查茶杯、茶碗及茶托盘是否有破损及裂纹,有破损和裂纹的茶具不能用来接待客人;正规场合饮茶,应把茶杯放在茶托上,敬给客人;沏茶前可事先征求客人意见,客人若要饮红茶,应准备好方糖,方糖由客人自己取放;取茶时切忌用手抓茶叶;茶不能沏得太浓也不能太淡;斟茶时,只能斟七分满。

3. 敬茶的礼仪

主人给客人敬茶时,应起立,用双手拿茶杯,同时说“请”;客人应起立接茶

（千万不要坐着不动），双手接过茶杯的同时要说"谢谢"。接待客人，应先给客人上茶；客人多时，应先给主宾上茶，客人应表示感谢。

4. 饮茶的礼仪

饮茶应慢慢地小口仔细品尝，不能大口吞咽，更不能喝得咕咚咕咚响。如水面上有漂浮的茶叶可轻轻吹开或用茶盖拂去，切不可用手去捞，也不要喝到嘴里把茶嚼碎吃掉。

饮红茶，主人应同时配好方糖、茶匙及方糖夹等。取方糖时应用方糖夹夹取，并慢慢放入茶杯中，动作不宜过大，以免茶水溅出。

除可加方糖外，茶里加牛奶即为奶茶，加柠檬片即为柠檬茶。茶匙是用来搅拌放了糖、奶或柠檬片等添加剂后的茶水的，搅拌后应将茶匙取出放在茶盘上，不可用茶匙舀着喝茶，也不要将茶匙留在茶杯里。在品茶过程中，应说几句赞美茶叶品质的话，以示对主人的感谢。另外，要注意饮茶时的坐姿。

5. 以茶待客的礼仪

我国有以再三请茶作为提醒客人应当告辞的习俗，因此，在招待老年人和海外华人时要注意，不要一而再，再而三地劝其饮茶；客人也应注意不要打扰太久，以免惹人生厌，一般来说一小时左右的拜会已经足够了。另外，在招待客人时，如配有点心，应先上点心，后上茶水。上点心要用右手从客人的右侧送上。

6. 茶室的环境氛围

茶室一般都不会太大，应布置得精巧秀美，清雅脱俗。室内可悬挂楹联，也可挂名家书法字画，例如："心静茶香""淡茶一杯，无事无非""宁静致远""上善若水""厚德载物""静""悟""诚"等。桌椅可选择仿红木家具、竹桌竹椅、藤桌藤椅，颜色淡雅，别具一格。总之，要营造出一种独特风格的文化氛围。

7.5.4　饮咖啡的礼仪

与茶相同，咖啡也是人们喜爱的饮料。一般来说东方人习惯喝茶，而欧洲、非洲、阿拉伯等国家的人喜爱喝咖啡，虽同样是饮料，但饮用礼仪却不尽相同。

咖啡的品种很多，一般以产地命名，例如巴西咖啡、哥伦比亚咖啡、云南小粒咖啡等都是享誉全球的咖啡品种。

真正品用咖啡是饮现煮的咖啡。在饮用时可加牛奶及糖，加了牛奶及糖的咖啡称"牛奶咖啡"；不加牛奶和糖的咖啡称"清咖啡"。为了适应快节奏的生活，目前人们常饮的咖啡是速溶咖啡，但在餐馆及宴会上一般是不用速溶咖啡来待客的。喝咖啡应注意喝咖啡的礼节。

1. 咖啡杯碟

盛放咖啡的杯碟都是特制的，不能用茶具来喝咖啡。盛咖啡的杯子都比较

礼仪与文化（第三版）

袖珍,这种杯子杯耳较小。咖啡杯碟一般应放在饮用者的正面或右侧,杯耳应指向右方。

2. 饮咖啡的礼节

饮咖啡时,一般用右手拿杯,左手托住咖啡碟。拿杯的正确方法是拇指和食指捏住杯把将杯子端起,并慢慢移向嘴边轻啜,不能满把握杯、大口吞咽,更不能俯首去就杯而饮。

喝咖啡时不要发出响声。往杯里加糖时,如是砂糖可用咖啡匙舀起,直接加入杯内;如是方糖,应用糖夹子(或手)把方糖夹起(拿起)放在咖啡匙上,用匙把方糖轻轻放入杯中。

用咖啡匙将咖啡搅拌匀后,再把匙放在碟中,不能让咖啡匙留在杯里就端起来喝。不要用咖啡匙来喝咖啡,也不要用咖啡匙去用力捣碎杯中的方糖。

如刚煮好的咖啡太热,可用咖啡匙轻轻搅动使之冷却,不要用口去吹;添加咖啡时,不要将咖啡杯从碟中拿起来,应杯碟一起拿。

3. 与点心一起食用时的礼节

饮咖啡时可吃点心,但不能一手拿杯,一手拿点心交替地边喝边吃。正确的吃法是:喝咖啡时把点心放下,吃点心时就把咖啡杯碟放下。

4. 举止礼节

进咖啡屋,动作要小、要轻,不要大声嚷嚷地走进去,也不要因找座位而弄出声响;找到座位时,要轻轻坐下;不要大声呼唤服务员,服务员会主动来为你服务。喝咖啡时,举止要文雅,眼睛不要盯视旁人,朋友间交谈,声音应越轻越好,以免打扰旁人。在朋友家喝咖啡,坐的时间不宜太长,一般一小时至一个半小时为宜。

5. 咖啡厅的环境氛围

咖啡厅与西餐厅类似,讲究环境雅致、气氛和谐。咖啡杯碟小巧、洁净、透亮,桌椅摆放典雅,厅内音乐清新,营造着浪漫、清雅的气氛。

思考题

1. 中餐菜肴的基本特点是什么?
2. 吃西餐应注意的礼节有哪些? 举例说明中西餐礼仪的差异。
3. 喝茶和饮咖啡礼节的共同点及差异有哪些?
4. 试举例,在现代社会中,西餐与中餐的交融体现在哪些方面?
5. 尝试设计布置一间具有文化内涵和特点的小茶室。

第8章 求职礼仪

现代社会,职业对每一个人来说再不是"从一而终"的事情了,求职的活动不仅仅是应届毕业生的问题,而是每一个人一生中都要面临的问题。

求职礼仪,从某种意义上来说,决定着求职者求职的成功与否,对于求职者的事业能否顺利开展起着不可低估的作用。了解和掌握求职中的礼仪及求职技巧,对于每一位社会人,特别是对各类学校的应届毕业生来说是十分重要的。

本章主要从现代职业对从业者的要求着手,以实例为依据,系统介绍现代职业、现代职业对求职者素质和能力的要求、求职前的准备、求职应聘前的礼仪、求职面试礼仪、面试的后续礼仪等内容,可使学习者从中了解和掌握求职礼仪和求职技巧。

8.1 现代职业

双向选择、自主择业,已经成为各类学校毕业生择业的主旋律。如何认识现代职业和就业市场,怎样适应现代就业形势,在强手如林、竞争激烈的现代职业市场中找到自己的一席之地,实现自己梦寐以求的人生价值,是每一位求职者必然要面对的问题。

8.1.1 现代职业概况

职业是每一个社会人服务社会、维持生活、完善个性、发挥才能、体现人生价值的基础。要正确地选择职业,除了要正确评价自己外,还必须对现代职业概况有所了解。

1. 现代就业形势

近年来,教育事业随着国家经济建设的不断发展而蓬勃发展起来,在大力发展高等教育事业的政策引导下,大学扩招、职业技术学校的兴起和扩展、社会力量投资办学、私人投资办学、中外合作办学等使得一些新型学校也迅速发展起来,呈现出生机勃勃的景象,并为社会培养了大批人才。

伴随着教育事业的发展，许多新的问题也接踵而来，其中，"如何使毕业生顺利就业""如何提高就业质量"的问题就是对现代社会及现代人尤其是大中专毕业生提出的一个新挑战。目前，除部分应用型、急需型专业学生毕业后能较顺利就业外，很多专业的毕业生就业情况不乐观，这种现象已引起全社会的普遍关注。每一个人都应正确认识就业形势，把握现代社会就业特征，为就业打好基础。

2. 充分了解社会发展需求

充分了解社会发展需求是顺利就业的基础。择业，不能只考虑自己的兴趣和理想，一定要把握以社会需求为基础的原则，只有适应了社会，才有可能达到职业岗位对从业者的要求，个人能力及潜力才能得以充分发挥。

（1）不能盲目选择社会热点专业

选择社会热门专业，对于求学者和就业者来说可能是一种误导。例如，在20世纪50年代，数学、物理、化学是了不起的专业，因为是当时国民经济发展战略的需求；80年代，计算机等与信息技术相关的专业是社会热门专业，因为那时的中国，信息技术刚刚起步，需要大量的人才；同年代，外国语言、企业管理、工商管理、国际贸易等都同属社会热门专业，不仅求学者踊跃，办学者也积极拓展，一时间，各级各类学校都办起了这些热门专业，几年之后，大批毕业生涌入社会，是否能"如愿就业"就成了问题。其实，整个社会的行业很多，在选择专业时不仅要充分考虑国家社会经济发展的走向，同时还要考虑自身的优势和弱点，不能盲目随大流，热衷于选择热点专业。

（2）不能盲目选择学新兴专业

当今社会处在一个科学技术迅猛发展的时代，许多新兴学科、边缘学科以及交叉学科等，在各级各类学校中应运而生。由于在开设这些学科和专业的学校中，有些学校不一定具备开设这些学科和专业的条件，所制定的专业培养方向和培养目标不尽合理和完善，致使培养出来的毕业生不完全符合学科和专业要求，也就不一定能满足社会实际需求，因而难以就业。因此不能盲目选择学校和专业，也不能盲目追求一些所谓的"名校"。

（3）不要盲目选择出国"深造"

随着经济全球化的发展、经济实力的提升，出国留学已经成为越来越多的家长和学生选择的一种"镀金"方式。诚然，出国可以开阔眼界，享受优质教育资源，提高外语水平。但很多家长和学生出国仅仅是因为盲目跟风，或者是因为攀比，没有明确的目标，为了容易办签证，而选择冷门甚至是自己不喜欢的专业、国家，纯粹是为了出国而出国。这样带来的后果是，学生的语言基础差、专业水平低，反而不如在国内学得好，等到回国后甚至成了"海待"一族。

（4）所选择的行业应有发展前景

选择行业,不在于是否名优,也不在于当前条件和环境的好坏,主要应看是否有发展前景和发展特点,是否有能让自己拓展的空间。如果缺少发展前景和发展特点,没有能使自己才能得以拓展的环境和条件,再热门的行业,对你来说也是不适合的。

8.1.2　现代职业的特征

职业是一种社会需求现象,职业随着社会的分工而产生,又随着社会生产力的提高及生活观念的改变而不断变化和发展。现代社会,人们的生活观念随着社会经济的发展不断发生变化。作为一种社会活动,职业具有明显的现代社会特征。

1. 符合社会发展总趋势的特征

随着经济增长方式的转变和产业结构的调整,经济结构也越来越适应市场需求,科学技术的作用更加强大,绿色、可持续发展将成为经济增长的主流方式,在整个产业结构调整和增长方式转变以及落实教育优先发展战略等过程中,会有无穷无尽的机会和空间。第一产业、第二产业比重下降,第三产业,以及在原有第三产业基础之上的高科技产业、文化创意产业、健康养老产业、各类服务产业以及随着市场发展和细分派生出来的服务于特殊群体的产业,以及教育行业都将获得巨大的发展机会。同时,随着国有企业改革、政府对垄断经济的打破、对小微企业的支持鼓励,民营经济、民营企业、中小企业将得到快速的发展。

2. 就业形势严峻的特征

有关专家将我国的就业问题分为三种类型:一是一般性就业问题,指的是缺乏足够的工作岗位产生的问题;二是结构性就业问题,指的是由于经济结构和劳动结构而形成的工作岗位与就业者文化技术水平不相适应的问题;三是由于就业者个人职业观的缘故而造成的工作岗位空闲问题。海外学者纷纷回国,也给毕业生求职带来了压力。

3. 社会分工的关联性和变迁性

职业是社会分工中的一部分。随着科学技术与生产力的发展,社会劳动的分工和职业结构的变化,一些行业扩大了,另一些行业必定就要缩小;新的职业产生了,旧的职业就必定要淘汰。因此,社会职业体系不仅是相互关联的,也是适时变迁的。

4. 明显的经济性和连续性

人们通过从事职业活动而能获得经济收入及报酬就是职业的经济性。一个人在较长时间内持续进行某种职业活动就是职业的连续性。具有经济性和连续性的活动才能被视为职业活动。例如,通过写文章偶尔获得的稿酬,这样的写作活动不能算作职业活动。

5. 职业活动必备的知识性和技术性

知识性和技术性是一切职业活动的共性,在现代职业中,这个特征更加明显和突出。任何人、任何职业,都对知识和技能有一定的要求。这里所指的知识和技能是指从事该种职业的就业者必须掌握或具备的知识和技能,与其从哪里获得无关。一般来说,简单职业活动所需要掌握的知识和技术,可以在实践中逐渐积累和掌握,而一些复杂职业活动所需要的知识和技术,则需要通过一定阶段的专门学习和培训才能掌握。例如,操作机控机床可以通过简单的培训来掌握,并经长期的积累,成为一名熟练的操作者。但面对程控机床,操作者则必须要经一定阶段的专门学习和培训才能掌握。

8.1.3 现代职业观念

职业观念指的是人们对职业理想和愿望的信念。正确的职业观念能引导求职者和从业人员确立具有可行的、适应社会需求的、有益于社会的职业理想。确立符合现代社会要求的现代职业观,有利于明确职业理想,引导求职者正确地求职和择业;有利于求职者为获得理想职业做好各种准备,是迈好人生道路关键的一步。从业者只有确立了符合现代社会要求的职业观,才能在职业岗位上施展才华,并最大限度地实现自己的人生价值。

职业观念支配着人的职业理想,它是一个人世界观、人生观的体现。因此,一个人有什么样的职业理想,用什么态度去对待自己的职业及职业活动,最根本的是他的世界观、人生观及职业观念是否正确。实践证明,只有使个人的职业理想建立在正确的现代职业观基础上,才能形成积极、健康的职业品质。

1. 职业理想的形成和发展

每个人的职业理想都不是偶然产生的,它是在各人的学习经历、特定的生活环境条件下逐渐形成和发展起来的。职业理想是个体主观对客观社会职业的一种追求,是社会历史发展的产物,并随着个体主观的成长变化、社会的发展、社会职业的变化和发展而不断完善。一个人的职业理想从产生、形成到稳定大致经历四个阶段。

(1) 萌发阶段

萌发阶段是指一个人从懂事开始到小学毕业的整个时期。在这个时期,人对今后想要做的职业,开始萌发和想象,这种想象只是一种倾向性的想法,这种想法的产生主要是受周围人的影响,具有明显的模仿性和易变性,它只是一种天

求职礼仪

第8章

求职礼仪

第8章

225

真烂漫的想象或幻想,还称不上是理想。例如,一个五六岁的小女孩,每天看见她喜爱的幼儿园老师,就会萌发出长大后要做一名幼儿园老师的想法等。

（2）初步形成阶段

初步形成阶段主要是在中学时期,也就是人的整个青少年时期。这个时期,随着人对社会及社会职业的逐步认识和了解,开始对自己今后的职业进行思考和评价,并尝试着设计自己将来的职业。在该阶段,一个人的世界观及人生观都还尚未形成,看问题还比较简单和片面,这个阶段的职业理想往往以多种形式出现,并且经常发生变化。

（3）目标具体化阶段

目标具体化阶段是从成年开始,到真正步入择业时期。随着世界观和人生观的逐渐形成,对社会职业的认识能力也逐步提高,通过学校学习、社团活动、打工兼职等机会,自我认知、对社会分工的认识渐渐清晰,职业偏好逐渐具体化、特定化,初步建立职业目标。升学时的专业选择就是职业理想的初现端倪,特别是临近大学毕业时段,绝大多数人对自己所希望从事的职业开始明朗起来,并有目的地开始进行择业准备,这标志着一个人的职业理想已经具体化。

（4）调整及稳定阶段

调整及稳定阶段没有明显的时期,其包括了一个人的初次就业过程,对职业的认识和了解过程,结合主、客观因素对所从事的职业进行调整和完善等过程。这个阶段是对一个人职业活动的考验阶段,每个人都会经历这个阶段。

在实际生活中,并不是每个人都会经历上述的四个阶段。有的人也许还没有一个确定的职业目标就开始从业了,有很多人的职业理想或职业目标往往要经历几个回合才慢慢稳定下来。

2. 青年就业群体职业观念和职业理想的特点

青年就业群体,由于涉世未深,对社会了解粗浅,其职业观念往往不清晰,职业理想还存在着主观性、片面性,甚至是盲目性。

（1）由不稳定到相对稳定

在大学学习期间或刚毕业的青年学生,世界观和人生观已逐步形成,对社会及社会职业有了初步的了解,但他们的心理还不够成熟,对社会及社会职业的认识还存在着一定的局限性和片面性。因此,职业观念和职业理想仍然在一定时期内处于不稳定状态。随着心理成熟程度的不断提高,以及对社会认识的不断深入,青年就业群体的职业观念和职业理想逐渐趋于稳定。

（2）由单纯的主观动机到客观现实的统一

青年就业群体的职业理想,总是以自身的兴趣爱好及愿望为开始,其职业观念纯属个人的主观动机,只有到了一定的阶段,特别是在开始求职,或在职业活

礼仪与文化（第三版）

动中感受到了各种现实条件对自己职业理想的限制时,才促使他们对自己的职业观念和职业理想进行不断调整,直至达到个人主观动机与客观现实的统一。

（3）由抽象到具体

青年就业群体,职业观念和理想虽然已有了对各种具体职业形象的倾向,但职业目标往往还是含混不清的,甚至是多种职业目标并存,缺乏具体的设想和追求,只是盲目地以自己的愿望和兴趣为基础设想自己的职业。只有在对社会职业活动的认识水平和评价能力逐步提高以后,职业观念才能趋于正确,追求目标才会逐渐具体化。

3. 青年就业群体应积极把握新时代职业特征

当前世界经济发展特征是:经济市场竞争激烈;科学技术突飞猛进,经济形态更高级、分工更具体、结构更合理,社会发展进入新常态;经济增长方式由规模速度型粗放增长转向质量效率型集约增长。在就业形势严峻的同时,也出现了广大的就业平台。面对严峻的就业形势和机遇,各类毕业生应审时度势,把握新时代的特征,不断调整自己的知识结构,以适应就业的需要。

4. 抓住机遇,主动迎接挑战

大学毕业生都要以普通求职者的身份,去接受各种岗位的考核和选择。各地区人才市场为广大求职者提供了求职就业服务,并不断完善人才市场的服务功能和运作机制。求职者必须不断提高自身素质,调整并准确定位发展目标,加强对生存和适应能力的锻炼,主动迎接挑战。

8.2 求职前的准备

一个人的文化知识素质和道德修养程度,决定着他求职时的自由度和取得职业岗位的层次。因此,求职的准备远不止在某个毕业阶段,而是贯穿在整个学习生涯的始终。求职者,特别是青年就业群体,应自觉地把在校的学习阶段同求职乃至职业生活紧密结合起来,努力提高自身综合素质和知识技术应用能力,建立起合理的知识结构,培养科学的思维方式及高尚的职业道德情操,不断提高自己的实践能力,以使自己能够在现代职业活动的竞争中,了解和熟悉职业范畴,掌握社会需求信息,树立正确的职业观,增强择业意识,提高主动适应社会需求的能力。

在市场经济条件下,双向选择、自主择业为每一个求职者提供了同等的择业机会,"就业不是靠能力而是靠关系"的现象虽然还存在,但真正的成功还要凭着自己的基本素质、能力、勇气和信心,成功一定是偏向有真才实学的人。

8.2.1 就业者应具备的基本素质

求职上岗是一个双向选择的过程,求职者想选择自己理想的职业,用人单位按照岗位的要求想选择比较理想的人才。一般来说,用人单位选择人才的原则是,重素质胜过重知识、重人品胜过重文凭、重能力胜过重学历。尤其是在科学技术高速发展,社会文明不断进步的现代社会,各行各业对求职者素质的要求将会越来越高。

1. 必须具有较高的道德品质

越来越多的用人单位将人才的道德品质放在了第一位,因此求职者首先应加强自身道德品质的修养。

2. 要有强烈的事业心和责任感

事业心和责任感是对求职者最起码的要求,所谓事业心就是要有全身心投入工作的意识;所谓责任感就是要有与单位同甘苦共患难、荣辱与共的思想。

3. 要有脚踏实地、艰苦奋斗的精神

任何岗位的工作都不可能是一帆风顺的,工作中的进步和业绩都要靠艰苦奋斗的拼搏才可能得到。对广大求职者来说,无论在任何岗位上,都必须脚踏实地工作,从最基本的工作干起,在实践中不断提高自己的综合能力,才会受到用人单位的欢迎。

4. 求职上岗者的心理素质

心理素质是指在一定遗传素质的基础上,在外界教育、环境影响和自身努力的共同作用下,个体形成的心理状态、心理品质与心理承受能力的总和。心理素质的好坏不仅体现在心理状态的正常与否、个体心理品质的优劣、心理承受能力的强弱等几个方面,还体现在个体的行为习惯和社会适应状态中。一个人心理素质如何,关系到是否能正确地认识自我,是否能在工作和生活中充分发挥主观能动性,适应社会环境。因此,求职者应在融入职业活动之前,努力调节和提高自己的心理素质。

青年就业群体正处在独立人格的形成时期。求职前,来自学习及社会各方面的高压力,很容易导致心理障碍的产生,有时甚至会影响到健全人格的形成。外部的客观压力是不可避免的,但个人主观上的心理承受能力是可以提高和调节的。青年就业者应学会观察和分析社会各方面的状况,尽量降低外界压力对自我心态的影响,以平和的心态去观察事物,以平和的心态承受压力,以平和的心态和现代就业观念面对即将要去适应的职业岗位。只要有了良好的心态,就可以增强心理承受能力,克服心理挫折,培植愉悦的心理环境、健康的心理品质和良好的人际关系,就能振奋精神,正确驾驭自己,战胜各种困难。

5. 要有先就业再择业的准备

就业者尤其是刚刚从校园出来的毕业生,实践动手能力欠缺,社会经验不足,应变能力较差,而这些恰恰是用人单位非常注重的能力。因此,求职者应当放低姿态,从基层做起,骑驴找马,"不患无位,患所以立"。先进入社会,熟悉工作,待时机成熟后再选择更适合自己的职业。

6. 要有勇于挑战敢于创新的精神

创新是一个民族进步的灵魂,也是一个企业发展的不竭动力。在国际竞争日益白热化的今天,唯有不断实现科技创新、管理创新、服务创新,才能提升企业的竞争力。要树立勇于挑战、敢于创新的精神,为提高国家的自主创新能力,建设创新型国家做出贡献。

8.2.2 就业者应具备的知识结构

随着当今科学技术的迅猛发展,社会生产已发生了天翻地覆的变化。与此同时,各类现代职业岗位,除了要求就业者具备较高的道德品质和修养外,对其文化素质及综合能力的要求也越来越高。

1. 宽厚扎实的基础知识

基础知识是知识结构的根基。求职者无论选择何种职业,无论准备向哪个领域发展,都少不了宽厚扎实的基础知识。

2. 广博精深的专业知识

专业知识是知识结构的核心,也是专业人才知识结构的特色所在,无专业特色就不能被称为专业人才。所谓广博精深,是指求职者对自己所要从事专业的知识和技术的了解和掌握要达到一定的深度,对所要从事专业的体系、研究方向、学科历史、现状和国内外最新信息等有所了解和把握,对相关学科和相关专业的知识和技术有所了解。

3. 大容量的新知识储备

现代职业要求从业者具备知识的构架是:程度高、内容新、实用性强。因此,求职者应在学习和从业过程中特别注意高、新知识的储备。

4. 要有科学的思维方式

思维是人脑对客观事物间接和概括的反映。思维能力是一个人能力结构的核心,是各种能力中最重要的一种能力。思维能力的高低,反映了一个人的智力水平,在一定程度上决定着一个人事业的成败。因此,应十分重视科学思维方式的培养。

（1）增强哲学思维的素养

哲学是关于自然、社会和思维发展的一般规律的科学，是人们认识世界，改造世界的思维指导，哲学对于人们培养科学的思维方式是至关重要的。

（2）注意积累丰富的知识和经验

丰富的理论知识和有益的工作经验是敏捷思维和科学思维方式的基础。一个人掌握的知识和经验越多、越丰富，他的思路就会越广越深，思维的成果就会越全面、越准确。

（3）学会独立思考问题

独立思考的关键是"独立"。善于独立思考的人，既能集中别人的智慧，又能超越别人的思想。"独立思考"要求人们要学会静下来思考问题，不仅要多思，同时要多学、善问，富有钻研精神。

（4）不断调节自己的思维方式

一个人的具体思维过程是十分复杂的，在得到某一正确认识或决策之前，总会犯各式各样思维方式上的错误，有时是概念不清，有时是判断错误，有时还会因为缺乏灵活变通而造成不良的结果等。随时整理自己的思路，总结思维方法上的经验教训，可以不断地完善自己，逐步培养起科学的思维方式。

5. 要有一定的经营管理知识

经营管理知识是一门综合性的知识，并不是从事经营管理工作人员的专利。现代职业，无论是属于何种领域、何种岗位，要想在职业活动中充分体现人生价值，使其职业活动能取得成果和业绩，就必须具备一定的经营管理知识。例如，管理一所学校，无论是小学还是大学，都需要管理者善于管理和经营。又例如，管理图书馆，不仅要求管理者要具备图书管理方面的知识、信息技术知识等，还要具备一定的管理和经营能力。

8.2.3　就业者应具备的能力

不同学科领域或职业、行业对就业者的能力要求是不同的。因此，求职者要想顺利就业并尽快有所成就，在学习期间无论学的是什么专业、属于哪个领域，准备就职于何种岗位，都必须具备一些共同的能力。

1. 决策能力

决策能力是指对未来行为目标的决断和选择的能力。良好的决策能力可以实现对目标及其实现手段的最佳选择，对于准备求职的青年就业群体来说，开始步入职业生活是人生的一大转折点。求职的过程是对自己决策能力的一次检验。因此，训练和培养自己的决策能力是十分重要的。

2. 适应社会能力

适应社会和改造社会是对立统一的两个方面。一个人适应社会的能力是其素质和综合能力的反映。适应社会能力的强弱与就业者的道德品质、知识技能、活动能力、创新意识、处理人际关系的能力以及健康状况是紧密相连的。对社会及客观环境应抱着主动和积极的态度去适应,而不应是消极的等待和对困难的屈服,更不是对落后、消极现象的认同,甚至同流合污。适应要同改造和发展结合起来。如果只是片面地讲适应,不讲进取和改造,社会和个人都不会进步。

3. 表达能力

表达能力是指运用语言阐明自己的观点、意见或抒发思想感情的能力。表达能力包括口头表达能力、文字表达能力、数字表达能力、图表表达能力等多种能力。在职业活动中表达能力的重要性是不言而喻的。培养表达能力,关键在于要努力提高表达的准确性、鲜明性、生动性和感染性。

4. 人际交往能力

人际交往能力实际上就是与他人相处的能力。在现代职业活动中,人际关系远不如学校中同学、师生关系那么简单。青年就业群体步入社会后,必然要与各种各样的人发生这样或那样的关系,能否正确有效地处理、协调好职业活动中人与人之间的各种关系,不仅影响一个人对环境的适应状况,同时还影响着上岗后的工作效率、个人心理健康、生活质量及事业的成败。

5. 组织管理能力

组织管理能力是职业活动中一种较高层次的能力。任何从业者都有可能成为一名管理者或领导者,因此,必须要逐步培养自己的组织和管理能力。对于初涉社会的青年就业者来说,培养和锻炼组织管理能力是今后事业发展的基础条件。

6. 继续学习能力

无论是专业知识的更新,还是时代的发展,都需要每一位社会人一辈子坚持学习。

8.3 求职上岗礼仪

求职应聘,古今中外都有,其形式大同小异。一位著名的心理学家说过:"大多数人录用的都是他们喜欢的人,而不是最能干的人。"这句话,清楚地道出了求职者除了应具备一定的素质和能力外,还有很重要的一点就是要让聘用方"喜欢"。因此,注重求职礼仪,能够更好地帮助求职者抓住机遇,以最快的速度找到一份能发挥自己才能的职业。

求职上岗礼仪主要包含求职应聘前的礼仪、求职面试礼仪以及求职面试的后续礼仪等内容,本节将对其作系统介绍,以供学习者借鉴。

8.3.1 求职礼仪的特征和分类

求职礼仪是现代礼仪的重要组成部分。在求职过程中,掌握和应用求职礼仪和技巧的程度及能力是求职者内在文化素质及礼仪修养的真实写照,是影响最终是否被录用的重要因素。因此,求职者应了解求职礼仪的分类,掌握求职礼仪的特征,在求职过程中自觉运用和把握。

1. 求职礼仪的作用

(1) 求职礼仪体现着求职者的文化素养

不同文化素养的人,对礼仪规范的理解不同,所表现出的言谈举止、服饰仪表也不同。文化层次高且有修养的人,往往对礼仪的理解较深,其言谈举止规范。招聘者通常通过对求职者所表现出的礼仪规范程度来判定求职者的文化素养水平。

(2) 求职礼仪体现着求职者的道德水准

礼仪规范是一个人道德水准的外在表现及内心文明程度的反映。招聘者与求职者接触的时间虽短,但招聘者能从求职者的行为礼仪中探寻出求职者的道德水准。

(3) 求职礼仪体现着求职者的个性特征

每个人的个性特征是不同的,是自信还是高傲,是谦虚还是自卑,是文雅还是内向,是直爽还是粗鲁,通过求职者的言谈举止完全可以看出。

(4) 求职礼仪能促使求职者面试成功

礼仪行为是交流双方相互理解、相互尊重和相互了解的行为表现,求职者如果不懂得或不重视求职礼仪,在求职过程中,就会反映出对对方缺乏礼貌和尊重、对工作及工作条件的要求以自我为中心、言行举止缺乏修养等问题,以致招聘方不愿意或拒绝与之交谈,从而失去展示自己能力的机会,导致求职失败。

2. 求职礼仪的特征

(1) 讲求秩序、礼貌得体

求职者活动是社交活动中的重要内容,求职礼仪完全保持并体现了社交礼仪和公共礼仪中讲求秩序、礼貌得体的基本特征。

(2) 展示"求"的心态

求职者必须体现出"求"的心态。无论自己的实力有多强、条件有多好、人才市场的就业状况对自己多么有利,都不能摆出一副"舍我其谁"的架势。在求职过程中,求职者既要讲究对人的尊重,注重求职过程中的礼貌和涵养,还要展示

出一种希望被录用的心态,留给招聘方一个良好的"求职"印象。

（3）职业特定性

不同的职业、不同的岗位,不同的用人单位对求职者礼仪的要求会有所区别,甚至是特别要求,这就是职业特定性。例如,怎样门当户对地写简历,如何在面试中贴近岗位特点、突出自己的长处,如何根据岗位的要求在面试时着装等,都要针对求职的目标岗位进行调整。

3. 求职礼仪的分类

应聘求职实际就是把自己推销给用人单位。推销是一门技术,求职也是一门艺术。求职者在茫茫职场中匆忙寻找,与此相应的礼仪规矩也五彩缤纷,这就要求求职者了解和掌握各类求职礼仪的基本要领。求职礼仪的分类方法很多,按传递信息的途径分类、按求职面试的过程分类、按对求职者的要求分类是三种主要的分类方法,如表 8-1 所示。

表 8-1　求职礼仪的分类表

类　　别	基 本 内 容
以传递信息的途径分类	求职书写礼仪、电话及网络交谈礼仪、求职信礼仪、自荐信礼仪、个人简历礼仪、求职服饰礼仪、求职姿态礼仪、应聘交谈礼仪等
以求职面试的过程分类	求职见面礼仪、自我介绍礼仪、面试应答礼仪、面试仪容仪态礼仪、面试告别礼仪等
以对求职者的要求分类	求职形象设计礼仪、求职言行规范礼仪、求职方法和技巧等

4. 求职礼仪的要诀

（1）重在得体

在求职过程中,特别是面试过程中,一定要举止得体,善始善终地讲究文明礼貌。在施礼讲礼中要把握好度,尽量做到恰如其分、因地制宜、因人制宜。古语道:"礼貌过盛者,情必疏。"因此,不要刻板地讲礼,不要过分拘谨。

（2）贵在真诚

任何礼仪都要以尊重、对等为原则。"著诚去伪,礼之经也",真诚才是礼的真谛。面试时应注意自己的仪态,要体现出诚于中而形于外的品格及文质彬彬的气质,这不仅仅是尊重他人和尊重自我的表现,同时也能反映出自己未来的工作作风和精神风貌。求职礼仪的培养,应该注重内外兼修。古语说:腹有诗书气自华。说的就是有了内功才能反映出真诚的气质。

（3）基于修养

修养是礼仪的基础。一个懂得礼仪的人,在求职场中一定能表现出知书达理、宽容理解及自信的心态。例如,在求职过程中可能会遇到在某些方面不如自己的对手,千万不能自视清高,以己之长笑人之短,也不能轻易发表意见,借以表现自己的高明。

（4）要自尊

自尊及尊人是求职过程中的基本礼仪。在求职礼仪中,自尊包括了自知、自省、自信、自强,也就是说,求职者要有自知之明,要表现出知不足而求上进的精神;求职者要经常反省自己的言行是否符合礼仪要求;求职者要克服胆怯心理,相信自己的能力,充满信心地去待人接物,踏上求职成功之路;求职者应坚信自己是生活的强者,这样才能获取聘用方的好感。

（5）严于律己

自律是将外在的强制性约束转化为内在的自觉意识和行动。严于律己就是要时时处处严格要求自己,使自己的言谈举止符合礼仪规范。从交出去的第一封求职信开始,一直到签订就业合同、上岗工作等全过程,都应当时时注意礼仪,处处留心细节,这样才能有成功的希望。

8.3.2　求职应聘前的礼仪

做好求职应聘前的准备充分体现了对求职过程的重视、对聘用单位和聘用人员的尊重,这是应聘前最大的礼仪。因此,求职者在应聘前,必须在思想、心理和物质等各方面都要做好充分的准备。

1. 求职前的思想准备

求职应聘要面对复杂多变的就业市场局面,要做好充分的思想准备。要有受挫折的思想准备;要对自己有客观全面的认识,了解自己的长处和弱点;要明确自己的人生目标;要了解社会对自己所学专业的需求状况及自己的职业志向;要明白我学习了什么、我曾经做过什么、我最成功的是什么、我性格中的弱点是什么、我的知识面最欠缺的是什么、用人单位最需要的是什么等。只有做好了充分准备,了解了就业市场、用人单位及自己的情况,才能在复杂的就业市场中获胜。

2. 求职材料的要求

（1）求职基本材料

求职材料包含求职信（自荐信）、简历以及所有能支撑自荐信和简历中所涉及内容的证明材料。求职信及个人简历是引领求职者进入面试的关键一步,能初步反映出求职者的学习经历、文化修养、书面表达能力以及做人做事的原则。求职信和个人简历要书写规范、言简意赅、态度诚恳、谦恭有礼。所有材料篇幅不宜过长,文中不能出现文字错误和涂改痕迹,要规整打印出来。另外,求职者要准备好各种获奖证书、发表过的作品、正式出版的书籍、发明创造的证书等支撑材料,以上所有材料必须复制多份备用。求职材料就是求职者的"脸面",千万不能忽视。

（2）求职信内容要点

① 要有引人注目的开头语。求职信的开头很重要,内容要有新意和闪光点,要找准自己的与众不同之处,以引起阅读者的兴趣,使聘用方不会忽视你的存在。

② 简单列举自己的优势。编写求职信时,要根据聘用方的需求,抓住重点,列举自己的优势、经历,最好能举例说明。

③ 语句要通畅。求职信一定要语句通畅,无错别字和错误的标点符号,编写好后要反复推敲和修改,直至自己满意为止。

④ 指明收信人。投求职信前,要事先打听好聘用单位招聘主管的姓名,一定要注意求职信开头的称谓礼仪。信最好是直接投递或送交到主管手中。

⑤ 借助相关要人的影响。求职信中,可以提一位或几位与求职单位业务相关的令人尊敬的人,吸引对方去看自己的个人简历,并提请对方能安排会面的机会。

⑥ 留下自己的联系方式。求职信写完后,不要忘记留下自己的联系方式,一般不要用别人的联系电话转告。求职信不能过长,最多不超过 1000 字,通常都用 A4 纸打印好了再签上名字。

（3）求职信中的禁忌

缺乏准备,无的放矢;条理不清,逻辑混乱;炫耀浮夸,言过其实;胆小怯懦,缺乏自信;滥用词句,哗众取宠;欠缺礼节,语言粗俗;东拉西扯,长篇大论;平庸乏味,缺乏新意。

（4）求职信范例点评

一名某大学文秘专业的毕业生,在看到《时报》上关于招聘秘书的广告后,根据自己的实际情况决定应聘,于是写了如下求职信。

尊敬的公司领导:

我是××大学的应届毕业生××。看到×月×日《××时报》上关于贵公司招聘秘书的广告,我自信具备广告中所要求的各项任职资格。经过大学的严格训练,我已掌握快速、准确的录入、速记和撰写等技能,曾多次在社会上举办的此类比赛中获得较好名次。

在大学期间我主修的是文秘专业,学习了 Office 办公自动化高级应用,并获得全国 ITAT 教育工程的《Office 办公自动化高级应用技能证书》,这种技能正是贵公司招聘秘书应具备的能力。现在我已能熟练地使用计算机,并运用办公自动化技术书写和处理各种不同类型的信函,包括贵公司市场营销部门常用的推销信。我能完全承担具体的写作任务,将为管理人员节省大量的时间,让他们能有时间去做更重要的工作。在校期间我曾在××公司做过 10 个月的实习秘书工作，在实践中培养了良好的交际能力和与他人合作的能力。

其他有关该项工作的任职资格，请见随信寄去的个人简历。

鉴于上述情况，我期望能有机会与您面谈。如能安排一个于您方便的具体时间，请打电话通知我(003-5336688 或 12167088852)，不胜荣幸。

顺问夏安

××大学毕业生××

××××年××月××日

点评：这封求职信，可以说是简单明了，信息表达清晰。其主要特点如下。

① 头开得好。求职者一开头就抓住了对方的注意力，表明已得到贵公司需要秘书的第一手资料，并阐明了自己的求职资格和能力。

② 教育经历清晰。强调了自己具有目标工作所要求的教育经历。

③ 了解对方，表达求职意愿。强调了自己对该公司业务的了解，希望能有机会面谈。

④ 证明了自己的能力。举例说明自己曾参加过的社会活动，表明自己已具有与工作岗位相关的良好的素质和综合能力。

⑤ 礼貌请求安排面谈。提示对方看自己的简历，并请求安排面谈。

有些求职信的内容给人不真实的感觉，从而使聘用方对求职者的能力产生怀疑，而导致求职失败。例如有些求职者在求职信中写道："我能够胜任各种工作""听说贵公司最近效益不好，我相信我有能力改变这种状况""在校 4 年中，我曾向各类电台、报纸、杂志投了近百篇稿件"等。

（5）简历写作的要求

对于一个求职者来说，写简历是准备求职材料十分重要的环节，是踏上求职成功之路的第一步。如果一个求职者连一份简历都写不好，就很难期望得到一份理想的工作。简历编写的一般原则如下。

① 求职简历要"简"。内容简洁、清楚、易懂，最好不要超过两页或在1000 字以内，这样的简历不易被漏掉。

② 求职简历要突出"经历"。用人单位关心的是你的经历，从经历中发现你的经验、能力和潜力。因此必须重点写出你学过的知识和实践过的工作。学习经历包括学校学习经历和其他培训经历；实践经历包括在学习期间的实践经历，以及在所有单位实践过的经历。

③ 求职简历要突出希望应聘的"职位要求"。招聘者关心主要经历是为了了解应聘者能否胜任拟聘职位。因此，一定要抓住所应聘的职位要求来写，因为

招聘者只对和职位相关的信息感兴趣。

④ 求职简历要突出重点。简历中要突出个人的知识面、能力及经验,并用实例和证据来说明。

⑤ 求职简历要力求精确。在阐述自己的经验和能力时要尽可能准确,不夸大也不要误导,如果写得让人感到可疑或不舒服,那就很可能错失良机。

⑥ 求职简历用词要得当。简历中要尽量采用有影响力的词汇,一定要注意不能有错别字,错别字的出现会让用人单位对你的文化素质产生怀疑。

⑦ 求职简历的结束语要精练。简历一定要有结束语,但要力求语言精练,不要重复累赘。

(6) 简历的基本语言格式

写简历和写求职信一样,尽管有众多的指导用书和参考资料,但关键是要找准自己的长处和特色,做到真实、准确。要知道校无特色没有地位,人无特色不受青睐。个人简历的主要内容一般包括四个部分。

① 个人基本情况。包括自己的姓名、性别、年龄、籍贯、政治面貌、毕业学校、所学专业、婚姻状况、健康状况、身高、爱好与兴趣、家庭住址及联系电话等。

② 学历情况。应写明学习的起止时间和学习成绩、学习期间所获得的奖励情况等。

③ 工作经历情况。工作经验包含社会工作经验和在学习期间的工作经验,最好详细列明。首先列出最近的资料,然后详细阐述曾工作过的单位、起止时间、曾任职位、工作内容和性质等。

④ 求职意向。求职意向是指个人的求职目标或期望的工作职位。要表明你希望通过求职得到的工种、职位,以及你的奋斗目标等,可以和你的特长结合起来写。

⑤ 选择好个人简历上的照片。简历上的照片就是"门面",在选择照片时要注意以下几点。

第一,照片尽量与自己的气质相符。

第二,照片中的发型要整洁,避免蓬头垢面。

第三,照片中的服装尽量挺括,不要有皱痕。

第四,照片中的人看上去要精神焕发,不要萎靡不振。

第五,一定要用近照。

第六,不要把艺术照放在简历里。

(7) 简历类型介绍

简历从传播媒介上主要分为两大类,一类是传统的纸质简历,这种简历一目了然;另一类是新兴的多媒体简历。多媒体简历是一种新颖的求职工具,可以利用视频技术直接传递求职者的言谈举止、态度仪表、语言能力、才艺展示等信息，动态展示求职者的特长技能，全面展示求职者的风采。

简历从功能上可以分为以下六种。

① 时间型简历。这种形式的简历，主要强调的是求职者的工作经历，适合于有工作经历的求职者使用。

② 功能型简历。功能型简历强调的是求职者的能力和特长，不注重工作经历，适合刚从学校毕业的求职者使用。

③ 专业型简历。专业型简历强调的是求职者的专业和技术技能，适合于申请技术水平和专业能力要求较高的工作岗位，适合于有工作经历和专业能力较强的求职者求职时使用。

④ 业绩型简历。这种类型的简历，强调的是求职者在过去的工作经历中所取得的工作业绩和成就，适用于有丰富工作经验的人更换职业岗位使用。

⑤ 创意型简历。这种类型的简历，强调是与众不同的个性和标新立异，目的是要表现求职者具有特殊的创造力和丰富的想象力，这种类型的简历并不是每个求职者都适用，一般来说适用于申请艺术设计、排版编辑、广告策划等岗位的求职者。

⑥ 综合型简历。这种类型的简历，是时间顺序、工作经历、业绩、能力相结合的一种简历形式，适合于有学习—工作—学习经历的求职者使用。

3. 个人纸质简历范例

(1) 个人简历之一

姓　　名：××××
联系地址：××××
电　　话：××××
求职目标：经营部副经理
任职资格和能力：管理学学士，假期曾做过市场调研和市场预测工作，具有扎实的营销和管理基础，并有较强的吃苦耐劳精神，具有较好的人际沟通能力。
所受教育：××××年××月毕业于××××，获××××学士。
所学主要课程：商业经济、商业管理、市场营销、商业传播、广告学、公共关系学等。
选修课：礼仪与文化、消费者行为、办公自动化等。
在校期间学习成绩名列前茅，曾连续5个学期获"三好学生"称号，所撰写的毕业论文被评为毕业生优秀论文。
工作经历：曾在××××公司负责营销和管理工作，为该公司寻找、确定和拓展目标市场，在职期间，该公司营销额明显上升。
主要社会活动及成绩：大学期间曾任校商业管理协会主席、校报通讯员等职务,曾在《商业周刊》上发表过两篇论文,××××年在全国大学生广告设计大赛中获一等奖。

其他情况:××××年出生,未婚。能熟练使用计算机及其他现代化办公设备,能用英语交流。

爱好:摄影、绘画、音乐。

其他相关材料见附件。

这是一份专业型简历,简历中充分说明了自己所具有的能力,明确提出了希望应聘的岗位,并说明了有附件可证明自己能力的真实性,留下了联系电话,表明希望面谈。

（2）个人简历之二

刘文,男,××××年××月生,××××省××××市人,××大学文学硕士。

简历:2013 年 9 月—2017 年 7 月在××大学外国语学院学习,获文学学士学位

2017 年 9 月—2019 年 7 月在××师范大学附属中学任教

2019 年 9 月—2022 年 7 月在××大学攻读硕士,主攻方向为西方文学史,并获文学硕士学位

个人简况:大学四年,学习勤奋,连年获校级一等奖学金,四年学习成绩总评分名列全年级前茅,英语口语成绩突出,第二外语为法语。在校期间多次参加学校的涉外交流活动,并承担翻译任务,受到学校及学院领导的一致好评。

工作期间,一直承担学校高中部外语课的教学任务,备课认真,教学效果好,同时不断钻研中学外语教学法,并公开发表相关论文一篇。工作中有合作精神,与同事相处融洽。

研究生阶段,更加注重外国文学的研究,学习内容涉及西方文学史、中西方文学比较、近代西方文学研究等内容,专业成绩全优,并参加《现代英汉大词典》的编写,同时完成过多项与外商谈判的翻译工作。担任 2019 级研究生班班长,工作认真负责,得到同学和导师的一致好评。

个人特点:性情开朗,有较强的社会适应能力,事业心强,有敬业精神,勤奋、好学,有较强的英语、法语书面翻译及口头表达能力,有一定的外国语教学经验。

求职意向:本人有志于在出版机构发挥自己的才能。真诚希望能在贵单位供职,在领导的带领下尽心尽职,荣辱与共!

联系地址:××市××街××号××大学 6-19 研　刘　文

联系电话:××××××××××××

这是一份综合型简历,有学习和工作的简单经历,同时强调了自己的能力及希望应聘的工作岗位和工作范围,留下了联系电话,表明希望面谈。适合于有一定工作经历或多阶段学习经历的求职者采用。

（3）个人简历之三

Name(姓名)：×××

Gender(性别)：Female(女)

National(民族)：Han(汉族)

Degree(学位)：Master of Science(理科硕士)

Professional(专业)：Software(软件专业)

Tel(电话)：×××××××××××

QQ(QQ号)：×××××××

Address(地址)：No. 61，Beijing road，Guangzhou city，Guangdong Province，China(中国广东省广州市北京路61号)

Zip code(邮编)：××××××

E-mail(电子邮箱)：××××××@qq.com

Education background(教育背景)：

2019.9—2022.7：South China University of Technology(华南理工大学)

2015.9—2019.7：Kunming University of Science and Technology(昆明理工大学)

Objective(求职目标)：Software Engineer(软件工程师)

Technical Skill(专业技能)：Java Language，Web Site Design and Development(Java语言、网站设计与开发)

点评：这是一份典型的英文简历模式,介绍了求职者的基本信息,表述了求职目标,简单明了,对于应聘外企等单位的求职者可以借鉴。

（4）一份完整的求职材料

求 职 信

我是××大学的应届毕业生××。我希望应聘贵公司招聘的广告设计师,我自信具备贵公司要求的各项任职资格。经过大学的严格训练,我已取得了艺术设计(广告方向)的本科毕业资格,并获文学学士学位。在校期间曾多次在各类广告设计大赛中获得好名次。

我能熟练地运用 Illustrator、Photoshop、SAI 等软件进行平面艺术设计、插画艺术设计。具有较强的广告创意及设计能力,并能熟练运用办公自动化技术书写和处理各种不同类型的信函,包括贵公司市场营销部门常用的推销信,同时具备良好的人际沟通能力。我曾在上海宏达房地产开发公司做过1年半的业余广告设计师,所设计的广告均已投入市场使用,并在实践中培养了良好的交际能力和与他人合作的能力。

其他有关该项工作的任职资格,请见随信寄去的个人简历、证明材料及个人作品。

鉴于上述情况,我期望能有机会与您面谈。请安排一个于您方便的具体时间,打电话通知我(021-5336688 或 11067088852),我将感到荣幸。

顺问,夏安。

××大学毕业生××

××××年××月××日

本人简历

姓名:××

性别:×

民族:××

出生年月:××××年×月×日

身份证号:×××××××××××××××

毕业学校:××××

所学专业:××××

家庭住址:××××××××××

政治面貌:××××

联系方式:××××××××××(手机)

学历及学位:××××

受教育经历:××××

所学课程:××××

选修课程:××××

已取得证书:××××

毕业设计题目:××××

> 贴
> 照
> 片
> 处

本人自述

本人性格开朗,身体健康,工作踏实、认真、肯干,具有敬业精神和团结协作精神,具有一定的组织协调能力和较强的人际沟通能力,有学习进取心和创新意识,能较快地适应各种环境。

本人基本功扎实,专业技能强,具有一定的办公自动化应用能力,有一定的工作实践经验,熟悉广告公司的工作规律,所做的毕业设计得到导师的好评,并被企业采用,毕业设计成绩优秀。

本人2022年7月即将毕业,希望能到贵公司就职,承担广告创意及广告设计工作,我虽然刚毕业,工作经验还很欠缺,但我相信,凭借自己的自信心和敬业精神,以及扎实的基本知识和较强的专业技能,一定能尽快适应工作要求,在贵公司领导和同事们的帮助下,我一定能胜任本职工作。

本人诚恳期待贵公司能够给我提供工作和服务的机会。如能加盟贵公司,我将感到非常荣幸。

应聘人××

4. 电话在求职中的应用

求职也可在电话中进行,当然只能运用在表明自己意愿的过程中。求职信、简历及相关证明等求职材料,还是要邮寄、电邮或亲自送达聘用单位。电话求职举例如下。

求职者:"老师您好"(注:"老师"在这里被当作一个广泛的称谓,不一定指学校里的老师。在初次接触、不了解对方身份的情况下,"老师"的称谓表示了对对方的尊重。但当得知对方的职务、姓氏和身份后,则应改称对方的职务,例如,×处长等),"我是××学校××专业××届的毕业生,所学专业与贵单位所需要人才的专业对口,我刚好今年毕业,成绩也不错,我特别对研究工作感兴趣,您什么时间方便,我将我的简历和详细材料送到您办公室,希望您能考虑我的情况。"

点评:求职者利用电话,仅仅几秒钟就将自己的意图表达清楚了,并初步对自己做了推荐,简单明了,没一句废话,同时礼貌到位。对方听了求职者的陈述后,可能有几种反应:接收、拒绝、模棱两可。如果对方对你感兴趣,愿意与你进一步接触,就说明你的介绍已起作用。通常情况会有一些简单的询问,例如,你的基本情况、专业能力、做过什么社会工作、在学习期间参加过何种项目的研究等,在回答对方提问时,应反应机敏,诚实回答。

在表述中不要吹嘘自己,那样会让对方感到你夸夸其谈;也不要过分谦虚,那样会使对方觉得你没有自信。总之,要给对方留下一个诚实、认真、积极向上的印象。

5. 简历效果分析

(1) 简历过于烦琐

现在有些求职者的简历存在这样的问题:求职心切,唯恐没有把自己的能力全面地展示出来,往往在简历上大做文章,事无巨细全部写在简历里,于是简历就成了几千字,甚至一二十页的大作。这样的简历,招聘人员是不会耐心阅读的,虽然什么都写进去了,但求职成功率不高。

实际上,从招聘者的角度看,最受欢迎的简历是一页 A4 纸就能将应聘者的关键信息说清楚。因为每年毕业生招聘季,各单位招聘主管每天都要处理几十甚至上百份求职简历。对过于烦琐的简历,谁也没有耐心去看。

（2）简历过于简单

一次，某用人单位在一所著名高校招聘工作人员，面试工作结束，即将离开学校时，该校一位同学等在校门口，一见到用人单位招聘人员就指责说："你们让大家投简历，为什么没有给我面试的机会？何况，有些已经参加面试的同学，在学习成绩和综合能力方面都不如我。"该同学很激动，还说了一些难听的话，并希望取回他的简历。为了满足他的要求，用人单位的招聘人员打开行李，在一大堆简历中找到了该同学的简历，发现该同学的简历就一张纸，除了姓名、性别、出生年月、所学专业、所学课程、联系电话之外，没有任何证明材料，既看不出学习成绩的优劣，也看不出综合能力的强弱。一般来说，这样的简历在筛选过程中都是被筛掉的。招聘人员耐心地把没让他参加面试的原因说了，他感到很委屈，并且说别人告诉他，简历越简单越好，不能超过一张纸。

（3）简历雷同

招聘人员发现，有些学校同一班级学生的简历，从格式到文字都大同小异，反映不出个人的特点和优势，这样的简历对用人单位没有吸引力。在这种情况下，求职的成功率是极低的。

总之，对于有经验的招聘人员来说，通过简历就可以初步判断应聘者的教育背景、学习能力、工作经验、社会阅历、技能特长、兴趣爱好及综合能力。因此，简历虽"简"，却一定要层次清晰、情况明朗、具有特色和吸引力，才能有助于求职的成功。

8.3.3 求职面试礼仪

求职面试是指招聘方与求职者面对面的一种考核方式。在面试过程中，招聘方能从求职者的外表、言谈、举止和个人表现等方面基本判断分析出求职者的综合素质与品格，为用人单位是否录用应聘者提供参考。

1. 面试的形式

（1）个人面试

招聘单位个别接见应聘者的面试是个人面试。个人面试是一种比较普遍的面试形式，其优点是：应聘者与主试人在面对面接触中能进行较细致的沟通。

（2）小组面试

一个岗位或一个单位有多名求职者应聘，主试人为了节省时间，可以让多个应聘者共聚一堂，主试人提出一个问题，应聘者以讨论的形式来回答问题，主试人可以通过倾听和观察大家的言行举止，判断和选拔所需要的人才。这种面试为小组面试。小组面试具有节省时间、全面考核、公平竞争的优点。

（3）测验面试

测验面试是指对应聘者进行现场技能测试的面试。例如，现场画画、现场速

求职礼仪

第 8 章

243

记、现场讲课、现场表演等。这种面试适用于对演员、教师、公关人员、秘书等的选拔。

（4）组合面试

组合面试是以上三种面试方式的组合。这种面试方式的过程较长，应聘者要先后参加测验、与人事部门人员面谈以及与单位主管领导面谈等。这种面试的特点是可使聘用方比较全面地了解求职者的概况，并有所比较，便于选拔人才。

（5）视频面试

网络视频面试是指求职者能通过视频的形式接受用人单位的面试。这种面试利用网络这个"空中桥梁"，省时省力，没有地域的界限，减轻了东奔西跑、舟车劳顿之苦，提高了双方的工作效率。这种面试形式正在逐步被广泛使用并形成趋势。

2. 面试者的基本礼仪

（1）提前 5～10 分钟到达面试地点

求职者应带齐资料、证件等提前到达面试地点，表示求职的诚意，给对方一种信任感，显出对工作具有的责任心。在面试前提前到场可以用于调整自己的心态，做一些简单的仪表准备，以免仓促上阵，手忙脚乱。

（2）进入面试场合不要紧张

求职者进入面试场合之前，应调整好心态，千万不要紧张。如果主试人的房间门关着，应先敲门，得到允许后再进入房间；进出房间时动作要轻，以从容、自然为好。进房间后要主动向招聘者致意，称呼应恰当。主试人没请坐下时不要落座，主试人请你坐下时，要道谢。坐下后要保持良好的体态以免引起别人的反感。离开之前可以有礼貌地询问主试人还有无问题，得到可以离开的允许后应微笑起立、道谢，然后离去。

（3）对主试人提的问题要逐一认真回答

应聘者在面试中，要注意聆听主试人介绍情况。为了表示对主试人介绍的情况是否已听懂或是否感兴趣，应在适当的时候点头，或适当地提出问题与主试人进行交流；应聘者对主试人提出的问题要认真思考、逐一回答，回答问题时或与主试人交流时要讲普通话。

（4）保持文雅的举止仪态

应聘者在整个面试过程中要保持举止文雅大方，谈吐谦虚谨慎，态度积极热情。当主试人为两人以上时，回答问题时目光不仅要注视着提问方，还要环顾其他的主试人，以表示对大家的尊重。

礼仪与文化（第三版）

3. 面试中应注意的问题

（1）口齿清楚，语言流畅，文雅得体

应聘者在与主试人交谈时要注意使用普通话，也可根据用人单位要求，使用英文。叙述或回答问题时，发音准确，吐字清晰，控制语速。为了增添语言的魅力，还应注意语言修辞，忌用口头禅，不能出现不文明的语言。

（2）语气平和，语调恰当，音量适中

应聘者在面试交谈时要注意正确运用语调和语气，让人感觉到应聘者的修养程度。

（3）语言要含蓄、机智、幽默

面试交谈时，除了表达准确清晰以外，视情况可以适当插进幽默的语言，增加谈话轻松愉快的气氛，以展现出自己的优雅气质和机敏从容的风度。

（4）注意主试者的反应

在求职面试中，除应聘教师岗位的试讲外，应聘者与主试人的交谈更接近于一般的交谈。在交谈中应多注意听者的反应，如果听者心不在焉，可能是对你的这段话没兴趣，你得设法转移话题；如果侧耳倾听，说明说话的音量太小，难于听清；如表现出皱眉、摆头，说明可能有语言不当之处等。根据对方的这些反应，要随时调整自己说话的语气、语调、音量、修辞以及陈述内容，这样才能取得良好的面试效果。

（5）回答问题要把握重点

在面试过程中，应聘者必须要回答主试人提出的各种问题。在回答之前应稍作考虑，不要急于回答。一般情况下回答问题要结论在先、议论在后，也就是要先将自己的中心意思表达清晰，然后再做叙述和论证。叙述时要把握重点、简洁明了、条理清楚、有理有据。

（6）讲述问题避免抽象

主试人提问总是想了解一些应试者的具体情况，切不可只简单地以"是"或"不是"作答。应针对所提的各种问题，该说明原因的说明原因，该强调程度时强调程度。不讲原委，过于抽象地回答，往往会给主试人留下不好的印象。

（7）切忌答非所问

在面试过程中，如果主试人提出的问题让你一时摸不着边际，不知从何答起或难以理解对方问题的含义时，可将问题复述一遍，可以先谈自己对这一问题的理解，请教对方自己的理解是否有误，对不太明确的问题，一定要搞清楚。这样才能有的放矢，不致南辕北辙，答非所问。

（8）回答问题要有个人见解

一般来说，主试人总要接待若干名应聘者，相同的问题也要提若干遍，类似的回答要听若干回,难免有枯燥乏味感。因此有个人见解的、独具特色的回答才会引起对方的注意和兴趣。

（9）知之为知之,不知为不知

在面试过程中,碰到自己不知、不懂和不会的问题也属正常,诚恳坦率地承认自己的不足之处,反倒会赢得主试人的信任和好感,千万不能回避闪烁、默不作声、牵强附会、不懂装懂。

（10）注意服饰礼仪

应聘者参加面试,一定要注意服饰礼仪。首先是要衣着整洁,其次是要根据应聘岗位的要求,适当考虑装饰。例如,应聘公务员、教师等职位,服饰应庄重得体;应聘推销员、公司经理等职位,服饰应前卫、大方。但不论应聘何种岗位,都不能过分修饰。

（11）视频面试应注意事项

要端正态度。网络面试,虽然形式相对较轻松,但并不意味着就可以和网络游戏、聊 QQ 等一样随意调侃,甚至油嘴滑舌、嬉皮笑脸,必须要像正常面试一样严肃对待。在视频过程中,态度要优雅,做到坐有坐相、站有站相,不要抓耳挠腮,不要东张西望;应当面带微笑,直视摄像头,注意不要太靠近摄像头;衣着要得体,不能因为在家中等场所,就穿着随便,发型、服装、饰品等都要符合应聘的岗位职务。

要认真准备。这里的准备除了正常的心理准备、资料准备外,还需要特别准备视频面试所特需的硬件和软件设备,例如安静的环境、畅通的网络、整洁的背景,能正常使用的计算机、麦克风、耳机,并且提前调试完毕。面试过程中,尽量做到专一,不要"一机多用",不要出现网页的弹出,游戏、QQ 等信息弹出或提示的声音,也不要观看视频节目等。

应对突发事件。如网络中断、临时停电等情况,要及时电话通知给用人单位说明情况,解释清楚,并约定下次面试时间。

4. 面试中可能会提到的问题

（1）你为什么选读此专业?

这个问题主要是考察你对专业的热爱程度,以及你将来从事该项工作的态度。

（2）你学过的科目与我们的工作有什么关系?

回答时要简明扼要地将所学的主要课程,特别是与用人单位所需能力之间的关系讲清楚。

（3）你喜欢你的母校吗?

一般而言,对这个问题应持积极的态度,一个不爱母校、不尊敬老师的求职者是不会受到欢迎的。

（4）你有什么特长和爱好？

对这个问题要如实回答，不可无中生有，也不可过分谦虚。一般来说，爱好广泛、多才多艺的毕业生是备受欢迎的。

（5）你还打算继续深造吗？

有的用人单位希望你继续深造，而有的单位希望你坚守岗位。应试前应对该单位的情况有所了解，考虑好后正面回答。

（6）你还有什么疑问？

这暗示着面试即将结束，应把握住机会，通过提问或表态等方式强化主试人对你的印象。

（7）其他问题

不同的主试人会对应聘者提出不同的问题。例如，大学四年你最得意的事是什么？你谈恋爱了吗？你身体状况如何？你想怎样取得事业上的成功？你的理想是什么？你对待遇有什么要求？上岗前让你先到基层锻炼两年，你愿意吗？等等。

8.3.4 求职面试的后续礼仪

许多求职者只重视面试时的礼仪，而忽略了面试后的善后工作，但往往面试后的礼节亦能加深聘用方对应聘者的印象。面试结束，并不意味着求职过程的结束，更不意味着你可以袖手以待结果的到来。从某种意义上来说，面试后的礼仪更显重要。

1. 不忘感谢的礼仪

面试后，应聘者对主试人表示感谢是十分重要的，因为这不仅是礼貌之举，还能让主试人在最后决定前加深对你的印象。表示感谢的方式多种多样，可以通过传统信函表示感谢、电话感谢、发 E-mail 表示感谢，如时机合适，还可以到办公室面谢。

2. 查询结果的礼仪

一般来说，在面试结束两周后，或主试人许诺通知结果的时间过了，应聘者还没有收到对方答复时，可以发电子邮件或打电话给招聘单位或主试人询问面试结果，但不可操之过急。应聘者如打电话询问，结果无论成功与否，都要向对方表示感谢。结束电话交谈，一般要由对方先提出，然后彼此客气地道别，说一声"再见"，再挂电话。

应聘者也可以采取到应聘单位直接面谈的形式查询结果，这种查询方式一般适用于比较有成功把握的应聘者，但一定要先约定时间，拜访时要先自我介绍。查询结果的面谈要注意礼仪和细节,不要因为在最后的细节上出问题而导致前功尽弃。

3. 调整面试后的心情

一次面试结束,只说明完成求职过程的一个阶段。如果你打算多面试几个单位,则必须调整心情,认真回顾面试的全过程,总结经验和不足,全身心准备第二家的面试。

总之,在没有收到聘书或正式通知前,应聘都不能算成功,决不能放弃最后的机会,这也是对自己的尊重和负责。

8.3.5 创业

创业是指某个人发现某种信息、资源、机会或掌握某种技术,利用或借用相应的平台或载体,将其发现的信息、资源、机会或掌握的技术,以一定的方式,转化、创造成更多的财富、价值,并实现某种追求或目标的过程。

与传统的谋求职业的就业渠道不同,创业正成为一种新的就业形势,"我们要创业""我们要自己当老板"。越来越多的创业先锋者们用他们的知识积累、经济头脑赚取了人生的第一桶金,也为社会创造了更多的就业机会。国家的相关帮扶政策也正渐渐规范,一些创业比赛、创业基金纷纷设立,大学生甚至可以休学创业,但是另一方面,创业也并非如大家所想的那么简单、顺利。创业前,应当冷静分析自身特点和创业项目,切不可冲动行事。

创业者除需要一般求职者应具备的素质之外,还应培养以下能力。

1. 良好的心理素质

"欲望是创业的最大推动力",创业者应不拘泥于现状,面对市场压力、艰难险阻要勇于挑战;作为公司带头人,做事要果敢,不可优柔寡断、错失良机;学会分享,公平分配,才能增强团队的凝聚力。

2. 必备的知识储备

创业者不仅要具有一定的专业技能,更重要的是要熟悉国家的政策法规、发展战略,具有较强的管理学、人力资源、法律、经济学、市场营销学等相关知识。

3. 敏锐的社会观察能力

能够根据国家的发展趋势,客观分析创业项目,做到端正动机、充分准备、全力投入、巩固成果。

4. 良好的沟通协调及管理能力

自主创业不可避免地要面对工商、税务、金融、城管等各个管理机构,以及行

礼仪与文化(第三版)

业内外的各个合作伙伴和竞争对手,涉及面广到难以想象和预测。除此之外,还要管理好自己的创业团队,才能在创业道路上越走越宽。这就要求创业者必须具备良好的沟通协调和管理能力。

思考题

1. 现代职业的特点是什么?

2. 求职者应具备哪些基本能力?

3. 求职礼仪主要包含哪些内容?

4. 求职面试时应注意哪些问题?

5. 试写一份求职信和简历或多媒体简历。

6. 组织几位同学,进行一次模拟面试。

7. 你想自主创业吗? 结合你具备的专业知识和技能,以及目前社会经济的发展趋势,试策划一个自主创业方案。

第9章 涉外礼仪

涉外礼仪是众多礼仪中的重要内容。了解和掌握基本的涉外礼仪知识对生活在现代社会中的每个人来说都具有重要的作用和意义。本章将比较系统地介绍涉外礼仪的基础知识,并在此基础上,介绍一些国家的习俗和禁忌等内容。

9.1 涉外迎送礼仪

"迎接"与"送别"是涉外活动中的重要内容,其在涉外活动中占有重要的地位。对参与外事活动的人来说,涉外迎送礼仪是必须要了解和掌握的。

9.1.1 涉外迎送规格的确定与安排

随着国际交流的发展,涉外活动日趋频繁。涉外活动内容不同,类别和级别不同,迎送活动的要求也就不同。明确交流目的,做好迎送的准备工作是对外交流获得成功的首要条件。

1. 确定对外宾的迎送规格

"对等原则"是迎送的基本原则,即主要迎送人员要与来客的身份相对等,或主人的身份与客人的身份相差不大。按照国际惯例,对外迎送规格主要依据来访者的身份、访问的性质和目的,并适当考虑交流双方的关系等来确定。例如,国家元首、政府首脑的正式访问,通常要由政府部门举行隆重的欢迎仪式;对一般代表团的访问,则安排相应身份的人员前往机场、车站或码头迎送。在特殊情况下,为了发展交流双方的关系,也可安排超出常规的场面给予较高的礼遇。但为了避免其他国家产生误会,造成厚此薄彼的印象,除非有特殊需要,都应按常规迎送。

除国家及地区之间的涉外交流活动外,最普遍的涉外活动主要是学校之间的交流,商业、企业机构之间的交流,文化部门之间的交流以及民间的交往等。

(1) 国家或政府部门之间的交往

在国家或政府部门之间的交往中,迎送规格是一个非常敏感的问题,其代表着对来宾的尊重程度。不论大国小国、强国弱国、富国穷国，接待中都应平等对待。例如，迎接外国国家元首或总理（首相）到地方访问时，应由省长或市长迎送，如省长、市长不在，则由副省长、副市长代表。又如，外国议长率领的议会代表团到地方访问时，应由省、市人大常委会的主任迎送，如主任不在，则由副主任代表。

（2）学校之间的交往

校际交往，应根据来访人员的状况来决定迎送规格。例如，学校领导来访，迎送规格就应定为校级规格，要由校级领导出面迎送；如果是学术交流，应视情况定为校级或院级规格；如果来访者是国际非常知名的学者，即使其不是什么"领导"，视情况也可安排分管外事工作的校级领导来迎送。

（3）商贸交往

商贸交往要视情况而言。如果是国家和地区间的商贸往来，应由相应主管部门来确定具体的迎送规格；如果是一般性质的商贸往来，则应根据来访人员的身份和来访目的确定迎送规格。例如，有投资意向的国外公司的决策人员到达时，接待方应根据其公司的规模、知名度、来访者的身份、投资额度大小、项目的重要性等因素来确定迎送的规格。规格可高至政府级，也可低至企业级。

（4）文化交流

文化交流的内容和形式很多，有一般性的接触交流，有目的性明确的交流；有代表国家或地区的交流，也有代表一个团体或一个部门的交流。同样，代表国家和地区的交流，可由国家或地区主管文化的相关部门确定迎送规格，其他形式的交流应根据具体来访者的身份和交流的内容及目的来确定迎送规格。例如，对为进行文化交流、由政府官员带队来访的代表团，可由政府文化主管部门负责人出面迎送。又例如，进行商业演出的文化团体的访问，由承办演出的公司负责人出面迎送即可。

2. 迎送与接待安排

迎送规格确定后，应认真细致地制订迎送、接待方案。在制订方案过程中不仅要安排好整体的迎送规格和程序，同时还应注重细节问题。

（1）确定参与迎接活动的人选

参与迎接活动的人选视情况而定。一般情况下，迎接人员包含主要迎接人员和随从人员，主要迎接人员、随从人员的规格和人数应根据迎接规格的要求来确定。

（2）制订迎送及接待方案

迎送及接待方案要根据接待的规格来制订。方案要做到周到细致，不可疏忽大意。通常情况下，要根据客人逗留时间的长短，在安排好工作的同时，安排好客人的休息和参观游览等。从礼节上来说，客人下榻酒店后不宜马上安排活动,应留出充足的时间让客人休息。待客人休息后再安排活动。例如,到我国某大学访问的国外某大学的一个代表团由 5 人组成,其中有女士 2 人。代表团的 5 位成员分别为副校长(代表团负责人)、外事秘书、生物学教授兼该校生物研究中心主任、艺术学院教授(2 人)。代表团来访的目的是希望与被访问的大学合作。合作内容主要为生物学研究领域和艺术领域相关专业合作办学等。代表团将于 2019 年 7 月 16 日 16:15 乘飞机到达被访大学所在地,访问期为 2 天。被访学校所制订的迎送和接待方案如表 9-1 所示。

表 9-1　迎送和接待方案

××国××大学副校长一行 5 人来访活动及接待工作一览表

时间	工作内容	地点	承办部门	参加人员	负责人	负责人联系电话
7 月 15 日	准备好 10 座旅行车一辆,并对车辆进行检修和清洗	校车队	校车队	专职驾驶员	车队队长	×××× ××××
7 月 16 日						
上午	预订好 5 个房间	校专家楼	校行政办公室		行政科科长	×××× ××××
14:00	上车前往机场迎接	校办公楼门口	校长办公室	主管教学副校长、外事秘书	校办主任	×××× ××××
16:00 以前	到达机场迎接客人	机场	同上	同上	同上	同上
17:30	迎接、会见、休息	校专家楼大堂	校国际交流处	校生物研究所及艺术学院主要负责人,校国际交流处外事秘书	国际交流处负责人	×××× ××××
19:00	欢迎晚宴	校专家楼中餐厅	校国际交流处	副校长、校生物研究所及艺术学院主要负责人,校国际交流处处长及外事秘书等	国际交流处负责人	同上
7 月 17 日						
8:00—10:00	8:00 由专家楼出发参观校生物研究所	生物研究所实验大楼	生物研究所	生物研究所主要负责人、所办公室秘书、相关研究员等	研究所所长	×××× ×××

时间	工作内容	地点	承办部门	参加人员	负责人	负责人联系电话
10:00—12:00	10:00 由生物研究所出发参观艺术学院	艺术学院	艺术学院	艺术学院主要负责人、各教研室主要负责人	艺术学院院长	×××× ×××
12:00—14:00	午餐、休息	校专家楼西餐厅	校国际交流处	校国际交流处处长及外事秘书陪同	国际交流处办公室主任	×××× ×××
14:00—16:30	会谈,由校秘书科准备好计算机及投影仪等设备,并负责准备茶水及水果等	校办公楼小会议室	校办公室	副校长、校生物研究所及艺术学院主要负责人,校国际交流处处长及外事秘书等	国际交流处办公室主任、校长办公室副主任	×××× ×××× ×(国际交流处) ×××× ××××× (校长办公室)
18:00	晚宴	校专家楼中餐厅	校长办公室	校长、校生物研究所所长、艺术学院院长等	校长办公室副主任	×××× ××××
20:00	观看艺术学院学生演出	校礼堂	艺术学院团委	主管外事副校长、外事秘书、相关院所师生	艺术学院团委负责人、校办副主任	×××× ×××× (艺术学院团委) ×××× ×××(校长办公室)
7 月 18 日						
9:00—12:00	参观市容市貌	在专家楼门口上车出发	校国际交流处	外事秘书及艺术学院教师代表(女性)	国际交流处办公室主任	×××× ×××
12:00—14:00	品尝风味小吃		同上	同上	同上	同上
14:00—16:00	参观		同上	同上	同上	同上
16:00—18:00	返回校专家楼,客人休息	校专家楼	同上		同上	同上

涉外礼仪 第 9 章

时间	工作内容	地点	承办部门	参加人员	负责人	负责人联系电话
18:00	欢送晚宴	校专家楼中餐厅	同上	校长、校生物研究所及艺术学院主要负责人,校国际交流处处长及外事秘书等	同上	同上
7月19日						
7:30	早餐	校专家楼西餐厅	校国际交流处	校国际交流处处长及外事秘书陪同	国际交流处办公室主任	×××××××
9:40	送客人到机场	专家楼门口上车	校国际交流处	校生物研究所及艺术学院主要负责人,校国际交流处处长及外事秘书等	国际交流处办公室主任	同上

注意事项:全体参加涉外接待活动的人员要衣着整洁大方,礼仪到位;驾驶员要高度重视交通安全及行车礼仪,一切工作都要提前做好准备,不得有误。紧急情况联系人:×××;联系电话:手机××××××××××××,座机××××××。

（3）沟通

迎送及接待方案制订好后,应将与对方有关的内容提前传送给对方,与对方进行沟通。如果由于时间等原因无法将计划提前传送给对方,则应在外宾到达时将日程安排发给对方,以便让他们心中有数,做好配合。同时也了解对方的意见,如有需要变动的内容即时更新后反馈。

（4）准备与接待

外宾到达之前,各相关部门应按照方案中的要求做好一切准备。在迎送和接待过程中,要尽量根据接待对象所属国家和地区的习惯热情接待,做到不卑不亢、礼仪到位。例如,在机场、车站、码头接到外国客人时,可热情地为客人提行李,但如果工作人员是女性就不必这么做。在帮忙提行李时,千万不要去帮男士拿公文包或帮女士拿手提包等。总之,接待中既要体现对对方的热情、礼貌和尊重,也要充分体现接待方人员的文化修养和大度得体的气质,不能对外国客人卑躬屈膝,讨好奉承。

3. 迎送活动中的陪车礼仪

在接送外宾或陪外宾外出参观游览时,从机场、车站或码头到下榻酒店,以及从下榻酒店到机场、车站、码头或参观时,都应安排接待人员陪同乘车。陪车原则一般是主人坐在客人的左侧。如是三排座轿车,翻译人员应坐在主人前面的加座上;如是双排座轿车,翻译人员应坐在司机旁边。上车时,主人应先替客人开车门,请客人从右侧上车,安排客人就座后,主人再从左侧上车;如主人为女性,则不必为客人开车门,可礼貌示意请客人先上车,而后自己上车;如客人没等主人示意就先行上了车,并坐在主人的位置上,则不必再请客人挪动位置。下车时,工作人员或翻译人员应快速下车,以便为客人开车门,特别是要为女性客人开车门。如没有翻译人员或工作人员陪同,或翻译人员、工作人员为女性时,驾驶员应将车停稳后快速下车为客人开车门。迎送过程中,上下车开关车门时应轻开、轻关,不要用力过猛,以免使客人受惊吓或碰伤客人。

9.1.2 涉外迎送中的身份介绍与称呼

涉外活动中,身份的介绍对于双方见面后的进一步沟通起着穿针引线的作用。由于每个国家或地区对于职务的称呼是不一样的,因此,在迎接外宾之前,应首先了解对方的特点,了解对方对我国领导职务的理解程度,以求做到给予恰如其分的介绍。

1. 涉外迎送中相互介绍的方法

当外宾到达机场、车站或码头与我方迎接人员见面后,迎接的步骤如下。

第一步:主方应热情地上前握手表示欢迎,如碰到外宾热情地上前表示拥抱时,要热情相拥,不能退让。

第二步:由主方负责外事工作人员或翻译人员,按身份高低顺序依次介绍主方前往迎接人员。如无工作人员或翻译人员在场,可由迎接人员中身份最高者先礼貌地将名片递交给对方,并同时做自我介绍,然后再向对方介绍其他人员。

第三步:按身份高低顺序依次介绍来访人员。外方人员的介绍除可由我方外事工作人员介绍外,也可由对方自带的翻译介绍,或由对方作自我介绍。

在外方作介绍时,我方人员应仔细听,并做出相应表示。如果双方是初次见面,在介绍过程中可说"见到您很高兴",或"认识您很高兴"等。如果遇到原来就见过面的朋友,应说"再次相见,十分高兴"等寒暄语。

2. 怎样为外国朋友介绍我方人员

在为外宾介绍我方人员时,要考虑到对方国家的文化和习惯。按照国际惯例,一般称男士为先生,称女士为小姐、女士等。也可按职务、职称介绍,如董事长×先生、总经理×先生、校长××教授等。特别注意：在我国"书记"是一个比较高的职务，而很多国家则认为"书记"只不过是一名做文书工作的记录员，因此，在介绍书记时，最好翻译成与"书记"职务对等的行政职务头衔，这样对方更容易理解和接受。

3. 怎样称呼外国人

在国际交往中，一般对男子均称"×××先生"，对女子称"×××夫人""女士"或"小姐"。这些称呼，均可冠以姓名、职称或衔称。如"×××市长先生""×××议员先生""×××主席先生""×××先生夫人"等。对于地位较高的官方人士（政府部长以上的高级官员），可称"阁下"，如"××总统阁下""主席阁下"等。对君主制的国家，可称国王、皇后为"陛下"，对国王的后代可称王子、公主等。对有爵位的人（公、侯、伯、子、男）等可称其爵位，也可称阁下或先生。

9.2 涉外会见与会谈

在国家之间、学校之间、文化团体之间等涉外交流中，会见与会谈是最常见和重要的活动。会见与会谈过程中，礼仪是否规范与到位代表着一方（国家、学校、团体等）的文明程度、管理水平和整体素质，千万不可小觑。

9.2.1 涉外会见与会谈的概念

1. 涉外会见

会见又称接见或拜见。一般来说，身份较高者去见身份较低者，或主人见客人，称为接见。身份较低者去见身份较高者，或客人去见主人，称为拜见。

会见有礼节性会见和实质性会见之分。礼节性的会见，时间一般较短，地点不限，形式比较随便，话题也较广泛。礼节性会见一般没有实质性内容，属礼节性的问候和寒暄，目的是增进双方感情。实质性的会见，会涉及一些双方都关心的内容。其中，涉及政治性内容的会见，一般话题比较严肃，会见形式正规，事先要安排好会见地点；涉及事务性内容的会见，一般包含双方的业务往来，有较强的专业性。

2. 涉外会谈

会谈是宾主双方就共同关心的问题，在一起洽谈业务或对具体的合作方案、合作协议进行谈判、交换意见。一般来说，会谈的内容较为严肃。国家之间高层次的会谈内容，主要涉及国家的政治、军事、经济、文化等内容；部门、公司之间较低层次的会谈，主要涉及双方之间的商贸来往、合作办学、文化交流、合作研究及开发等内容。

3. 会见和会谈时的座位安排

(1) 会见的座位安排

会见一般安排在会客厅、办公室或客人下榻的酒店。各国、各地区的会见礼仪程序不尽相同,通常为宾主各坐一边。有些地区的会见还具有自己独特的程序,例如,双方主要领导人致辞、互赠礼品、合影留念等。我国高层次的会见一般安排在会客厅。会见时,客人坐在主人右边,翻译和记录员坐在主人和主宾的后面。主客方的其他成员,按职位高低顺序分坐两侧。会见前,承办部门应将主客双方参加会见人员的座次牌在对应的座次上放好,避免主客人员坐错位置而出现尴尬场面(记录工作人员无须放置座次牌)。

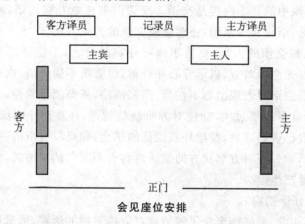

会见座位安排

(2) 会谈的座位安排

会谈通常安排在会议室进行,多使用长方形和椭圆形会议桌。会议桌有横放和竖放两种摆放方式。

① 会谈桌横放。主人和宾客相对而坐,以正门为准;主人背向门落座,客人面向门落座;双方主谈人居中,翻译人员在主谈人右侧,记录员可在后排。如会谈人员不多时可在会谈桌就座。

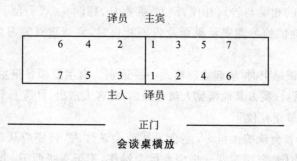

会谈桌横放

257

② 会谈桌竖放。以入门方向为准,遵循"以右为尊"的原则。右边为客方,左边为主方。

会谈桌竖放

9.2.2　涉外会见和会谈中的礼仪

在涉外活动中,涉外交流是否能成功,会见和会谈起着十分重要的作用。因此,对于参加会见和会谈的人员来说,不仅要高度重视会见和会谈中的交谈礼仪,还要注意自己的行为举止礼仪。

1. 会见和会谈中的交谈礼仪

（1）交谈时的礼貌和礼节

会见和会谈中的基本内容是交谈。交谈时要注意礼貌用语,表情要自然大方、态度要诚恳、语言和气亲切,还要注意交谈的方式方法。

参与会见和会谈的人员,要善于倾听外宾的发言,不能轻易打断对方的谈话;交谈时应目光注视对方,以示专心和尊重;尽管听不懂外语,也不能只听翻译讲话,而在外宾说话时表现出心不在焉、东张西望,甚至闭目养神,一副不耐烦的样子;谈话时,音量不要过大,能使对方听清楚就行,还要防止唾沫星四溅;交谈时,不要只顾自己讲得高兴,要给外宾说话的机会;如果没有听清楚外宾说的话,可以再问一遍,如发现对方对我方的谈话内容有不明白的神情时,应请翻译及时解释清楚,以免产生误会。

（2）把握好谈话内容

会见和会谈前,最好能事先了解清楚对方感兴趣的话题,尽量使谈话得体并有针对性。谈话内容要实事求是,自己不清楚或不知道的,绝不要随便答复,没有把握的不能轻易允诺。

2. 涉外会见和会谈时的行为举止礼仪

（1）见面与告别礼仪

"握手礼"是国际通用的相见与告别礼仪。但在国际交往中,除握手礼以外还有一些不同的相见与告别礼仪,例如:拥抱礼、鞠躬礼、双手合十礼等。当外宾以本民族、本地区的习惯表示见面及告别礼仪时,要尊重对方习惯,做出积极反应,不可躲避。

会见和会谈结束时,应起立向客人一一道别。由主要领导陪主宾先步出会客厅,其他客人随后,我方其他陪见人员在最后,将客人送出,目送上车,并挥手道别。

（2）基本举止礼仪

参加会见和会谈的人员,入座会见厅或会谈厅时,行姿应从容不迫、得体大方,不可缩手缩脚、弯腰驼背。坐姿要优美端庄,不可东张西望、坐立不安或摆弄其他东西,特别是女性,应表现出女性优雅、娴静的气质。入座和起立时不要将椅子弄出响声。

3. 涉外会见和会谈时的服饰礼仪

根据会见或会谈的形式及内容,同时考虑到会谈者与来宾的关系程度,参加会见或会谈的人员,男性可穿传统服装,如中山装,也可穿西服。如果穿西服,要选配好西服衬衫和领带,配好皮鞋,皮鞋要擦亮;女士可穿旗袍、西服套裙,也可穿其他得体的服装。会见前应整理好着装,在会见过程中,无论天气冷热变化,都不可当场脱或穿衣服。

对于礼节性的会见,与会者虽然可穿得随意一些,以此营造轻松和谐的气氛,但也要使其着装得体、大方并符合身份。

9.2.3　涉外会见和会谈禁忌

在交谈中,为了营造气氛、沟通关系、增进感情,除了谈与交流有关的话题外,少不了谈一些与正事无关的话题,但一定要注意话题的选择。有人认为,外国人没中国人那么深沉和含蓄,崇尚直来直去,与他们交谈可以海阔天空、畅所欲言,不必有太多的顾忌,这种看法是片面的。

1. 话题选择要恰当

话题的选择反映着谈话者的品位。在涉外交流中,话题选择要恰当。例如,不管是哪个国家、哪个民族的人,都会对体育赛事、电影电视、风景名胜、烹饪小吃等内容感兴趣,这些话题都可用于正式场合或非正式场合作为预定会谈内容以外的寒暄内容。

2. 不能涉及不愉快的内容

与外宾交谈时,千万不要有意无意地在谈话中谈及疾病、死亡、恐怖事件等不愉快的内容。

3. 不要涉及对方的私生活

在与外宾交谈中,要注意避免涉及对方的私生活,例如,询问对方的婚姻状况、收入、家庭财产或衣饰价格等问题;不要对女士的年龄、婚否等感兴趣。与妇女谈话时,不要说妇女长得胖、身体壮、保养得好等话。遇到对方不愿答的问题,不应究根问底;发觉对方反感的问题,应表示歉意,并立即转移话题等。

4. 交谈中不必过于关心对方

中国人很欣赏"关心他人比关心自己为重"的人品,而外国人一般强调的是个性独立和个人至上。因此不能将善意的关心滥用于外宾身上。例如,"你吃过饭了吗?""天凉了,该加衣服了"等关心对方的语言,在中国人看来是出于好意,而在外国人看来,却可能是干涉了他的自由。

5. 不要涉及宗教问题

在国际上,宗教问题向来都是一个很复杂、很敏感的问题。在这方面最好不要涉及,以免引起误会。

6. 不要议论当事国的内政

谈话中不要对当事国的内政大加评论,这样会引起对方的反感。涉及自己国家时,谈话要自然,既不可吹嘘,更不可为了讨好对方而贬低自己的国家。对国外的事物,凡是自己觉得好的,应该表示赞赏。

7. 不要谈自己不懂的问题

"人不可自欺。"在涉外交谈中,要尽量避免自己不懂或不熟悉的话题。一知半解、故弄玄虚、不懂装懂,非但不会给自己带来好处,反而会给对方留下不踏实的印象。若是班门弄斧,一旦遇上行家认真起来,那就尴尬了。

在涉外交谈中,要坚持"知之为知之,不知为不知"的原则,不必不懂装懂。如外宾谈起自己不懂或不熟悉的话题,应洗耳恭听,必要时可如实相告、虚心请教。这样才会赢得他人的尊重。

9.3 涉外宴请

在涉外交流活动中,"宴请"与会谈一样,也是一项很重要的内容。宴请的规格、地点等能体现出主人对客人的重视程度。在很多情况下,宴请能起到礼节性会见的作用。

宴请能使宾主双方在轻松愉快的气氛中、在短时间内拉近双方的心理距离,将一些复杂的问题简单化。宴请能为正式会谈打下良好的基础。

9.3.1 涉外宴请的形式

宴请有宴会、冷餐招待会、酒会、茶会等多种形式。按宴会规格,可将宴会分为国宴、正式宴会、便宴和工作进餐等几种规格,按宴会的时间不同,可将宴会分为早宴(早餐)、午宴和晚宴。

1. 国宴

国宴是最为隆重、规格也最高的一种宴会。国宴是国家元首或政府首脑为本国重大节日或重大庆典所举行的宴会,或为外国元首、政府首脑来访而举行的正式宴会。国宴一般在国家的正式宴会厅里举行,宴会厅通常要悬挂国旗,安排乐队奏国歌及席间乐。通常情况下,主宾双方代表在席间要做正式讲话或做祝酒词。

2. 正式宴会

正式宴会仅次于国宴,适合地区政府部门宴请国外正式来访人员。正式宴会的安排与国宴安排基本相同,但宴会厅内不挂国旗,也不奏国歌,主人与客人均按身份排位而坐。

3. 便宴

便宴分午宴、晚宴,早宴几种,属非正式宴会,是涉外交流中主要的宴请形式。便宴形式简单,礼仪要求较随便。便宴通常被用于礼节性会见,也是除政府出面接待以外的主要涉外宴请形式。

4. 工作进餐

工作进餐是现代交往中经常采用的一种非正式宴请形式,是工作或会谈间进餐的一种形式。工作进餐的特点是随意、便捷、省时,可边谈问题边进餐。

5. 冷餐招待会(自助餐)

冷餐招待会通常用于官方或各种形式的正式活动,也可用于朋友间的聚会。冷餐招待会规格有高有低,一般在较大的场所举行,可安排在室内或花园里。通常在宴请人数较多的情况下采用。

冷餐招待会时间一般为 1~1.5 小时,通常不排席位,设有餐台和酒台,食品比较丰富,以冷食为主。进餐时客人自取餐具和食品,酒水可自取,或由服务生端送。大多数冷餐会不设桌椅,主客双方(或多方)站立而食。如设有桌椅,大家可自由入座,边吃边交流。

6. 酒会

酒会(又称鸡尾酒会)以各种酒水、饮料为主,并备有少量小吃。酒会举行时间较灵活,中午、下午或晚上均可,酒会时间较短,对客人到场时间无严格要求,便于客人自由活动和接触交谈。

7. 茶会

茶会是一种请客人品茶的招待会。茶会对茶叶、茶具的选择要求比较讲究,一般用陶瓷器皿,不用玻璃杯,也不用热水瓶。若是专为某贵宾而举行的活动,要有意识地安排主宾与主人坐在一起,其他客人可随意就座。根据情况,可安排有茶艺表演。

9.3.2 涉外宴请时的服饰及仪容

参加涉外宴请活动,衣着要做到整洁、挺括和美观。到达活动场所时,应先检查自己的服饰是否整齐,进门后要先将大衣、帽子、围巾、手套等物品存放在保管处,不要携带各种物品进入宴会场所。

1. 男士服饰仪容要求

参加涉外宴请活动,男士要穿西服或本民族的正规礼服。穿西服时一定要按西服的着装原则选配好衬衫及领带,保持衣领、袖口干净,衣扣、裤扣和裤带要扣好,衣袋裤袋里不可放过多的东西。不论穿何种礼服,衣服应熨平整,裤子要熨出裤线,皮鞋要擦亮。参加便餐、工作餐、酒会和茶会等,虽然对服饰的要求不高,但也要注意符合身份。头发、胡须、鼻毛、指甲等都应加以修饰。

2. 女士服饰仪容要求

女士参加涉外宴请,往往会以不同的身份出席,如以主人、主陪、夫人等身份出席。身份不同,服饰的要求不同。

当以主人的身份宴请客人时,应着较正式一点的服装。服装的款式和色彩要体现出女性的干练和睿智。

当以主陪的身份参加宴请时,则应穿得亮丽一些,尽量体现出女性的文静、细致,以及应具有的气质。

当以主人(或主宾)夫人的身份参加宴请时,则应选择能体现出女性温柔、娴静气质的服装。

除此以外,女性参加涉外宴请活动,应重视自身的修饰。可化淡妆,选配一两件饰品,如项链、发饰、戒指等来装扮自己。在选配饰品和化妆时,一定要考虑到是否符合自己的身份和自身的条件。总之,要体现出女性的外在美和内在气质。

9.3.3 涉外宴请时的礼仪

宴请时的礼仪不仅代表着对来宾的尊重,同时反映出主人的文化修养和国民的文明素质,不得马虎。在宴请之前,一定要做好充分准备。

1. 涉外宴请座次安排礼仪

正式的大型宴会,一般要提前安排好席位,并将席位通知入席者,以免造成混乱或使客人产生误会。

按照国际惯例,大型宴会的桌次高低以右高左低和离主桌位置的远近而定。桌数较多时,要摆桌次牌。同一桌上,席位高低以离主人的座位远近而定。排座次之前,应将双方参加宴会人员的职位高低,是否携夫人等情况了解清楚。非正式宴请及其他形式的宴请一般不排座次。

2. 餐桌上的礼仪

(1) 餐巾使用礼仪

入座后用餐前,应先将餐巾打开铺在膝上,餐后叠好放在盘子右边。餐巾只能擦嘴,不可擦汗或擦刀叉、碗碟等。

（2）进餐时的礼仪

进餐前坐姿要端正,不可用手托腮或将臂肘放在桌上。进餐要讲究文雅,要以食就口,不要以口就食,要细嚼慢咽,保持用餐时的文雅仪态。取菜不要过多,吃完可再取。喝汤时不要以嘴就碗,也不要发出呼噜的声响,汤菜太热应等稍凉后再用,不要用嘴去吹。当需要将骨头等异物吐出时,应用餐巾遮着嘴,用手或筷子取出放入残物盘内,不能直接从嘴里往外吐。嘴内有食物时切勿说话,因说话容易将嘴中的食物带出来。餐后剔牙时,要用手或餐巾遮口,用过的牙签,应折断后放入残物盘内等。

（3）餐桌上的礼貌

不管是正规宴会还是便宴,在主人或主宾讲话和祝酒时,其他人员应暂停进餐和交谈。相互敬酒要适度,只要达到表示友好并活跃宴会气氛的目的即可,千万不能劝酒,更不能喝醉。另外,席间不允许抽烟。

（4）水果的吃法

吃水果时,一般要先将水果切成四或六瓣,再用刀削皮、取核,然后用手拿着吃。宴会上通常提供削好皮并切成小块的水果,要用水果叉取食,不能用手去拿。

（5）宴席间的礼仪

宴席间,参加宴会的人不能当众解扣和脱衣,一般也不得中途退席。如果有事必须中途退席,应向本席的主要人员告辞,并向其他客人表示歉意后再离去。

3. 宴席间的交谈礼仪

参加涉外宴请时,应与同桌所有人交谈,不要只和个别人说话。如果邻座不相识,可先作自我介绍。参加不排座的招待会,不要仅限于和中国人交谈,或者一味吃东西、饮酒,应更多地和外宾接触。

4. 参加冷餐招待会的礼仪

冷餐会的菜肴、餐具通常都放在餐台上供客人自取。参加者可以多次取食,但每次不应取得太多,取完后应立即退开,以便让别人去取,不要围在餐台边进食。

如果取食是采用由服务员端送到客人面前的方式时,取食的规矩是:服务员从左边端上,取食者用右手取菜。如果盘子在自己的右边,那是服务员专为你右边的客人端送的,千万不要抢着去取。当菜端到自己面前时,每道菜可取一点,不要取多,如不需要,应说:"够了,谢谢。"不要让服务员站着等你取菜。

当周围的人还没有取到第一份菜时,不要急于去取第二份。当需要加菜,而服务员还没有来到你身边时,不要唐突地要求主人加菜。

5. 应邀到餐馆就餐的礼貌

当应邀到餐馆就餐时,要按时到达,早到或迟到都是不礼貌的。如不得已迟到,应向先到者表示歉意。一般外国人日常宴请都是由女主人出面招待,用餐程序往往以女主人的行动为准,当女主人入席、坐下、招呼客人按她的安排入座时,表明就餐正式开始了。再有,只有看到女主人拿起餐巾,客人才可以拿起餐巾;女主人没有拿起她的餐具时,客人不可以食用任何一道菜。用茶或咖啡时,用过的茶匙绝不要留在杯中,而要放在茶碟或咖啡碟上。特别要注意,席间不能抽烟,不能离席。如果自己必须离席,应请女主人原谅。进餐毕,女主人起立,客人也应随着男女主人的习惯行事。告辞时,主人一般会送至门口握手告别,这时应向女主人的招待表示感谢。

9.4 出国访问的基本礼仪

现代人的生活和工作已不仅仅限于本地区和本国,出国访问和旅游已成为现代人工作和生活中的一部分内容,学习和掌握出国访问的礼仪是非常重要的。

9.4.1 乘国际航班的礼仪

乘坐国际航班,乘客应在飞机预定起飞时间前 1～2 小时到达飞机场,因为在这段时间里,需要核查机票及订座,办理海关申报、行李过磅和托运等手续。

1. 办理海关申报及登机手续

抵达机场,首先是向海关申请办理有关物品的出关手续,如携带外币、金银制品、照相机、录音机、摄像机、文物、动植物等应如实填报,并办理相关手续,之后再办理乘机手续。

2. 登机时的礼仪

上、下飞机时,旅客应向站在机舱门口迎送乘客的空乘人员点头致意。机舱内分头等舱和二等舱(或称为商务舱和普通舱),头等舱(商务舱)较为宽敞、饮食较丰盛,服务周到。购头等舱机票的乘客,不论是否对号入座,都不要抢占座位。其他舱的乘客,不能坐到头等舱的座位上去。

3. 乘机时的礼仪

国际航班上免费供应饮料、茶点、食品、早餐和正餐。用餐后,所有餐具和残留物要收拾好,由服务员收回,不能随意将餐具收起来带走;不能带走供乘客阅读的报纸杂志;乘客在飞机上不要大声喧哗,以免影响他人;要注意飞机上的坐卧姿势,既不要影响他人坐卧,也不要有失雅观。

4. 下机后的礼仪

旅客到达目的地后,办理完入境手续即可凭行李卡认领托运的行李,不要将自己的行李放在过道或路口影响他人行走。旅客可以用机场为乘客准备的手推车靠右(或靠左)行走,将行李推出机场。如请行李搬运员协助搬运行李,必须付小费。

万一发现行李丢失,也不要慌张,可通过机场行李管理人员或有关航空公司寻找。如一时找不到,可填写申请报告单交航空公司。如遇行李确实遗失或损坏,航空公司会照章赔偿,千万不要在机场吵闹。

9.4.2 入住旅店的礼仪

1. 饮用房间内饮料的礼节

国外旅店一般都不供应开水,往往会提供一瓶免费的矿泉水。有的旅店,酒或饮料一拿出冰箱即自动记账;也有的旅店,房间设有自动出售各种饮料或小食品的装置,只要按动开关,食品、饮料便自动出来,同时自动记账,结算时统一付款;旅客如要喝热饮料,可向服务员索取,但要付小费。找服务员可在室内按电铃或打电话呼叫,服务员一旦上门服务,一定要致谢,并付小费。

2. 进出房间要随手关门

进出旅店房间要随手关门。在室内休息可穿睡衣,但不能穿着睡衣、拖鞋、背心或裤衩到走廊或旅店内的公共场所去游逛;在房间里收看电视,声音要小,不能影响别人;休息、睡觉时应将房门关好,有人敲门时,应先问清楚来客身份后再开门;如到别的房间找人,则应轻敲房门,不可高声叫喊,要待主人允许后再进入。

3. 保持室内清洁

住旅店,应该始终保持室内整洁,衣服不要乱放,鞋袜不要乱丢,废纸或果皮等物应扔入废物桶内,或放在茶几、桌子上,由服务员来收拾;用淋浴洗澡时,不要弄得满地是水,不要损坏房间里的任何设备;吸烟者要特别注意,不要烧坏地毯、家具等设备。

国外不允许在旅馆卫生间内洗大量衣物,只允许洗少量的小件衣物。房间内一般都提供专门的洗衣袋。旅客填好洗衣单,将要洗的衣物装入洗衣袋后由服务员送往洗衣房。

4. 正确使用房间内的设备

房间和卫生间里的某些设备,如自己不会使用,应先请教他人,特别是外国旅店房间内的电气设备和洗澡用的开关,形式多种多样,应注意其不同的使用方法。使用旅店卫生间内的用品只要打开封条即可。旅店房间内提供的用品仅供在旅店内使用,除交费物品外,都不能带出旅店。

5. 付小费的礼仪

付小费基本上是私下进行的,例如,将小费放在茶盘和酒杯下面,或者放在专放小费的盒子里,或者将小费直接塞在服务员手里,也可在付款时将找回来的零钱作为小费。

付小费的方式和金额,要根据当地的习惯和实际情况而定。例如,参加宴请,如我方宴请,小费可少给,如对方宴请,小费应多给。如希望服务员照顾周到,可在入座时就付给一定量的小费等。有些旅馆或酒店,其账单上就列有10%~15%的服务费,遇到此类情况则不用再付小费,但如需要搬运行李、代叫出租车等其他额外服务时,还得付小费。因此,每去一个新的地方,应事先向熟悉当地情况的人了解付小费的方法和金额。除考虑当地习俗外,还要考虑一些特殊的情况。

9.4.3　拜访单位或会见亲友时的礼仪

1. 遵守时间

参加各种活动要按约定的时间到达。过早抵达会使主人因准备未毕而感到难堪;迟迟不到又会让主人和其他客人等待过久而不安。因故迟到,要向主人和其他客人表示歉意;因故不能赴约,要尽早礼貌地通知主人,并以适当的方式表示歉意。

2. 尊重老人和妇女

在社交场合,如上下楼梯、坐车或进出电梯,应让老人和妇女先行,主动对他们予以照顾。进出大门时,要主动帮助老人和妇女开门、关门。

国外有按主人指定的座位入座的习惯,因此,当进入主人家里时,如没有刻意指定,可以选一个自己认为合适的座位,但在女客人还站着的时候,男客人不要先坐下。在后来的客人到达时,男客人应该起立致意,并等候主人介绍,而女客人可不必起立。如果后来的客人是年龄较大的妇女,或是特殊重要人物,女客人也应起立致意。

3. 在外国朋友家做客时的礼仪

在外国朋友家里做客时,若由于自己不慎而发生了异常情况,例如,因用力过猛使刀叉撞击盘子发出响声,不小心打翻了酒水等,不要大呼小叫,应保持沉着,轻轻向主人说一声"对不起"。如将酒水打翻溅到邻座身上,可表示歉意后协助擦干;如对方是妇女,只要把干净的餐巾或手帕递上,由她自己擦干即可。

礼仪与文化(第三版)

思考题

1. 熟悉涉外迎送礼仪,试做一个涉外接待方案,规格自定。
2. 出国访问应注意的基本礼仪有哪些?
3. 涉外宴请中,应注意哪些礼节?
4. 与外国人交谈应注意哪些禁忌?

参 考 文 献

[1] 彭林. 中华传统礼仪概要[M]. 北京:商务印书馆,2017.

[2] 王科,姜雪丽. 大学生职业生涯规划[M]. 北京:清华大学出版社,2021.

[3] 刘建长,戴炯,刘红. 服饰礼仪与搭配技巧[M]. 上海:东华大学出版社,2021.

[4] 张岩松,韩舍. 人际沟通与社交礼仪[M]. 北京:人民邮电出版社,2021.